聚焦普惠金融

INCLUSIVE FINANCE

——小额贷款公司转型发展之路

茆俊强　田　琦　张禄堂◎著

首都经济贸易大学出版社
Capital University of Economics and Business Press
·北　京·

图书在版编目(CIP)数据

聚焦普惠金融:小额贷款公司转型发展之路/茆俊强,田琦,张禄堂著.
--北京:首都经济贸易大学出版社,2018.9
ISBN 978-7-5638-2804-3

Ⅰ.①聚… Ⅱ.①茆… ②田… ③张… Ⅲ.①贷款—金融公司—商业模式—研究 Ⅳ.①F830.5

中国版本图书馆 CIP 数据核字(2018)第124844号

聚焦普惠金融——小额贷款公司转型发展之路
茆俊强 田琦 张禄堂著

责任编辑 季云和
封面设计 砚祥志远·激光照排 TEL:010-65976003
出版发行 首都经济贸易大学出版社
地　　址 北京市朝阳区红庙(邮编 100026)
电　　话 (010)65976483 65065761 65071505(传真)
网　　址 http://www.sjmcb.com
E-mail publish@cueb.edu.cn
经　　销 全国新华书店
照　　排 北京砚祥志远激光照排技术有限公司
印　　刷 人民日报印刷厂
开　　本 710 毫米×1000 毫米 1/16
字　　数 334 千字
印　　张 19
版　　次 2018 年 9 月第 1 版 2019 年 2 月第 1 版第 2 次印刷
书　　号 ISBN 978-7-5638-2804-3/F·1545
定　　价 76.00 元

前　言

党的十九大报告明确提出，要深化金融体制改革，增强金融服务实体经济能力。小额信贷行业在服务实体经济，服务十九大报告首次提出的“建设现代化经济体系”的过程中，理应发挥更大的作用。

本书作者在银行、小额贷款公司等金融机构工作多年，见证了小额贷款行业发展的历史进程。2014—2017 年，作者多次到全国多个省、市、自治区金融办、小额贷款行业协会考察交流；在全国各地经济结构正在发生深刻变化的新时代，如何实现转型发展，如何提高服务实体经济的能力，如何服务于建设现代化经济体系，是小额贷款行业的行业管理者和企业家高度关注的热门话题。转型发展绝非一日之功，而是一项系统工程。环顾各大书城和网店，目前专注于小额贷款之本源及其市场重新定位、业务流程再造、全面风险控制实战的书籍较少，而本书正好可以为读者提供较为全面的可供参考的思路。

本书的写作起始于 2014 年秋天，最终完成于 2017 年秋天，体现了作者多年的思考和实战探索的感悟。全书由茆俊强策划和统稿。其中，绪论部分由茆俊强和田琦撰写，第一至第六章由田琦撰写，第七章、第八章由张禄堂撰写。

小额贷款行业在中国尽管已经走过了 12 个年头，但依然很年轻，就像初升的太阳，还有着十分广阔的上升空间。小额贷款行业的转型发展也还有许多未知的领域，有待积极探索、有待市场检验。本书根据我国这些年来小额贷款行业的发展实践，做了初步的探索和总结；限于作者的知识水平和能力，书中错误在所难免，敬请广大读者批评指正。我们愿在普惠金融助力实现“中国梦”的新时代、新征程中，贡献绵薄的一己之力。

茆俊强　田琦　张禄堂

2018 年 3 月于成都

目　录

绪论：转型发展，路在何方？ ………………………………………… 1

一、转型发展先谈商业模式 ………………………………………… 2

二、商业模式包含哪些因素？ ……………………………………… 4

三、2015 年之前对商业模式的探索 ……………………………… 6

四、转型发展需要深刻洞察社会经济环境的变化 ………………… 8

五、转型发展目标、方向的选择 ………………………………… 13

六、转型发展的路径探索 ………………………………………… 16

第一章　小额信贷市场开发 ………………………………………… 23

第一节　如何认识小额信贷市场 ………………………………… 23

一、从功能定位来看小额信贷市场 ……………………………… 24

二、从服务对象来看小额信贷市场 ……………………………… 26

三、从服务区域来看小额信贷市场 ……………………………… 28

第二节　市场开发靠什么 ………………………………………… 29

一、关于“错位竞争”观念 ……………………………………… 29

二、关于“定向营销”观念 ……………………………………… 32

三、关于“专注与创新”观念 …………………………………… 33

第三节　市场竞争分析 …………………………………………… 34

一、市场竞争的宏观分析 ………………………………………… 34

二、社群市场的微观分析 ………………………………………… 38

第四节　产品设计 ………………………………………………… 40

一、产品设计的原则 …… 40
二、产品设计的激励结构 …… 42
三、具体产品设计 …… 45
第五节 虚拟社群市场的开发 …… 46
第六节 市场开发的管理 …… 47
一、客户关系管理 …… 47
二、渠道管理与产品投放 …… 48
三、投放前的社群市场调查 …… 49
四、后期的客户满意度反馈 …… 50
第七节 市场宣传推广 …… 51
一、老客户协助推广 …… 51
二、传统宣传推广 …… 52
三、网络宣传推广 …… 54

第二章 顾问式客户拓展 …… 58
第一节 怎样找到自己的客户 …… 58
第二节 客户需要事先被了解 …… 60
第三节 客户的种类及特点 …… 62
第四节 三种小额信贷业务开拓方式 …… 64
一、陌生拜访 …… 64
二、利用渠道 …… 69
三、业务团队完全外包 …… 74
第五节 社群终端服务机制构建 …… 76
第六节 客户资源的转介绍 …… 78

第三章 团队管理及训练 …… 87
第一节 公司的组织结构 …… 87
一、总部的组织结构 …… 89

二、业务网点终端的管理条线 …………………………………… 92
第二节　业务团队的内部组织管理 …………………………………… 92
一、管理幅度和层次 …………………………………………… 92
二、“快牛激励计划” …………………………………………… 92
三、多元评价和激励 …………………………………………… 93
第三节　业务团队的目标考核 ………………………………………… 95
一、推行陌生拜访，开展直接营销的难点 ………………………… 96
二、破解上述难题的思路 ……………………………………… 97
第四节　审批团队的考核指标 ………………………………………… 99
第五节　团队的薪酬激励体系………………………………………… 100
一、业务团队的薪酬激励………………………………………… 100
二、风险控制团队的薪酬激励…………………………………… 105
三、其他竞赛性物质激励………………………………………… 105
第六节　业务团队的日常训练………………………………………… 106
一、入职训练 …………………………………………………… 106
二、员工提升性培训 …………………………………………… 112

第四章　审慎的经营管理结构 ………………………………………… 120
第一节　审慎经营管理的机制………………………………………… 121
一、全程风险控制 ……………………………………………… 121
二、内部控制（交叉控制） …………………………………… 121
三、廉洁和纪律管理 …………………………………………… 122
四、依法治企法务管理…………………………………………… 123
五、内外信息流动管理…………………………………………… 123
六、人才考核激励约束…………………………………………… 124
第二节　全程风险控制的思路………………………………………… 124
一、全程风险控制与信贷周期相结合…………………………… 124
二、风险处理方式 ……………………………………………… 127

第三节 集中统一的内部控制体系 …… 129
一、内部控制应贯彻的四大原则 …… 130
二、银行业内部控制新规对小额贷款的启发 …… 130
三、建立小额贷款公司审慎经营内部控制体系的路径 …… 132
第四节 严格的廉洁纪律管理 …… 136
第五节 全面系统的法治治理机制 …… 136
第六节 科学合理的激励约束机制 …… 137

第五章 业务流程及管控 …… 147
第一节 小额信贷对业务流程的要求 …… 147
一、传统的职能式业务流程 …… 148
二、信贷工厂式业务流程 …… 149
第二节 小额信贷流程评判标准 …… 153
一、是否按业务流程设置部门和岗位 …… 153
二、相邻环节间是否已明确服务标准 …… 153
三、信息沟通是否扁平、平行分享 …… 154
四、风险控制部门与业务部门是否协同进行尽职调查 …… 155
五、关键岗位是否有冗余备份 …… 155
六、信息化系统建设是否发挥作用 …… 155
七、流程间是否相互交叉验证 …… 156
第三节 业务流程管理的标准化 …… 156
一、申请资料的标准化 …… 156
二、客户资料鉴定方式的标准化 …… 158
三、客户准入条件初步过滤的标准化 …… 159
四、客户尽职调查和核查的标准化 …… 160
五、审批过程的标准化 …… 162
六、合同及放款过程的标准化 …… 163
七、贷后管理过程的标准化 …… 164

第四节　业务流程对业务效能的管控……………………………… 165
一、业务流程的精细化指引 ………………………………… 165
二、业务流程的激励和效能管理……………………………… 166
第五节　业务流程与风险控制体制的协同 …………………… 172
一、操作风险 ……………………………………………… 172
二、经营风险 ……………………………………………… 174
三、风险排查 ……………………………………………… 174
第六节　传统流程向信贷工厂式流程转型的方案 …………… 176
一、总体思路 ……………………………………………… 176
二、工作内容 ……………………………………………… 176
第七节　业务流程的信息化、前沿化……………………………… 181
一、云计算环境的利用 ……………………………………… 181
二、理顺公司内部沟通流程 ………………………………… 182
三、运营数据挖掘 ………………………………………… 184

第六章　全程风险管控之贷前 ………………………………………… 198
第一节　小额信贷风险溯源 ………………………………………… 198
一、信用风险 ……………………………………………… 199
二、操作风险 ……………………………………………… 200
第二节　风险控制模式的演化趋势：IPC 模式和信贷工厂的融合 ………………………………………………… 201
第三节　全程风险控制的控制要点…………………………………… 202
一、产品设计环节 …………………………………………… 203
二、贷款申请环节 …………………………………………… 205
三、贷款审批环节 …………………………………………… 205
四、合同签署环节 …………………………………………… 208
五、贷后管理环节 …………………………………………… 209
第四节　客户来源管理靠什么实现…………………………………… 210

一、客户来源管理的手段构成 …… 211
二、员工观念管理 …… 212
第五节　重要性原则及谨慎性原则 …… 213
一、重要性原则 …… 214
二、谨慎性原则 …… 216
第六节　审批风险控制政策的系统化 …… 222
一、审批系统的架构应包含的模块 …… 223
二、审批系统中必备的重要分析规则 …… 223

第七章　全程风险管控之贷后 …… 244
第一节　重新定位和定义贷后管理 …… 244
一、贷后管理的基本原则 …… 245
二、贷后管理的工作流程 …… 245
第二节　贷后资产组合管理 …… 247
一、贷后资产组合需要关注的要素 …… 248
二、积极的资产组合风险分类 …… 248
第三节　利用现代评分卡辅助实施贷后管理 …… 250
第四节　利用外部和内部大数据，辅助实施贷后管理 …… 252
一、外部大数据用于贷后管理的形式 …… 253
二、内部大数据用于贷后管理的分析 …… 255
三、合理、灵活利用大数据 …… 256
第五节　贷后管理的重要工具 …… 257
一、贷后抽样复审（或内审） …… 257
二、贷后分级、分类回访客户 …… 258
三、贷后管理的信息挖掘及快速干预 …… 263

第八章　精细化催收管理 …… 266
第一节　催收管理需训练催收团队 …… 266

一、为什么需要一直具有竞争力的催收团队 …………………… 266
二、如何训练一支有竞争力的催收团队…………………………… 269
第二节　分类、分级催收管理策略……………………………………… 271
一、建设逾期催收管理系统 ……………………………………… 272
二、不同逾期分类处理，分设催收组别…………………………… 272
三、不同催收组别分设催收策略，匹配专业工具 ……………… 273
四、不同的催收手段和专业工具 ………………………………… 274
第三节　多种催收手段的综合运用……………………………………… 276
一、违约 1 至 30 天的催收组别 ………………………………… 277
二、违约 31 至 60 天的催收组别 ………………………………… 277
三、违约 61 至 90 天的催收组别 ………………………………… 278
四、违约达 90 天的催收组别 …………………………………… 278
五、违约 91 天至 180 天的催收组别 …………………………… 278
六、违约 180 天以上的催收组别 ………………………………… 279
第四节　外包催收机构的利用………………………………………… 279
一、如何选择外包催收机构 ……………………………………… 280
二、如何管理外包催收机构的风险 ……………………………… 281

本书作者简介 ……………………………………………………………… 291

绪论：转型发展，路在何方?

从2005年10月中国人民银行选择山西、四川、内蒙古、贵州、陕西五省（区）进行小额贷款公司试点开始，小额信贷已经走过了12个年头。各具特色的小额贷款机构在中国大地如雨后春笋般发展起来。从第一批银行引进小额贷款技术到小额贷款机构的出现，以及目前互联网小额贷款的蓬勃发展，小额信贷在其发展演化过程中呈现出多彩多姿的形象；疾行至今，已经形成巨大的产业链。小额信贷在服务实体经济、推进普惠金融、促进居民就业和经济发展方面越来越发挥着不可替代的作用。

伴随着2014年以来全国的经济结构调整、经济转型以及市场的变化，在去库存、去过剩产能等一系列调控措施下，小额贷款公司的发展也遇到了瓶颈：传统业务模式受到较多质疑，转型发展已成为众多小额贷款公司不得不面临的战略选择。而今，以银行业为代表的各类金融机构加大了普惠金融的推进力度，以互联网、人工智能为代表的新型金融形态，包括消费金融、供应链金融、电商金融不断涌现，产业龙头也纷纷加入小微金融市场，加之各类非持牌机构的无序竞争，越来越多的小额贷款公司深刻地感受到转型的压力。未来10年小额贷款公司发展路在何方？转型发展的方向是什么？实现转型发展需要如何着手？这是不少小额贷款公司急需探索和解决的问题。

一、转型发展先谈商业模式

小额信贷是指面向小微企业、“三农”领域和城乡居民群体，以经营小额贷款和风险为目标，提供便利可行、利率普惠的金融服务。小额信贷的本质是经营风险，它通过各种手段，帮助金融服务弱势群体发现和利用自身的信用能力，从而获得信贷支持。小额贷款行业的转型发展不能偏离它的服务方向，所以，谈转型发展，首先应从商业模式的选择入手。

所谓商业模式，是指为实现客户价值最大化，把能使企业运行的内外各要素整合起来，形成一个完整的、高效率的、具有独特核心竞争力的运行系统，并通过最优实现形式满足客户需求，实现客户价值，同时使系统达到持续盈利目标的整体解决方案。小额信贷的商业模式，就是构建一个满足特定小微信贷消费者需求的系统，并且反过来使企业自身能够通过该系统实现持续盈利。当前特殊的经济、金融环境，迫使小额贷款公司努力探索系统的、成熟的商业模式，找到可持续发展的路径，否则难以适应经济环境的新变化。

首先，从外部环境看，市场竞争越来越激烈，小额贷款业务发展空间被不断压缩。一方面，各类金融机构纷纷加大参与普惠金融业务的力度；另一方面，新金融业态冲击越来越大，随着互联网、大数据、人工智能等技术的蓬勃发展，消费者对收益率、客户体验等更为敏感。此外，再加上部分非持牌机构违规经营，不仅严重影响了市场正常秩序，也进一步蚕食了小额贷款公司的发展空间。

其次，从小额贷款公司的自身能力看，其核心竞争力存在短板；先天不足，可持续发展后劲亟待提升。这突出表现在：

（1）资本实力不足，起点低，规模小，抗风险能力弱。目前小额贷款公司的资本金普遍在 1 亿元左右，稍有风吹草动，就容易出现风险。

（2）风险控制手段缺乏，经营难度较大。小额信贷客户普遍存在着

“缺信息、缺信用、缺抵押”这样的根本症结，风险控制难度大。我国居民和企业的信用基础数据体系起步较晚，小额信贷机构征信接入也普遍较迟，致使如何防范过度负债的问题长期困扰着小额信贷机构；另外，对客户的不良信用行为，还难以通过公示、诉讼等方法追偿。如果不能坚持稳健的运营方针，经营三年之后，不少小额信贷机构的不良贷款率会显著上升。一旦出现系统风险，“烂果子”很可能全落在自己手里。

（3）资金来源不畅，融资成本攀升。目前部分小额贷款公司主要从境内银行渠道融资，最大融资额度只能达到注册资本的50%。而且，实际上，很多企业融不到注册资本的50%。小额贷款机构从银行拿到的资金，其成本已高达放贷收益率的50%。融资杠杆的限制必然要求资金投放承载较多的回报，不然就无法解决社会融资成本攀升带来的矛盾。大部分小额信贷机构开业后都面临融资的困境——在没有正常融资通道的情况下，发展无法持续，企业追逐短期利益，只顾当前不考虑长远的倾向在所难免。

（4）客户高度分散，经营成本高。小额信贷主要服务于城乡居民个人、小微企业、个体户，后者在地理上较为分散。按照传统的业务模式，管理100万元信贷和管理1 000万元信贷相比，前者单个客户的服务成本更高；同时，受到财务管理基础不规范、信用信息收集不方便的影响，前者对单个客户的风险识别也比传统金融难，风险也更高。上述这“两高”，使得小额信贷成为人力密集型行业。较多行业新进入者认为做“小”见效周期长，短期难盈利，随后便偏离了小额信贷的方向，转向贪大求快。

内外条件的制约导致目前小额贷款行业做盈做强的难度较大；一旦环境趋劣，出现系统性风险，就会因其普遍承担能力不强而加大地区金融的波动。在经历了多年小额贷款公司运营实践之后，我们认为，只有借助合适的商业模式，系统地解决回报目标、市场定位、业务来源、运营方式、资金补充等问题，才能从制度上减轻金融环境变化对小额贷款企业可持续发展的影响，才能找到一条合适的转型发展道路。

二、商业模式包含哪些因素?

所谓商业模式，即：企业靠什么持续经营、“持续”盈利？商业模式通常是由客户价值、企业资源和能力、盈利方式构成的，它包括价值定位、目标市场、销售和营销、客户关系、核心能力、收入模式、成本结构等。小额信贷的主业是经营风险和效率，小额信贷的商业模式需要从观念上解决企业如何确立目标客户，经营何种风险类型，如何有效地识别风险，如何激励员工实现高效率，如何降低融资成本等问题。按照系统思维，小额信贷商业模式可分解为以下组成部分。

（一）回报目标

股东对回报目标的设定，在商业模式设计中具有“顶层设计”意义。通常可选的目标有两种：一是短期盈利能力，二是长期盈利能力。不同的目标导致不一样的组织结构、人员管理、业务开发、风险管理控制及其流程等。

从一家小额贷款企业的经营周期看，三年是一个分水岭：有些企业走向卓越，有些则走向衰落。这在很大程度上取决于股东会、董事会对管理层设立的考核目标。通常一家小额贷款机构团队培养需要一年时间，内部作业机制成熟和完善需要两年时间；如果股东过于关注短期盈利能力，必然导致管理层的短期行为。

（二）收益来源

收益同样有两种选择：一是以利差为主要来源，倾向于获取较高的利率；二是依靠综合收入（利息、手续费、管理费），或者依靠资金周转效率。

（三）业务来源

关于小额贷款公司的业务来源，目前主要有三种思路：

第一种，为银行客户做配套和补充，主要服务于银行或股东的关系型客户（如房地产业、钢铁行业、机械行业、化工行业较多），以周转贷款为主。该来源的业务增长速度远远超过后两种来源，但风险过于集中。

第二种，服务于小微企业、个人和家庭，其特征是小额、分散，与银行客户有所交叉又有所错位；主力客户群是城郊接合部的小微型企业、私营企业主、工薪阶层、新城镇化居民，客户通常分布在居民社群、商业集中区、工业园区、专业市场。

第三种，服务于从事互联网交易、电子交易的个人或商户，与银行客户有显著错位。

（四）风险控制技术

上述三种思路或模式，理论上乃至实务上都有可操作的风险控制技术：

第一种模式靠违约概率，靠超额利息收入覆盖违约风险。

第二种模式靠按月还本付息，通过多元化资产组合来分散到期风险；依靠征信等手段实现违约成本的控制，间接控制风险。

第三种模式靠精密的交易数据分析，建立起对个人行为规律的评价，其自动化程度较高。

第二、三种模式的风险控制技术适合于个人客户或个体户，需要建立标准化的流程和制度。

（五）管理流程

不同的组织流程应与业务来源、风险控制技术相匹配，其核心是满足提高服务效率的要求。比如，是否独立设置业务营销团队，是否需要全程电子化系统，是否将信贷调查从业务部门中独立出来，员工是否拥有提成，是否需要独立的培训系统，等等。

（六）资金补充

目前的做法主要是依靠国内银行融资、同业拆借，选择空间较小。部分地区、部分小额贷款公司已尝试在特定的制度环境下，采取境外银行融资、信贷资产转让、与P2P（互联网借贷平台）合作开展外包风险控制服务等措施，但这些尝试和探索目前尚未形成规模。

三、2015年之前对商业模式的探索

2015年之前，小额贷款企业通过对上述商业模式六大因素实施不同的组合，大致构成了以下四种商业模式。

（一）大额过桥模式

所谓“过桥”，就是为企业从银行“倒贷”提供短期资金周转。该模式的特点是：成长速度较快，资本回报较高；特别是在经济周期上升阶段，收益显著，而在经济下行周期，银行经常压减规模，这时贷款逾期风险会较大。

采用大额过桥模式的小额贷款公司目前占小额贷款全行业的比重大概不低于60%。这些小额贷款公司股东构成中，房地产业、钢铁行业、担保行业或商会居多。部分小额贷款公司的资金用来服务于股东的关联企业、会员企业。比如，商会的会员需要偿还银行贷款时，从小额贷款公司拆借一笔资金，银行续贷后再将资金偿还给小额贷款公司。平均单笔放贷额度在500万元以上，期限大多不会超过3个月，利差空间（利率覆盖风险损失）较大。高管手中掌握着企业主要的业务来源；风险控制依赖高管人员对客户软信息的把握，客户的外部再融资能力是重要的判断依据。

以3亿元资本的小额贷款公司为例。其人员配置通常在30人左右，组织结构较为简单，运营成本较低。过桥模式通过关系型营销，避开了小额贷款客户来源较为分散带来的管理成本过高的问题。

（二）直营陌拜模式

直营陌拜模式是指小额贷款公司直营业务，且以陌拜（陌生拜访）为主要方式拓展客户。该模式的特点是收益速度较慢（成长时间需要两年以

上)，资本回报率约 10%，后期收益率比较稳定，在经济周期波动中损失较少。

直营陌拜模式目前在小额贷款行业业务中占比不到 10%，外资主导型小额贷款公司中这一模式业务占比较大。这种模式主要的客户群包括农民、城镇居民、个体户、私营企业主，即以个人客户为主体；客户来源中建筑行业、贸易行业等的比重较大。这种模式单笔额度较小，一般为 5 万—100 万元。客户群开发依赖于群体营销。比如，在居住社区、批发市场等区域建立业务网点，负责日常业务拓展和贷后管理。由于业绩压力大，流程分工较细，销售部门或与尽职调查分离，风险控制部门较独立，一般会设立专业的培训、客服等后台部门。贷款审批条件标准化、流程化，全程借助 IT 系统进行管理。按月还本方式和征信记录是风险控制的重要手段，流程的效率受到关注，审批权会下放到风险控制部门不同层级的审批员手中。

以 3 亿元资本的小额贷款公司为例。其人员配置通常在 100—200 人；需设置大量服务网点，组织结构较庞大，运营成本较高。网点的建立能缓解城乡客户较为分散的难题，客户来源的分散可对抗行业经济周期的不利影响。

（三）渠道介绍模式

渠道主要是指贷款中介、拥有大量客户或供应商的商业超市、4S 店、保险公司等。相比直营陌拜模式，渠道介绍模式短期收益稍微高一些（稳定后资本回报率可达 15%）。

这种模式通常单笔额度较小，利率稍高，利率中需包含渠道费用和风险拨备。其目标客户群和直营陌拜模式相似，但组织流程和风险管理存在差别——比如，具体客户来源于贷款中介公司的直接推荐，或在汽车 4S 店驻点经营。业务部门的规模相对较小，工作重点涉及：制定渠道分成政策，维护渠道出单；将贷款流程与渠道方的业务流程融合衔接，使之符合客户的消费习惯。这种模式特别要注重管理员工的不当利益倾向，防止道德风险，比如防范业务人员向渠道索取回报。

以3亿元资本的小额贷款公司为例。渠道介绍模式的人员配置通常在100人以下。借助渠道的业务人员为己所用，解决了城乡客户数量多而分散、营销接受过程较慢等问题。此模式风险控制技术与直营陌拜模式相似，但因长期依赖渠道，缺乏自主营销能力，风险控制的独立性可能受到渠道合作关系维护的影响，容易遭受虚假申请或业务集中风险。

（四）贸易融资模式

贸易融资模式是依靠互联网电商、大型商业交易平台提供的接口，实现客户群渗透和情景化营销。这一模式单户服务成本较低，短期成长速度稍慢，后期收益稳定。

这种模式是新型的小额贷款业务模式，它利用交易应用场景捕获客户，利用客户行为数据分析来协助控制风险，组织结构与传统小额贷款公司不同，尤其是独立设置数据分析部门、电子交易开发部门，业务流程和风险控制与电子交易流程紧密结合。例如，由阿里巴巴旗下小额贷款公司推出的短期贷款、订单贷款，依托淘宝、天猫等交易平台记录开展短期融资，在较短时间内就受到电商的追捧。目前京东商城、国美、苏宁等网商还有少量大型百货公司开始向第三方开放交易平台，或向金融机构开放应收款结算平台，提供商户在线融资和消费者信贷服务。比如京东推出的“京东白条”“京东小额贷款”。依赖电商等的贸易融资模式发展潜力巨大，但门槛较高。

四、转型发展需要深刻洞察社会经济环境的变化

综合来看，我国经济的转型升级和结构性改革对金融服务数量和质量、对金融市场的广度和深度、对小额贷款公司的经营管理能力等都提出了更高的要求（见图0－1）。经济转型需要小额贷款公司的服务重心进一步下沉，更多地去支持实体经济，支持新产业、新趋势。这就是说，小额

贷款公司的发展需要在经营模式上积极适应外部环境的变化，进一步拓展市场空间，创新金融服务，发展杠杆经营能力；不仅要能控制风险，解决流动性问题，还应具有高效率的业务管理能力。

● 产业4.0

1.0→→→→→→2.0→→→→→→3.0→→→→→4.0

蒸汽、机械　　电力、规模化　　制造业、贸易　　智能制造、服务业

纺织、服装、食品　　化工、钢铁　　　　消费、供应链、生活服务

● 信息4.0

1.0→→→→2.0→→→→3.0→→→→4.0

手工　　电脑　　互联网　　人工智能终端

● 宣传媒介

传统广告→→→→现代媒体→→→→互联网应用场景

报纸、杂志、图书　　电视、广播　　卖场、微信、APP

● 信贷方式

传统小额贷款→→→→互联网小额贷款→→→→智慧小额贷款

陌拜、银行、担保、中介　　P2P、网上申请　　外包、移动、实时审批

图0－1　社会经济变化趋势

（一）小额贷款行业所面临的宏观环境

目前，我国经济正处于转型发展阶段，由高速增长向高质量发展转变，经济运行稳中有进、稳中向好。供给侧结构性改革深入推进，经济发展的新动力、新动能不断形成，积极因素不断积累。从体制机制看，重要领域和关键环节的改革取得了突破性进展；从经济结构看，服务业占国内生产总值（GDP）的比重超过50%，制造业升级步伐不断加快，以大数据、互联网、人工智能等为标志的新产业革命、数字经济等蓬勃发展，成为经济发展的新业态和新动能；从发展趋势看，我国经济已由高速增长阶段转向高质量发展阶段，正处在转变发展方式、优化经济结构、转换增长动力的攻关期。这一系列变化对于金融机构的经营活动、金融业的发展态势和资产质量必然产生重大影响。在目前我国经济“调结构促转型”的大背景下，与实体经济密切相关的小额贷款行业既要积极应对经济的新变化

新趋势，顺应时代的发展，同时也面临着利率下行、监管趋紧、互联网金融冲击等经营环境变化的考验。

（1）市场平均利率持续下移。利率市场化改革进程已进入深水区，息差拐点隐现。随着利率市场化的推进和息差的不断缩窄，小额贷款行业利润增长率正在快速回落，盈利能力不断下降。据统计，截至2017年6月，商业银行净息差2.07%，较上年同期下降0.17个百分点；净利差1.94%，较上年同期下降0.16个百分点。

（2）中低风险信贷资产短缺。在去库存、去过剩产能的政策调控下，包括制造业在内的工业发展形势严峻；房地产业受到严格控制，持续疲软；采矿、制造和电力三大部门产能下滑。产能过剩行业的信贷资产质量进入下降通道，优质信贷资产难觅，信贷资产质量管理控制的压力越来越大。

（3）杠杆经营和后续资金供应成为关键。全国现有8 600多家小额贷款公司，它们主要靠自有资金进行放贷，外源性融资占比只有10%。小额贷款公司能否突破规模限制，实现杠杆经营，成为理顺一系列连锁矛盾的钥匙？本书建议将小额贷款公司融资杠杆适度提高，应对利率下调这一经营环境，这有利于降低风险。小额贷款行业谋求未来发展的出路，需要解决杠杆经营问题，推动全社会中小企业融资成本持续下降。在提高杠杆经营程度的同时，根据企业风险控制能力实现优胜劣汰、主动退出，有利于降低行业的系统风险。

（4）互联网金融冲击加剧，市场竞争格局重构。当前，互联网金融对传统小额贷款公司的冲击，主要在于互联网技术的渗透使市场资金供应方显著增加。小额贷款公司要保持市场份额，急需在市场定位、产品创新和金融服务效率方面形成竞争优势，否则互联网金融将会改写小微金融市场的规则和组织形式。

（二）小额贷款行业需高度关注国家产业政策导向

（1）传统行业衰退和新兴行业繁荣并存。国内经济正在经历从以规模化制造业为中心向智能制造时代过渡。产业重心正在从传统形态（以纺织、服装、食品、化工、钢铁等为支柱）过渡到消费、供应链、城市现代服务业占比迅速上升的时代。

（2）区域经济结构调整带来的机遇。2014 年以来，各地区在经济结构调整中均呈现出不同的发展趋势。例如，多个省区展现出以“双创”活动和创新创业为驱动力的发展新动向，科技金融、投贷连动得到市场的大力追捧。又如，以“一带一路”为代表的区域经济结构调整，自由贸易口岸建设大潮流带来的深刻变化和商业机遇，物流供应链行业的发展，以及进出口贸易布局变化带来的企业群迁移，都值得高度关注。以新经济为代表，多个省区在共享经济、互联网经济、绿色经济、文化创意经济等方面都展示出了创新发展的趋势。

（3）信息技术升级换代，移动终端时代到来。从手工时代到 PC（个人电脑）时代，从电脑使用的普及到互联网的普及，再到今天已经和正在进入的移动互联网、人工智能终端时代。当今说到人与人的联系方式，人们更多地提到的是 WiFi、APP、云计算。新的技术会导致小额贷款行业业务开展方式的变化，以及居民对金融服务选择的相应变化。

（4）大众传播媒介及传播方式发生了颠覆性改变。消费者获取信息的方式决定了市场营销的模式。大众媒介传播方式已经历了从传统媒介（报纸、杂志、图书）到现代媒体（电视、广播）的过渡，当下正在发生的是电子媒体向互联网媒体、自媒体的转型，与此相应，以应用场景（卖场、微信、APP 等）作为主要营销手段已经是常态。

在上述产业及结构的变化中，传统的金融方式（银行、陌生拜访、信用卡、房贷、车贷）均已遭受互联网金融（P2P、网上申请等）冲击。目前，智慧金融（业务外包、移动申请、智能审批、应用场景营销）已经对传统金融方式构成巨大挑战，客户分流趋势明显。

（三）小额贷款公司需关注行业颠覆性趋势

金融业的游戏规则目前正在发生的深刻变化（见图 0－2），足以对小

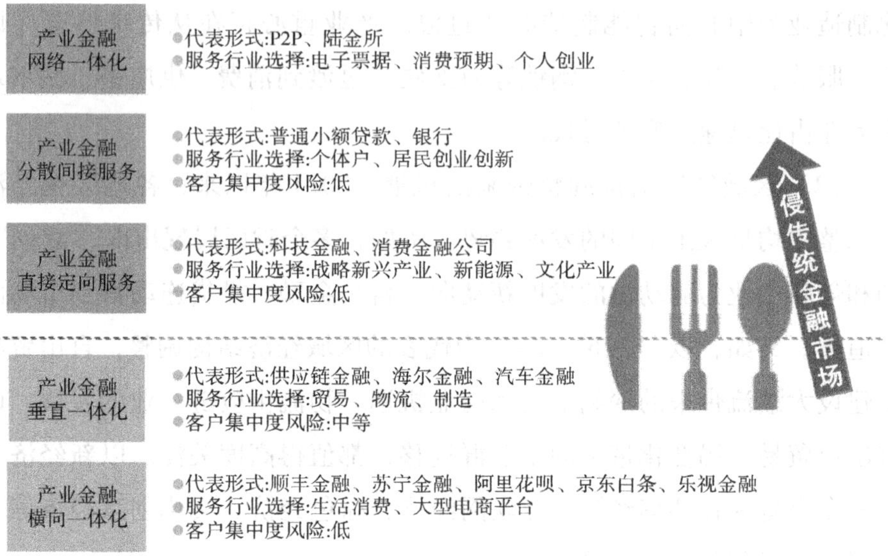

图0－2　产业金融一体化趋势

额贷款行业的竞争优势取向产生颠覆性的影响：

（1）消费金融成热点。传统的生产经营性贷款需求萎缩，消费金融产品日益多元化，规模迅速扩大，市场参与主体包括银行、消费金融公司、互联网金融，居民的选择面更广。

（2）产业金融一体化。经过2014—2016年这轮金融阵痛后，金融如何与实体经济融合，发挥好基础作用，是克服下一轮金融泡沫的关键，“产业金融”概念被反复提及。传统金融方式比如银行、小额贷款陌生拜访、消费金融公司大多使用间接或定向的方式提供服务，对实体经济的把握和控制较为间接。而目前，实体经济通过横向一体化和纵向一体化方式进入金融行业较为普遍。前者包括互联网巨头阿里巴巴、京东、苏宁对消费金融和经营性金融的介入，通过大数据闭环进行放贷，形成了健康的循环。产业金融一体化还能显著地解决金融杠杆问题，以海尔、TCL、康佳、汽车巨头为代表的制造业，以较低的利率、强大的客户管理能力向上下游延伸的金融服务，对客户具有巨大的吸引力。

（3）在线金融竞争激烈。P2P 信贷的便利性逐渐被普遍接受，客户接入流量的竞争成为关键，特别是随着产业互联网化的实现，对移动、固网客户入口的抢占正成为常态。

（4）业务区域边界扩展。在城乡一体化的趋势下，城乡接合部成为竞争点。互联网技术的应用，使得服务范围存在跨区的可能性。经过近十多年的发展，金融体系形成了三个层面的分层体系：

第一个层面是银行金融体系，资金成本最低，资金规模较大，其服务呈现出批发性、全地域性和专业性的特点。

第二个层面是新兴的互联网银行、消费金融公司、电商金融，其特点是资金成本较低、客户服务区域较大，主要在城市，线上经营较多，无法进行本地化风险控制，需要借助广泛的渠道开展合作。

第三个层次是小额贷款公司，受到服务区域限制，技术基础较薄弱，无法跨区经营，资金成本较高，资金具有补充性，填补了前两个层次的空白，客户定位偏向细分。

（5）智能金融异军突起。大数据金融、产品智能审批发展迅速，市场接受度高；通过深度信息化、自动化完善业务流程环节、提升服务能力成为新的增长点。

近年来，受上述这些方面的影响，我国小额贷款公司存在的一些问题也日渐暴露。例如，角色定位不明、后续资金不足、运营成本高、信用风险大、监管主体混乱等，阻碍了小额贷款公司的可持续发展，部分小额贷款公司甚至处于停业和半停业状态。但就新常态下的金融环境看，国家鼓励小额贷款公司健康发展仍是总体趋势。

五、转型发展目标、方向的选择

目前小额贷款公司所遇到的问题都是发展中的问题，小额贷款公司要认清形势，重新找准定位，选择合适的目标客户，坚持多元化、差异化、多模式发展。小额贷款公司应坚守定位不动摇，服务“三农”，服务小微企业，服务城乡居民，服务新产业、新动能、新趋势，保持差异化发展战略，聚焦特定领域，明确经营特色，创新服务方式，提供更有针对性的金融服务。

（一）重新选择合适的目标客户

小额贷款公司的转型发展需要根据经济的新变化、新趋势以及自身的特点，重新选择合适的目标客户，坚持差异化和多元化发展。根据美国麦肯锡公司发布的研究报告，如果中国转型为生产力主导型增长模式，到2030年，国内生产总值（GDP）可能增加5.6万亿美元，家庭收入可能增加5.3万亿美元；未来15年，中国有2亿人口可能从农业和大宗商品等领域转向服务业和消费品行业。

以下八个是未来处于上升周期的行业或领域：

（1）智能制造；

（2）城市居民消费；

（3）农村居民消费；

（4）城市现代服务业；

（5）物流运输业；

（6）“一带一路”相关贸易；

（7）供应链、制造链有关行业；

（8）新能源相关应用。

这八个方面给小额贷款公司的转型发展提供了广阔的市场空间，小额贷款公司应从中寻找适合自己的目标客户，未来小微信贷行业还是能够重振雄风、大有作为的。

（二）关注消费金融有关信息

目前，中国消费市场持续快速增长，消费已成为经济增长第一驱动力。消费升级促进了信贷总额的不断增长，其中，普惠消费贷款占比逐渐增大，电子商务的蓬勃发展更为消费金融的发展提供了广袤的土壤。近几年国家出台的政策和行业演进的趋势将进一步促进我国消费金融的高速发展。

2015年12月，国务院发布了《推进普惠金融发展规划（2016—2020年）》，在国家层面描绘了惠普金融在“十三五”期间的发展蓝图。大力发展居民普惠消费金融开始成为金融业发展的主线之一。

2016年3月，央行和银监会又联合发布了《关于加大对新消费领域金融支持的指导意见》（以下简称《意见》）。政府拟通过消费金融这样一个杠杆，撬动消费升级。在用消费金融手段来拉动内需这样的大趋势下，消费金融日趋成为炙手可热的大蛋糕。《意见》提出了一系列支持新消费领域的细化政策，包括积极培育发展消费金融组织体系、加快推进消费信贷管理模式和产品创新、加大对新消费重点领域的金融支持、改善优化消费金融发展环境等各个方面，旨在全方位支持消费金融的快速发展。可以说，在消费金融领域，小额贷款企业正面临发展的良机。

（三）重视城市现代服务业金融

2016年3月，国务院总理李克强主持召开国务院常务会议，正式通过并于5月发布了《成渝城市群发展规划》，提出成都要以建设国家中心城市为目标，提升成都的核心功能，包括增强成都西部地区重要的经济中心、科技中心、文化创意中心、对外交往中心和综合交通枢纽功能等。城市现代服务业被提到国家区域规划的重要位置，仅次于战略新兴产业和智能制造。现代服务业成为该规划中现代城市支撑产业体系的第二极。

政府对城市现代服务业发展的扶持为小额贷款行业提供了新的发展方向。当前服务业金融对外来人口服务能力不足。外来人口尤其是参与本地城镇化建设的外来人口将成为新金融的市场主体，对于小额贷款公司而言，要介入服务业金融，可关注“70后”至“90后”消费人群，包括白领、蓝领及参与城镇化建设的外来人口。

现代城市服务业包括：①生产服务业，包括工业设计、物流、广告、批发；②消费服务业，包括零售、文化教育、旅游、美容、娱乐。由于具有轻资产的特点，这类服务业企业抵押物普遍不足，传统金融企业不太愿意提供贷款，这就为小额贷款公司的介入提供了良机。

服务业金融需要避免市场同质化倾向。单纯的消费金融关注较多的是终端消费者，对服务供给方关注不够。供给侧改革不是消除制造业、服务业的传统业态，而是缩减中间环节，降低供给成本，提高服务品质，形成良性互动。服务业金融的升级发展方向包括普惠消费、跨境消费、物流金融服务、生产创新服务，这是制造业升级换代的重要推手。

（四）挖掘农村金融服务潜力

农村信贷市场也是大有可为的小额信贷业务领域。党的十九大报告提出，中国特色社会主义进入新时代，我国社会主要矛盾已经转化为人民日益增长的美好生活需要和不平衡不充分的发展之间的矛盾。发展农业经济，解决少数地区贫困人口的脱贫致富问题，是未来经济发展的重点。2017 年中央一号文件明确提出，要加快农村金融创新，鼓励金融机构积极利用互联网技术，为农业经营主体提供小额存贷款等金融服务。

多年来，农民贷款难的问题一直存在，农民抵押贷款一般都是几万元的小额资金，与银行机构投入的人力物力相比，成本问题往往使得许多银行不愿开展此项业务，贷款难以落到实处，而小额贷款公司天然具有扶持“三农”的普惠基因，可瞄准“三农”市场缺口，输血农村经济，积极开辟转型发展道路。近些年，有相当一批小额贷款公司深耕农村市场，取得了不俗的业绩。

六、转型发展的路径探索

传统小额贷款公司的转型发展应审时度势，把握机遇，痛下决心，敢于推倒重来；要克服追求短期利润增长的冲动，重新聚焦小额信贷的本源，摆脱对传统业务模式的依赖；要适应新的经济和金融环境，靠深入实施改革和积极推动创新，应对本轮金融结构正在发生的颠覆性变化，形成新的发展模式。转型发展的核心是重构市场定位和获取客户的能力，全方位建设风险控制理念和体系，实现客户服务和内部管理的现代化。

转型发展要打好基础，应聚焦于制度和技术，寻找解决阻碍新的发展目标实现的制度和技术原因。从优先位次上看，制度创新是基础性手段，是对生产力的解放，所以，诊断和创新小额贷款运营和发展的制度居首位。在此基础上，要推动服务技术创新，尤其是要关注和吸收未来三至五年金融服务技术的发展趋势（参见图0－3）。

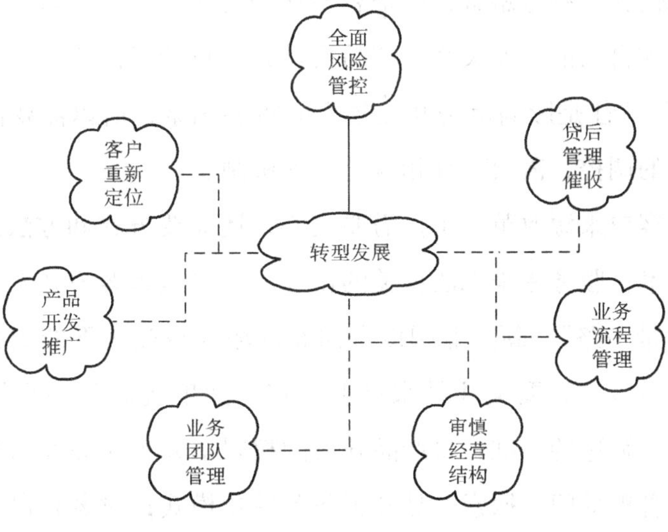

图0－3　小额贷款公司转型发展要素结构

制度改革和创新的主要方向包括：客户定位和来源管理，产品开发和推广，激励与发展，员工训练和团队的培养，审慎经营体制的建立，小额贷款业务流程的再造及风险控制技术的深化，员工廉洁风险控制，渠道开发和管理，小额贷款贷后管理和催收能力建设。

技术创新主要关注的方向包括：互联网在线服务技术，智能审批技术，互联网产品推广技术，信贷工厂流程技术，自动化业务流程技术，第三方数据整合技术，精细化催收管理技术，数据化营销管理技术，等等。

受篇幅限制，本书对小额贷款公司转型发展中所需进行的制度改革分析着笔较多，对相关技术创新也有概略的介绍。各章讨论的关键问题或要点如下。

（一）客户重新定位（第一章）

重新定位小额贷款公司的市场是业内企业的首要任务。这首先要对市场的原有认识进行反思。选择一个特定类型的市场缺口来提供服务，重新回答“市场是什么”“市场开发靠什么”的问题。小额贷款公司的市场策略可以概括为“错位竞争，定向营销，专注与创新”。在客户拓展过程中，需要明确如何在多种金融选择中把客户从同行手中争取过来，如何吸引客户长期维持和自己的合作关系。产品设计是市场开发的第一步，而成熟的“产品运用”往往是影响市场开发效率的重要因素，所以需要围绕产品运用进行有效的调控，需要设计相应的管理机制。

要实现客户来源改革，不仅需要决心，还需要方式和方法。比如：通过信息化技术，服务原来无法覆盖的市场；在渠道和客户开发方向上，高度重视“一带一路”、新工业园以及向新区域经济政策下的受益客户群的拓展；对小微客户，要关注外来创业人口。适度提高每周拜访客户的标准，明确客户筛选的标准；将产品开发的权限下移到业务部门甚至下移到小组、渠道管理部门；探索产品和服务菜单化模式；对老客户建立激活激励服务机制，避免客户流失，协助管理客户过度负债。

（二）产品营销推广（第二章）

互联网时代需要用新的思路推动产品、渠道、营销改革。产品推广要做到精细化管理，要从认识目标客户开始。营销思路需要颠覆性的变化，这要靠智慧，靠用正确的技术和方法清晰掌握业务营销的线索。要抓住每一种客户需求的特定规律，让更多的客户主动选择自己的服务方案，在激烈的竞争中得到市场的认可。

比如，创造和捕捉应用场景，在应用场景下提高产品营销推广效果。

让业务团队容易找到小额信贷客户，需要解决五个问题（3W2H），即目标客户是谁（Who）、目标客户在哪里（Where）、怎样才能找到目标客户（How）、客户是否会长期选择我们（Whether）、怎样才能让客户长期选择我们（How）。要通过对业务团队进行训练，使之养成了解客户情况，与客户“先结交、再营销”的工作习惯。小微信贷客户的开拓方式传统上包括陌生拜访、渠道推荐两种。随着电子商务的发展，信息技术的支撑以及劳务外包、社群服务体系的建立，业务外包也会成为一种有效的选择。

成片客户的开拓需要特定的方法。熟能生巧，解决目标市场需要突出“专注”的问题。需要强调的是，所谓“专注”，即客户成片开发要突出“社群专注、封闭经营”的原则，需要有一个专业的渠道管理团队。渠道管理并不仅仅是制定提成、回扣、奖励等政策，重新规划业务流程、研发渠道维护和运营技术可能更为关键。

（三）业务团队管理（第三章）

有执行力的员工不是与生俱来的。公司的竞争力、人的竞争力是可以一步步训练、积累的。管理需要下沉到团队中，下沉到各级员工中，这除了流程再造、风险控制技术进化之外，要看团队的管理和训练机制。一个传统上以中小型贷款为主，组织结构以职能式为主的小额贷款公司，想引入更多小微性质的贷款，应先从业务流程的梳理和组织结构的再造入手。组织结构、业务流程应适应业务发展新战略，这样才能够使公司的团队人尽其责。业务团队的内部组织管理需要形成适当的管理幅度和层次。管理中要谨慎运用“鞭打快牛”的思维，即尽可能促进骨干员工的成长，促使其发挥最大的潜力，成为精英。一定要触及员工最关心的问题——薪酬。由于小额贷款行业业务团队人员流失率较高，快速招聘和补充可能会成为一种常态。

要重点关注考核机制的改革，进而从本质上动员业务团队主动朝公司希望的方向发展。考核目标可以多元化：鼓励不同客户经理发挥自己的优势，为公司做出不同的贡献；同时关注新增客户数、陌生拜访数，并尽量体现对客户成长的宽容和鼓励。要拉大对直营团队与渠道团队考核上的差异。通过业务团队“微晋升”，拉开新老员工差异。鼓励新员工尝试新的工作方法，建立适当的尝试型考核机制。

业务团队的培养和训练需要形成固定的标准化机制，才能有效应对业务团队成员流动性大的问题。完善入职培训和提升性培训两种机制。理顺适于公司发展新目标的员工发现、培养和提拔的正常机制。除了重视员工日常基本满意度以外，还应明确将绩效与努力程度挂钩，合理拉开收入差距，理顺奋斗动力。建立多元化的公司文化奖励机制，包括运用激励机制、日常培训、深度培训、日常劳动竞赛、自主学习等增强企业员工凝聚力的建设性手段。

（四）审慎的经营管理结构（第四章）

单纯谈及风险控制并不足以概括小额贷款公司长治久安的根本架构，审慎的经营管理结构是传统小额贷款公司实现转型需要解决的核心问题。审慎经营理念来源于银监会对银行业风险治理的最新指南，它意味着小额贷款公司必须放缓对短期利润和收入的追求，避开不必要的非系统损失。审慎经营贯穿于管理机制和经营结构，对小额贷款公司现代企业制度下的治理同样适用。审慎经营理念的落地，需要建立全流程风险控制手段，形成业务流程上的内部控制交叉制约，建立起廉洁及从业纪律管理机制，尝试依法治企框架下的法务管理，实现公司信息管理的统一等。为了判断运营管理架构是否合理，需要建立评价体系，包括借鉴和引入风险资本计算和管理技术，建立经营效能指标体系，持续评估审慎经营体系的健康度。

（五）业务流程管理（第五章）

业务流程管理的目标是提高效率，控制操作风险。传统的小额贷款业务流程脱胎于银行和担保机构，是建立在职能式的部门划分的基础上。当前发展小额贷款业务需强调流程分工精细化，解决效率和安全问题。业务流程通常与自动化系统、全面风险控制机制相伴，需要根据客户定位和风险控制理念选择业务流程管控模式。要将业务部门其他职能剥离，使之主要精力集中。业务部门的主业应该是产品设计、营销和贷后回访，与此无关的工作可以由专门的岗位或部门承担。这样，逾期催收工作可以专项移交给贷后管理部门，业务流程监控机制可以独立设置。

判断业务流程是否适合小微信贷业务发展，需要关注：业务流程与部门和岗位是否匹配，业务流程是否实现了标准化，相邻环节间是否明确了服务标准；信息沟通是否实现了扁平化，可以平行分享。相应地，还应注意：风险控制部门在控制风险中以何种方式来工作，如何与业务部门的尽职调查发挥协同效应；关键岗位是否有交叉制约和冗余备份；是否具有业务流程管理信息系统，信息化系统与业务实施之间结合的程度以及业务流程效率的高低是否合理；流程间是否相互交叉验证。

当今小额贷款公司业务流程建设需要与“互联网+流程管理”模式相结合。对外提供互联网业务入口，支持分散客户在线申请、办理业务，实施业务流程——向信息化、互联网迁移因而成为必然。要引进大数据分析机制，建立起对流程效能的统计方式和管控标准。

（六）全程风险管控之贷前（第六章）

客户来源管理、尽职调查，审批技术和流程，贷后管理流程，是风险控制的三驾马车。客户信用风险的释放往往需要和贷中贷后违约成本的判断相结合。在客户的心理上，过于容易获得的贷款往往最被轻视。对客户提供的信息，要尽量交叉验证。让不对称信息最大限度对称——重点是财务信息——是解决还款能力问题的关键。让软信息最大限度地真实还原，着力于解决还款意愿问题。对易逾期的行业，要纳入负面清单进行过滤。要关注易逾期客户的客户群体特点，增强对其申请贷款时行为特点的认识。

风险控制要贯穿始终，从产品设计到客户调查，到业务经理的廉洁管理，到进件的筛选方式，再到审批技术的质量管理，到签订合同、放款，最后终结于贷后管理和催收的全过程。这个体系中的每一个环节、每一个细节，都有可能给客户传达不同的信息，从而影响客户发生逾期还款的概率。客户来源管理、员工展业方式和员工思想观念的管理，是贷前风险控制的附加关口。交叉验证和反欺诈能力建设是贷前风险控制的重要手段，容易被忽略。当今小额贷款公司应积极推进内外部大数据辅助全流程风险控制。在贷前风控体系构建中全面探索评分卡的工作机制，与国内主要的大数据风险控制机构建立数据交流关系，掌握客户身份识别、地理位置定位、社交群分类、过度负债追踪等数据。

（七）贷后管理和催收管理（第七章、第八章）

贷后管理的核心是管理正常客户，防范正常客户转变为中长期逾期客户，所用的手段和方式与催收管理不同。在当前，大数据对贷后管理具有重要作用。贷后管理的第二项重要任务就是收集、分析和积累营销尽职调查、审批中的经验和失误，归纳和总结失败的案例，指导以后的尽职调查和审批，验证产品设计和审批评分卡，为高速精准审批积累经验。

早期催收管理采用大数据分类，可以智能提供管理策略匹配，必要时，可以与智能数据审批服务方案合作进行。采用定量化分析方式，结合催收成功率分析，总结特定类型客户催收路径。对于尚未发生逾期或者逾期时间较短（未超过 7 天的）的客户，需要有不同催收手段的介入干预机制。这一阶段的活动主要由业务团队开展，主要依赖贷后管理收集的信息做出判断。

对于逾期 30 天以上的客户，应将其列为催收管理的重点对象，应提高单个催收员管理更多客户的能力。催收管理的核心是分类管理客户，同时兼顾对同类客户的策略复制，提高客户催收的有效性。催收管理应视逾期的不同程度分设催收策略，明确催收频率和方式，对催收的有效性应有管控标准。可以适度借用第三方力量，降低客户的迁移率。此外，催收需加强留痕管理和效能检查。

第一章　小额信贷市场开发

导　言

成功的小额信贷商业模式是建立在市场开发、业务流程、风险控制三大基石基础上的。市场开发首先要从对市场的认识出发。如果问业务主管的职责是什么，可能很多人会先想到产品设计，然后组织业务团队把产品卖给目标客户。"先造产品，再找客户"是工业经济的发展思路。能不能反其道而行之？先分析这个市场的边界是否足够清晰，是否已经把各种需求缺口都已纳入交易范围，然后再选择一个特定类型的市场缺口来考虑提供服务，重新设计产品，这就是互联网时代金融营销的新观念，即站在市场主体的角度换位思考，根据市场需求开发产品。

第一节　如何认识小额信贷市场

如何定义"小额信贷市场"，事关小额贷款运营的定位。如果仅仅从单笔贷款的金额上来认识这种"市场"的内涵和外延，如同窥豹一斑，就不足以拓宽小微信贷的发展思路。

小额贷款的创始人穆罕穆德·尤努斯教授在《穷人的银行家》一书中，将格莱珉银行开发的小额信贷市场表述为：服务于孟加拉国乡村的贫困农民，后者处于极度的生存困境中，具有自雇意愿，只需要几百美元支持其从事生产，就可以改变她或他的家庭的命运，使贷款人有充足的动力去维护其信用。在这当中，社会地位低下的妇女是一个重要的客户群体。

随着20世纪八九十年代小额贷款事业在全世界的推广，不同的国家都结合自身的国情，将格莱珉银行探索的模式运用到不同的市场。比如，马来西亚、菲律宾和美国均建立了各种形式的贷款者互助组织，通过联保的形式，支持采购农业生产资料，促进农村贫困人口增加农业生产；支持贫困的手工业者增加生产资料的采购；支持妇女摆脱落后的习俗，采购基本生产资料，通过建立家庭式劳动方式，增加贫困家庭收入；同时，给予贫困人口享受教育和改善居住的支持。有差异才会有需求，有不满足才会有市场。

20世纪90年代，格莱珉银行的经验传入中国。从第一家村镇银行诞生到今天近万家小额贷款公司出现，小额信贷已经历了二十多年的发展，伴随着这二十多年的实践和探索，这个行业的从业者对小额信贷市场有了不同角度的观察与思考，也形成了不同的认识。

一、从功能定位来看小额信贷市场

（一）银行客户的资金补充

大部分从事小额信贷的公司虽然并不从事银行客户过桥贷款，但这类小额信贷或多或少可以归结为银行客户的资金补充。挖掘银行客户的剩余需求是否健康？我们认为小微金融拾取这样的市场机会有其合理性，因为凡是有助于促进居民安居乐业、社会经济发展，各种查漏补缺的机会都是小额信贷可以依存的空间。

银行对客户需求的满足程度存在缺口，主要原因在于以下几方面：

一是因抵押率低，房产价值无法盘活。房屋按揭、抵押贷款的抵押率只有70%。2008年以前的房产，至今大多数都已升值了50%以上；以现在的市场价值，即使打个7折，减去以前银行贷款的部分，仍然会有较大比例的剩余抵押价值。对银行客户来说，这部分价值大多无法利用。

二是办理周期长，或最短借款期限较长。通常银行贷款审批效率在20天左右，或要求客户最短使用一年。如果客户急需资金救急，或只需要短期资金周转，银行贷款就不能满足需要。

三是贷款不够灵活。银行经营性贷款通常一年还本一次。这种按年到期还本方式要求客户一次性组织较大数额的资金。很多客户财务管理不规范，银行很难相信客户能在年末组织起足够的资金。仅这一条，就会制约多数客户的承贷能力。如果采用类似房贷的分月还款法，只需要具备每月还款能力，就可以帮助更多小额贷款客户得到较大额度贷款。还款期限可以视具体情况更长一点（超过1年），或者更短一点，这都有助于降低还款难度。

在该客户类别下，我们认为，小额贷款公司的精力可以放在银行现有的提供服务的客户（这里指符合贷款基本准入条件的客户，为其做补充）。如果客户在银行系统有贷款记录，可以通过征信系统了解其还款习惯。如果客户完全没有贷款记录，反而不便于评估。评估这类客户的重点是在金融体系内的再融资能力，其贷款记录中无论是来自银行、民间借贷还是小额贷款，都可以视为客户还款来源的一部分。这部分客户在城市较多，便于集中营销；但是，其过度负债的风险始终是这类小额贷款机构需面对的考验。

（二）银行未开发的潜力客户

市场竞争的结果是强者更强，弱者更弱。并非人人都有机会获取市场的资源，有些贫困户的融资问题单靠市场机制本身无法解决，未被开发的潜力客户是小额信贷希望服务的目标客户。比如贫困地区的农户，缺乏生产资料，需要帮扶形成农业生产能力以自救；或从事手工业生产的城乡接合部居民，需要帮扶扩大手工业生产；或需要帮扶度过困境的乡镇生产者；或城乡接合部处于贫困状态，失去土地，向城市转移中遇到障碍的移民人口；或是在城市中还没有完全立足的外来人口，他们没有本地户籍，甚至完全靠租赁居住；再或者是城市下岗或再就业、创业中的人口，他们缺乏生产资料，在市场竞争中缺乏发展机会。

这类客户有一个共同特点：他们当中很多人并非没有还款意愿，而是缺乏足够的生产资料，难以形成正常的造血机制。他们需要一套培养和形成他们信用资产能力的机制。如果有小额贷款机构介入，帮助他们将自身的信用资源变成资产，他们就可以融入市场机制，实现自力更生。

我们在成都地区的业务开发中，曾经服务过一些从事服装制造和/或缝纫的家庭、街边经营面食的小贩，他们多位于城乡接合部。比如，有的需要进一批布料，承接服装加工业务，或需要装修一下铺面；只需要3万—5万元的支持，就可以改变家庭的状况。银行小微金融的触角很难延伸到这样的地区和家庭中，单户服务成本太高。从贷款发放的结果看，这样的客户非常珍惜帮扶机会，没有出现过逾期，反而是城市中有大量房产的客户会出现逾期。这一点验证了尤努斯教授的观点。

未来小微金融的发展，如果单纯走银行客户资金补充这条路径，也会存在空间日益饱和的趋向。随着城乡产业结构的巨变，开发商业银行从未服务过的群体可能具有更大的金融创新空间。目前服务新客户群体的小额贷款公司并不多。

二、从服务对象来看小额信贷市场

（一）小微企业市场

按小额贷款行业通常的标准，这类市场中企业年营业收入在2 000万元以下，单笔贷款需求在200万元以下，资金用途主要是存货周转、偿还银行贷款、固定资产投资。小微企业市场还包括城市中的个体工商户。其共同特点是：以企业法人为还贷主体，大多数没有抵押房产可以利用，采用信用类贷款是其最容易操作的方式；资金需求具有季节性，随行业的淡旺季而变化。第一还款资金来源要看企业的收入，而很多企业没有财务报表，或者财务报表与实际情况严重不符合。这类客户需要对财务报表进行重构，实施存货盘点查库，摸清企业能带来未来现金流的资源。

这类客户的分布是否有规律？大致有的，在社群和街道一般不容易找到，在城市的商业办公中心、工业集中区、集中交易市场比较容易找到。

这类客户对哪些产品较容易接受？根据调查，很多企业资金周转都有周期性，特别是贸易行业，短期周转较多，期限一般在3个月以下，如果有随借随还的产品更好；还款方式通常是到期还本，对分期还本付息的接受度不高；客户偏好于信用类贷款。从成都这样的新一线城市来看，小微企业最低的资金需求在10万元以上，不同的行业需求程度不同。

（二）小微个人市场

这是指以个人作为申请贷款主体的市场。按照通常的标准，此类主体家庭年收入30万元以下，单笔贷款需求在50万元以下，资金用途主要在于消费需求的补充，或微型企业（个体户、微型企业）的经营。通常，以个人名义申请，较以企业名义申请贷款，审批手续更为简便。个人申请者大多能提供住宅或商铺，作为第一顺位抵押或第二顺位抵押。对放贷方来说，这有利于提高客户违约成本。对客户第一还款能力的分析无须纠结于财务报表，可以直接按照个人银行卡的收入流水来核定。通常以配偶作为共同借款人——牵连家小，能提高对客户违约的威慑力，这种威慑力比企业作为借款主体更为直接。

从目前小额信贷行业的实际情况看，以个人为申请主体的占多数，尤其是外资小额贷款公司。这类客户一般分布在人口稠密的居住社群、写字楼集中的办公场所，农贸市场或集中交易市场也比较容易找到。

这种客户能接受何种产品？个人信贷市场对利率的敏感度较小微型企业市场更高，特别是涉及消费需求时。大多数客户可能有房贷经历，所以对到期还本付息和分期还本付息两种方式都可以接受。信用贷款或抵押贷款都较容易办理。由于银行对个人客户经营性贷款的受理要求较高，个人客户信用卡的额度也较小，相对于人数较多的城市弱势群体而言，创业需求的满足度较低。个人客户可以接受的最低贷款额度大多可以从3万元这样的小金额起步。

三、从服务区域来看小额信贷市场

目前小额贷款的服务区域包括城镇、城乡接合部、农村三种。小额贷款在城镇的集中度较高，主要投向城市居民和企业，集中于工业集中区、商业中心、交易市场，以经营性需求作为主要的服务目标。以成都市为例，荷花池、九龙服装广场等生活日用品批发集散地聚集了多家银行、数十家小额贷款公司，各家的产品差异不大。新进入者要迅速获取客户的关注难度较大，盲目投放贷款存在过度负债风险。相比之下，城乡接合部、农村是小额信贷目前力量薄弱区域。在乡村振兴战略的带动下，目前相对较多的新城镇化人口和经济形态集中在城乡接合部和农村。开发这些区域需要小额贷款公司有网点的支持。

除了上述对小额贷款市场不同角度的认识外，在行业实践中，还有按男女性别进行的分类。例如，将妇女也作为一个单独的市场来开发。随着社会地位的上升、承担的社会责任的增大和发展出路的多元化，女性也有独立的金融需求。

不同的小额贷款公司对市场的开发，始终是以对市场的不同认识作为出发点的。在此基础上，再设计出具有自身优势的产品、业务流程、风险控制体制。到底选择做“银行信贷的补充”还是选择“关注银行尚未开发的处女地”，每家公司都有不同的解决方法，关键是要找到适合自己的方向。

第二节　市场开发靠什么

目前小额信贷市场已经成为完全竞争市场（金融行业分层竞争格局请参见图1-1）。这不仅在于每个城市的小额贷款公司都有上百家，还在于同时还有银行小微、民间金融、信托等众多资金提供方。金融产品相似性程度较高，客户具有选择和议价的空间。根据这几年的实践，在坚守“小额、分散”这个大原则下，小额贷款公司的市场策略可以概括为“错位竞争、定向营销、专注与创新”。

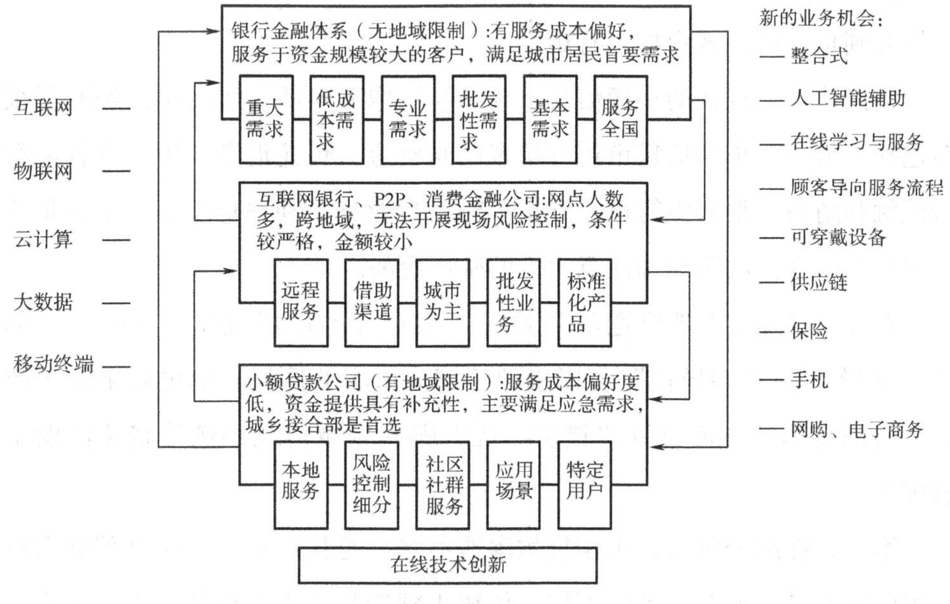

图1-1　金融行业分层竞争格局

一、关于“错位竞争”观念

从2015年成都地区小额信贷市场竞争情况来看，同质化倾向较为突出。产品不外乎房产抵押、信用两种。相比银行，小额信贷的优势基本上是“速度快、额度高”。除少数小额贷款公司专注于个人贷款外，大部分公司专做企业贷款。业务拓展区域集中于中心城区，城乡接合部及远郊区力量不足。大城市周边的交易市场里面，除了几家银行外，商户每天可能接到较多小额贷款推销电话。但是仅靠电话，后来的加入者很难形成规模。于是有部分小额贷款机构依靠人员规模，通过扫街方式来做业务。每个区配置营销人员10—50人。部分新加入这个行业的机构采用打广告的方法开拓市场，配置的销售人员数量很少。比如大面积投放地铁广告、公交广告、广播电台广告。但是上述方式成本太高，也无法持久。对普通小额贷款机构来说，使用传统广告手段，如果覆盖率和持续时间不能维持在一个起码的水平上，未必会有效。况且广告媒体种类繁多，要准确地把产品推介到指定目标客户群也有难度。

我们认为，现在的小额信贷市场已经不像五年前，居民早已经有了很多选择。另外，小额信贷市场有很多民间资金，鱼龙混杂，用款者普遍有所抵触和防备。很多银行也在开拓小额信贷业务，利率也不高。小额贷款公司要吸引客户的眼球和注意力，的确不容易。

在此环境下，“错位竞争”是一个很重要的市场观念，其核心是创造“差异化”。“差异化”可以来源于细分市场的选择，也可以来源于产品。目前有哪些方面可以“错位”呢？哪些领域传统小额信贷关注度不够呢？

第一，在细分区域，小额贷款渗透不够，尤其是对城乡接合部和农村居民的融资潜力的开发关注不够。传统小额贷款集中在城镇，受交通半径的限制，不可能处处布局网点。很多网点集中在社群或大型交易市场，导致拓展城乡接合部的力量不足，因为交通成本和效率问题解决不了。但是，城乡接合部确实弱势群体较多，也是银行鞭长莫及的地方。目前互联网技术深度发展，增加了解决网点问题的可能性，在本节后面将详细谈及这一思路。

第二，对经营性需求关注较多，对城市和农村消费金融发展的支持力度不足。消费金融的金额普遍较小，比如5万元以下。单户成本较高，大部分小额信贷主要面向经营性需求。如果仔细思考，银行在消费需求上优势明显，还是在经营需求上优势明显？显然，银行仍然对经营需求的投入较多。大部分居民单张信用卡的额度不会超过3万—5万元。消费需求的解决除了信用卡外，主要是购车、装修贷款。有没有不限制用途的消费贷款呢？基本上很少。我们也曾经研究过，大城市新车市场基本已饱和，银行投放的车贷利率低至每年4%。大城市对新车销售很可能设限制，未来发展二手车交易会有很大的空间。但是银监会有规定，二手车交易首付最少需50%。事实上，银行基本上没有大规模开展二手车消费贷款，尤其是在二、三线城市。所以，在消费贷款领域，银行投放的贷款金额比较有限，还有很多空间未涉足。小额贷款公司可开拓的业务还有很多。

第三，很多交易市场，经过多家银行、小额贷款公司业务清扫后，客户基本上都做过第一顺位抵押贷款。还能不能再去拓展呢？降低标准，继续做第二顺位抵押贷款是否可操作呢？这里面蕴含着错位竞争的机会。很多商贸行业需要短期周转资金，尤其是贸易产业链的商户、摊主，结算周期通常为2—3个月，在销售高峰期需要5万—20万元的资金周转。如果有按日计息、最长3个月、最短1个月、随借随还的产品，一定会很受青睐。阿里巴巴旗下的阿里贷款和淘宝贷款早在两年前就开始服务这一市场，且在较短的时间内就做到了几十亿元的规模。

第四，受到电商的冲击，万达等商业地产正在逐渐减少百货业态的布局。相反，目前不少社群周边出现了很多连锁超市。以成都地区为例，不仅有红旗连锁，还有WOWO、711便利店、微微超市等。在城乡接合部，也诞生了一批连锁便利店品牌。社群连锁店以其对社群居民生活的方便性，电商无法完全取代。连锁便利店内的供应商具有短期资金周转的需求，其金融诉求是：审批流程尽量简洁；额度一次审核后，可以在一定期间循环使用。它们平均每次用款周期可能是1—2个月，利率稍微比银行高一点可以接受。但是，这块蛋糕怎么下手？按照传统的小额信贷做法，抵押、签合同和公证会让客户觉得很麻烦。用抵押的方式控制风险，频繁地设定抵押和解除抵押，运营成本较高。阿里巴巴在开发电商的短期周转需求时，推出了订单贷款和短期周转贷款，实时把握客户的应收账款情况，并以此核定额度。小额信贷如果能掌握客户在连锁店内的销售情况、应收账款情况，对于核定短期周转贷款，加强贷后管理，会有很大帮助。怎样实现这一点呢？是否可以和连锁店品牌的应收账款系统建立起某种关联呢？这是小额信贷公司典型的错位竞争机会。

其实，小额贷款市场里存在很多错位竞争的机会。试问：我们这个社会的创业人士、下岗再就业人士，其资金需求是否充分得到了满足？我们成建制的农贸市场遍布城市各条街道，农贸市场的商户这么多，小额贷款机构是否可以深入地排查呢？我们的快递公司现在已经散布于城市的各个角落，直接接触到普通的居民和企业，它们手里面有那么多潜在客户，能否和快递公司建立起合作平台，让更多的小额贷款走入企业和家庭呢？

二、关于“定向营销”观念

这一市场开发理念首先强调的是对目标市场的专注、深入。特定的时间段要聚焦于一个方向寻求突破，不求面面俱到，不平均用力。其次要接受渠道的现实存在，合理利用渠道的力量，协助自己做大目标市场和业绩。这一观念特别适合于不愿意在业务团队配置上下功夫，希望节省运营成本的小额贷款公司。通常，专注小额贷款的机构需要建立大量的网点，部署大量的销售人员，采用陌生拜访的方式发展客户，建立日常维护和走访客户的方式。有些小额贷款机构并不会对业务团队的营销方向和部署做出具体指导，鼓励销售人员个人独立工作（意即所谓的“扫街”），通过大数定律，优胜劣汰，确保综合产出量，因而推崇依靠自身力量独立做业务的模式。在企业发展初期，这种模式需要组建100人左右的业务团队，团队成长需要时间，产出无法覆盖人力成本。很多小额贷款公司无法应对股东层面在成立初期的绩效考核。那么，在人员和时间有限的情况下，能否先找一两个突破口，投入主要的力量，了解目标客户群，实行定向营销，可以快速见效。在市场开发初期，借助渠道或第三方力量，让对方的销售体系帮助自己拓展客户，可以大大减轻业务团队扩容的成本压力，安心给业务团队一个培养期。

定向营销如何开展？常言道："师傅引进门，修行在个人。"比如，要部署一个团队固定开发汽车零配件交易市场，给其两个月时间进行高频拜访，首先建议其去寻求这个行业的商会引荐，召开客户宣讲会，再逐一拜访每一家商户。这比直接在卖场内摆摊设点宣传有效得多。如果关系相处得好，可以通过商会内部的会员融资服务机构直接介绍客户。但是要注意：我们借助于渠道，却不能依赖于渠道。亲自拜访每一位商户，了解经营情况和潜在需求规律，把握商户对金融方案的诉求，仍然是小额贷款机构必须坚持的基础性工作。

三、关于"专注与创新"观念

实际上，我们随便选一个市场进行"错位竞争、定向营销"，并不一定能让业务发展起来。产品设计、客户拓展方式、团队管理方式、风险控制技术等都与企业的成败有关，非得拿出切切实实符合市场需要的管理体制和方法不可。其中，业务流程创新是需要"蛮拼"的领域。

比如，零售金融和批发金融的流程就不一样。当我们寻求与汽车经销商合作开展汽车无抵押贷款时，按照传统小额信贷的做法，要经过填申请表、查征信、实地调查、审批、签订合同、办理抵押、放款、提车这样的流程。客户填申请表、签合同等，至少要前往4S店4次才能办完。这样的流程基本上没有市场可以接受。但是，按照零售消费金融的理念，是否可以在填申请表时就预签合同（即所谓的“合同前置”），再通过电话核查进行信用审查呢？审批结果出来后，客户向车商支付预付款办抵押，直接到车商处提车。这样，整个流程能缩短到3天内完成，客户只需到卖场两次。如果能开发并利用在线申请、在线签约的金融技术，流程甚至能缩短至一天，客户在卖场一次就能办完。这种业务流程的创新对金融生产力的促进，可谓意义深远。

第三节　市场竞争分析

“知己知彼，百战不殆。”小额信贷的市场竞争如何分析？我们认为，不能仅局限于对地区市场整体情况的认识，还需要业务团队在具体客户群开拓时加深对“社群”的认识。

一、市场竞争的宏观分析

在小额信贷的生存发展中，首先要善于“对标”，也就是找准自己的目标对手。一个企业所看齐的竞争对手的水平决定了企业未来的发展水平。如果竞争对手选择错了，那么自己的细分市场就可能相应地会错位。小额贷款行业的经历和曾经走过的弯路告诉我们，竞争优势绝不仅仅来源于市场策略和产品设计，它与客户拓展方案、业务流程、风险控制技术等管理能力紧密相连。后台管理要跟得上产品投放，前台的优势才能有效发挥，否则很可能会使优势退化为劣势。

以西部某地区小额贷款市场调查为例。从事小额贷款的小额贷款机构不超过8家，国有和民营的小额贷款机构参与小额贷款的很少，主要是外资机构。外资机构一般能够容忍较缓慢的收益成长，为小额贷款的厚积薄发提供宽松的空间。

（1）主力客户。以个人为申贷主体的较多，少数以小微企业作为主体。以个人为主体，办理条件和所需资料相对企业申请而言更简便。从客户分布的行业来看，建筑行业占比较大，其次是家具、食品、服装等，大多是成都本地具有特色的轻工业或商贸流通业。需要注意的是，建筑行业由于垫支、欠薪的情况较为严重，贷款申请较多。分析对象是西部地区的商贸中心，轻工、流通行业本来就比较发达，从业人员多，门槛较低，参与者实力不够雄厚，广泛存在账期、应收款这个事实，这是小额贷款立足的客观基础。

（2）主力产品。外资小额贷款使用信用产品的比例较高，手续也比较简便，但额度普遍不超过 50 万元。这一额度设计，与所服务的客户群有关。比如，以大型交易市场的商户作为主力客户的，10 万元以下的额度基本上不能满足客户的需要。所以，市场的投放一般是 10 万—50 万元。如果信用额度投放在 10 万元以下的，目标客户很可能只是社群的零售商户和工薪阶层。

同样，面向大型交易市场的抵押类产品也比较多，个别甚至能做到 100% 抵押。顺位抵押的投放并不多，主要集中在与中介渠道合作的小额贷款。从交易市场来看，顺位抵押可以作为第一抵押类产品的补充，尤其是 3—5 年前就已办理过抵押的客户，由于房产价值增值，顺位抵押的价值突显出来。

（3）还款方式。外资小额贷款广泛使用按月还本付息方式，这有利于为客户获取更高的额度，减轻一次性大额还贷所需资金的压力。以个人为主体的客户，相对企业类客户更容易接受按月还本付息，因为这在房贷中已经广泛接受。经过统计发现，按月还本付息能够大大降低客户日常逾期的风险。如果以个人为主力客户，建议大力推广按月还本付息。近年来外资小额贷款公司的还款方式出现较多创新，比如等额还款利息加速递减、双周供、分年供、分季供等，大大方便了客户对现金流的组织，也便于客户争取更合适的额度。

（4）贷款期限。以到期还本方式为代表的企业贷款，期限通常比较短，不超过12个月；以按月还本付息方式为代表的个人贷款，最长期限通常在24—36个月左右。仅有少量的小微产品是短期1—3个月，这类产品投放较小与产品的运营成本有关系。目前这是一个尚未充分满足的市场缺口。

（5）宣传途径。产品的营销、宣传方式，也是产品设计需要考虑的重要的因素。比如，一家来自日本的小额信贷，依靠地铁广告来营销，这与它的目标客户是上下班的工薪阶层比较吻合。但是广告始终需要落地，与客户接触才能变成真正的需求。目前大部分小额信贷的宣传方式还是线下，比如DM派单、现场宣讲、陌生拜访。长期采用实体广告的小微信贷较少，依靠互联网广告、渠道的广告尚没有大规模的实践。

（6）办理时效。这是体现小额贷款与银行相比的相对优势的地方。银行信用卡的平均效率是3周，抵押贷款的时间平均为25天；小额信贷的信用贷款平均为5个工作日，抵押贷款平均为7—10天。如果客户对办理时效很关注，这是小额贷款可以强调自身比较优势的地方。

（7）网点部署。网点数量与小额信贷产品所需资料和贷后管理的要求有关系。按照目前小额贷款的运营模式，如果不借助渠道，在网上申请无法实现的情况下，需要部署大量人力对目标区域进行陌生拜访。为减少交通成本，通常采取就近设立网点的模式。特别是信用贷款投放越多的区域，贷前实勘、贷后日常管理和走访显得更为重要。因此，可以看到，专注小额贷款的机构普遍都会有1个以上的网点。从长远来看，需要运营流程的创新、再造，才能从根本上解决对实体网点数量的依赖问题。

表1-1是微型小额信贷市场竞争分析的一个实例。

表1-1　某地区微型贷款竞争分析

	某外资小额贷款	某外资小额贷款	某中资小额贷款	某外资小额贷款	某民营小额贷款	某外资小额贷款
主力客户	社群零售类商户，个体户分布于服装和家具。“三农”个体	小微企业，中小企业。家具、食品、物流，不做房地产和商贸	小微企业主、工薪阶层、个体户	工薪阶层、个体户、建筑行业	小微企业、“三农”商户	个体户、小微企业主。建筑、商贸
势力范围	区（县）城区	城区交易市场	各耐用消费品卖场	中介、建材市场	来源分散、较宽渠道	金融中介食品、家具市场
主力产品	信用	信用、抵押	信用 顺位抵押	信用	信用 顺位抵押	顺位抵押
单笔额度	信用5万元 抵押10万元—80万元	信用50万元 抵押60万元—900万元，抵押率100%以上	1万—30万元	信用5万—60万元	信用50万元	信用3万—40万元 抵押5万—500万元 抵押率75%
还款类型	按月还本	按月还本 到期还本	按月还本	按月还本 到期还本	到期还本	按月还本
平均利率	平均年化15%	信用类17% 抵押类14%	信用20% 抵押14%	信用30% 抵押类21%	信用18% 抵押类24%	信用24% 抵押21%
贷款期限	信用12个月 抵押36个月	信用36个月 抵押24个月	信用6—36个月 抵押12—60个月	信用18个月	12个月以内	信用24个月 抵押12—60个月
宣传途径	DM、陌生拜访	DM、宣讲、陌生拜访	宣讲、展架	DM、广告	DM	DM、渠道
办理时效	信用1天 抵押10天		信用3天 抵押9天	信用3天	7天以上	信用5天 抵押7天
客户管理	长期结交 转介绍	长期结交 转介绍	二次营销		转介绍	二次营销、转介绍

从表 1－1 的分析中，我们能读出什么指导性的结论呢？要时刻察觉和同行是否存在相互补充的市场机会，同行的动向为我们提供了一个参照和指南。在同行已经耕耘过多次的地方，我们可以进行补充。比如，投放过信用贷款、第一抵押的区域，可以追加第二顺位抵押。只要过度负债的风险可以控制，这个策略就是可行的。在同行力量较为薄弱的地方，我们可以投入营销力量，争取建立自己的根据地。在产品设计上要把握节奏，如果利率设计、额度设计过于具有倾销性，可能会引起同行的反弹——首先燃起价格战并不是最佳策略。在市场开发上，需要关注营销宣传、网点建设、客户管理，需要形成自己的优势，创造有特色的营销方法。尤其是网点布设，它是未来微型小额贷款发展、扩大社会影响、增加营业规模的必要路径。由于实体网点的申办受到较多政策的限制，虚拟网点的创新亟待破题。

二、社群市场的微观分析

为什么要强调“社群市场”这一概念呢？我们姑且把社群定义为具有“同类需求驱动”的具体人群。社群是一个具体的范围，既可以是一个地域概念，也可以是一个行业概念，但都反映出一种共同的市场规律。比如，高档住宅聚集区可以定义为一个社群，某服装批发市场可以定义为一个社群，某行业的商会也可以定义为一个社群……定义社群的目标，是便于观察该区域需求的规律。

对社群的观察需要关注以下方面：

（1）资金需求的用途。不同的资金用途，会导致客群对利率、还款方式、单笔额度的接受程度不同。基于同一社群大致有近似的需求规律，在和客户交流时需要关注。短期周转的资金需求，如进货、偿还银行贷款，对高利率的容忍度更高，但是对分期偿还的接受度较低。中长期资金需求如投资、长期铺底流动资金等，对高利率的接受程度不高，但是可以容忍按月分期付款。

（2）资金需求时点。上面说到了资金的用途，但是，同样的社群不一定都在同一个时间发生需求，这与行业的商业模式有关。大部分行业的资金需求有明显的淡旺季。特别需要提醒业务团队注意的是，资金需求时间一般不等于客户进货、销售的旺季，会有一定时间的提前。专业的市场开发，要善于在客户需要的时候出现在其面前：如果太早，客户没心思接待你；如果迟了一些，即使你忙活了大半年，也很可能被其他金融机构捷足先登。

（3）对金融的诉求。通常客户都接触过小额贷款，甚至长期和多家小额贷款公司接触过，对利率较为了解。并不是所有的客户都会选择利率低的贷款，客户还可能考虑其他因素。根据我们的调查，如果问客户在选择金融服务机构时会考虑哪些因素，我们给出的选项包括上门服务、无贷前费用、期限长、额度高、利率低、效率高，如果让客户最多选两项，统计的结果表明：2/3 的客户会选择利率低，1/3 的客户会选择无贷前费用、效率高、额度高。可见，在一定条件下，客户会对利率做出让步。

我们经常目睹这样的情景，在一个社群，每天客户会接到 10 次以上的小额贷款电话推销，收到多份金融机构的宣传 DM 单。对于毫无差别的营销手段，客户一定会无动于衷，基本上没有时间看 DM 单，除非当前就急迫需要。一周前你去拜访了客户，客户暂时没有需要，可是当你冷落客户一个月后，客户正好到了有需要的时候，你却没有在正确的时间出现。因此，针对具体的社群客户进行营销时，需要把握市场的规律，踩准节奏，将产品推广运用做到恰到好处。一个会用巧劲的市场方案一定是经过“换位思考”，考虑到市场主体的思维方式。

第四节　产品设计

当我们已经明确了解了地区市场的竞争情况、社群的需求规律后，还需要有合理的产品设计。专业的产品设计应善于“激励”客户。产品运用的实质是帮助客户解决问题，尤其激励客户长期使用我们的产品体系来解决问题。

一、产品设计的原则

第一，明确该产品使用的目标市场、目标客户。明确定位，是影响小额信贷发展大局的首要观念！为什么别人愿意承担较高的利率来使用这款产品？我们要从市场主体的思维角度来思考这个问题。要思考选择我们的产品具有什么比较优势？我们的产品对什么样的客户是有吸引力的？这些客户位于哪些区域、哪些行业？我们如何才能有效地找到他们，并将有关信息传送出去？

第二，产品的内核包括利率、期限、额度、还款方式。产品的内核是服务于目标客户的，将产品相关要素适当加以组合，就会对不同的客户产生激发作用。比如，采用按月还本付息方式，期限一般应拉长，并给客户提供提前清偿的灵活性，这样有助于提高该产品对不同类型客户的适用性。客户规模越大，该产品的管理成本才会越小。请注意，公司的产品不是越多越好，不需要对每种细分客户都提供一个单独的产品，这会让业务团队和客户都难以选择。

第三，明确产品的准入条件。就小额贷款而言，准入条件大致包括：客户居住时间，客户工作或经营时间，征信条件，收入条件，抵押率条件，其他财产条件（或有），限制性行业条件。如果条件和资料的边界很模糊，业务部门就难于把握风险控制部门的尺度，易导致审批结论争议的发生，反过来会无法管理好客户的预期，容易造成客户流失。准入条件的设立应避免面面俱到，过于具体，客户通过率较低，使产品销量上不了规模。准入条件的功能是发现一定需要过滤掉的客户，所以，可过可不过的模糊标准不宜保留在准入条件中。准入条件能否违例？这是常见的问题。如果违例过多，显然准入条件设置需要调整。从管理角度来看，风险大部分来源于对标准执行的刚性，准入条件如果得不到遵守，不如放弃这一条件设置。

第四，明确申办资料清单。所需资料因产品和客户类型不同而不同。以信用贷款为例，通常个人客户会用到债务申报表、身份证、收入资料、实际居住资料、征信资料。抵押贷款还会涉及抵押房产查档有关信息。如果是企业客户，除了法人代表的征信，还会有企业征信，反映企业运营有关的合同或进出货单据，营业收益的资料、企业经营历史的信息。资料清单一定要明确，否则会发生业务团队无法准确向客户介绍所需资料，甚至发生客户反复补充资料，但额度未必能批下来的问题——这是小额贷款公司常见的问题。什么是明确的资料清单？它应该能反映出：什么是必须具备的资料，什么是可以之后补充的资料，什么需要原件，什么可接受复印件。资料清单条款宜少不宜多，抓住关键、可以鉴别真伪，具有灵活性，实质重于形式。

第五，明确宣传策划，有效投放。有了产品设计，还需要让目标客户能够收到宣传信息。宣传和投放方案也是产品设计的重要组成部分。客户每天会收到大量的产品推介的信息，如何让客户在海量信息中，关注到我们的产品，帮助他解决问题？这里有宣传和投放的技巧问题。常言道“好酒也怕巷子深”“好事不出门，坏事传千里”，好的宣传和投放途径一定是精准、低成本、覆盖面足够大、能吸引客户注意力的。宣传和投放首先需要借助公司的业务团队，在日常的工作细节中找到宣传机会。其次是借助客户，转介绍是最有效的宣传途径，在金融行业的口碑和客户的转介绍能起到以一当十的效果。需要注意的是，对不同的客户群，不同宣传媒体的有效性不同。比如，开发针对女性的金融产品，该怎样宣传，选择什么样的媒体，如何组织信息？开发针对个体户的金融产品，是采用报刊广告还是汽车电台广告？宣传消费贷款，是采用购车现场的广告，还是采用居住社群的电梯广告？在本章后面，我们会详细分析。

第六，没有完美的产品，产品需要在实践中不断改进。开发产品很难一步到位。与其等待完美的决策，在鱼和熊掌中纠结，不如先试点，先干起来，然后再推广。利率可以先高后低，额度可以先低后高，条件可以先严后松。如果市场反应好，风险控制得住，再进一步扩大规模。在实际工作中，可以通过客户满意度反馈等市场反馈渠道来收集客户对产品的信息。信息收集机制不可或缺，要长期坚持倾听业务团队的意见、倾听客户的意见，持续调整产品设计。

二、产品设计的激励结构

在客户拓展工作中，需要反复思考的几个问题是：如何在多种金融选择中，把客户从同行手中争取过来？如何吸引客户长期维持和我们的合作关系？更重要的是，产品设计也是风险控制的重要环节，如何用产品引导客户形成自觉维护自身信用记录的习惯，减少客户逾期？要达到上述目的，产品设计一定要有系统的观念，要设计出一套相互衔接的产品。只要客户第一次选择你，如何鼓励客户第二次、第三次仍然依靠你，这就是所谓的产品的“激励结构”。

以尤努斯的第一代银行格莱珉银行为例。他选择服务于非银行客户的市场，主要面向极度贫困的孟加拉国农业、农村居民，以经营性需求为主要满足对象。他推出的小额贷款品种，包括创造收入的贷款产品（利息20%）、住房贷款（利息8%）、教育贷款（利息5%）。一方面，采用贷款额度每年根据偿还情况逐级提升的机制，鼓励客户保持正常的信用状况；

另一方面，第一次对某客户按正常利息20%进行操作，只要该客户还贷正常，就及时给予奖励，比如提供低息住房贷款、教育贷款等。当客户出现非借款人原因导致的偿还困难，可以考虑展期或采取其他灵活性措施处理。通过实施上述一整套机制，格莱珉银行让这类贷款者形成了按时清偿、清偿有奖的正常循环机制。

无论是早期引进委托贷款技术的银行，还是走在行业前列的小额贷款公司，都在不自觉地实践着上述规则。对于不同的市场目标，是否需要构造不同的产品结构呢？下面我们尝试对此进行探讨。

（一）对于市场新进入者

针对市场新进入者的首要目标，是从同行手里夺取部分客户。其产品设计应该选准竞争对手，有针对性地设计产品结构。

首先，精心推出主力产品，快速创造客户规模。这一阶段的产品应该低风险、市场接受度高、在额度和审批机制上有相对优势。可以实行相对行业偏低材的利率，以打入市场。此时推出的产品要能快速增加市场占有规模，易于被客户接受，因为该产品需要一炮打响，产生号召力。这就需要对客户有深入研究，让更多客户了解到这个市场上的某种需求靠别的产品满足不了。通常，抵押类的产品由于风险相对可控，额度也容易上去，比较适合作为这一阶段的主力产品。

其次，推出辅助产品，使之与主力产品协同，激励客户与我们长期合作。具体思路如下：

（1）考虑客户信用额度的升级机制。如果客户在一定期限内，比如半年、一年偿还正常，可以有计划地提升其未来的额度，鼓励客户在业务成长后继续选择我们，使其意识到这比选择其他新的金融机构融资成本低，办理效率高。当然，如果客户出现经营萎缩，额度可以相应调低。

（2）考虑一款低息短期贷款产品，期限可以1—3个月。可以针对特定的行业还款特点而定制，作为行业开拓的辅助手段。如果客户还款情况健康，又是连续在公司申请贷款，可以考虑给予贷款鼓励，甚至利率低至银行水平。这有助于和主力产品形成协同效应，让客户感觉在其他地方找不到如此有吸引力的产品组合。

（3）对老客户转介绍予以鼓励。老客户是重要财富，是一家小额贷款公司加速成长的重要支撑手段。为激励老客户推荐、介绍潜在新客户，可以考虑对老客户办理新贷款给予利率优惠。

（二）对于市场巩固者

进入市场三年后，大多数小额贷款公司已经实现了在市场立足。这时小额贷款公司一般处于一个分水岭：要么维持自己的市场地位，最后被新进入者取代；要么突破风控和效率难题，推动产品和流程创新，预防自己被新进入者模仿和替代。这一阶段的重点是业务流程和产品的优化，而大范围的利率优惠、冲量政策应逐渐淡出视野。

首先，主力产品应能够稳健地创造现金流。这时应降低抵押类贷款的比例，逐步抛弃低利率策略，实行行业平均利率，在审批效率上维持相对优势。在这一阶段，小额贷款的风险控制经验逐渐成熟，可能已拥有大量的客户行为数据，增加市场规模已不再是最重要的目标。可以着手调整客户准入标准，逐步淘汰低收益客户。这一阶段主推市场上需求特别旺盛，而利率又有上升空间的产品，主要是信用类贷款。发展信用类贷款本为小额信贷原教义所推崇，大规范推进这一类产品有待于积累大数据，使客户过滤系统更完善，贷后催收经验更成熟。

其次，推出辅助产品，尤其是能够优化客户结构的产品：

（1）维持一款短期贷款产品，期限1—3个月，将其利率恢复至市场平均水平。如果客户还款情况健康，连续在我们公司申请贷款，可以考虑给予短期贷款鼓励，但其一年内能够享受的次数应当有限。

（2）推行客户积分计划。为鼓励客户转介绍，或客户自己再次向我们申请贷款，考虑不再采用利率优惠策略，改为采用积分计划，即根据客户在公司办理不同贷款的情况，或介绍新客户的情况给予积分，客户可以使用该积分在公司兑换礼品。

三、具体产品设计

这是根据某地区市场情况所做的错位竞争设计，以下列产品设计（表1－2）为例。

表1－2　个人贷款类产品设计

	抵押类产品	信用类产品	辅助性产品1	辅助性产品2
主力客户	个体户、私营企业主	工薪阶层、个体户	商贸类老客户临时短期周转	老客户再次营销
目标地域	城郊接合部、交易市场、居民社群、工业园区、孵化园、农贸市场	工业园区、农贸市场、城郊接合部	交易市场	
准入条件	本地居住，征信逾期次数符合要求，有正常还款来源、符合抵押率和收入负债比的标准，抵押物有房产证，夫妻双方为共同借款人，可接受住宅、商铺，抵押率低于78%	本地固定居住一年以上，月收入5 000元以上，25—50岁。36个月内征信逾期次数符合要求。近3个月内不得出现3次贷款查询记录，有共借人	办理抵押贷款的客户，正常还款3个月以上，一年只能享受2次	不动产抵押贷款存量客户（个人和企业），当前已正常还款3个月或以上，截至当前无逾期记录，抵押率不超过85%
申请资料	债务申明、身份证明、征信、6个月银行流水、居住证明文件、房产查档、配偶	债务申明、身份证、征信、6个月银行流水、居住证明文件、实堪记录	身份证明、征信、用途证据、居住证明文件	身份证明、征信、6个月银行流水、居住证明文件

续表

	抵押类产品	信用类产品	辅助性产品 1	辅助性产品 2
单笔额度	5 万元—200 万元	3 万元—40 万元	3 万元—15 万元	3 万元—15 万元
还款类型	按月还本付息	按月还本付息	到期还本，到期时可转化为按月还本付息	按月还本付息
平均利率	年化收益率 20% 预付 2 个月月供	年化收益率 24% 预付 2 个月月供	年化收益率 14%	年化收益率 20%
贷款期限	6—36 个月	6—24 个月	1—2 个月	6—24 个月
办理时效	3 天	2 天	1 天	3 天

以上产品设计方案，在结构上较完整地包含了客户定位、目标投放区域、准入条件、申请手续、额度上限、还款类型、贷款期限；在产品要素上齐全，能与风险控制体系衔接。

抵押类产品与辅助性产品的组合，适合市场新进入者，有助于在风险可控条件下加快成长。信用类产品及辅助产品的组合符合市场巩固者所需。

第五节　虚拟社群市场的开发

虚拟社群市场是特定行业从业者或者需求者通过互联网技术聚集在一起，具有特定的共同需求或应用场景的客户群落，其市场开发在互联网时代的当下，实质就是客户群落 + 大数据。

目前电商交易发展如火如荼，京东、淘宝、天猫已经具有贸易型金融服务产品，如京东白条、淘宝贷款、阿里订单贷款等。电商交易以外的客户聚集受到的关注和利用还很不够。

互联网技术的运用不限于电子交易，它还具有社交、调度、协调等功能。国内通过互联网聚集的社会团体数量已较多。以“货车帮”QQ 群为例，它聚集了全国65 万货车司机，不仅可以在这个群内聊天，认识朋友，还可以调度货车车次，承接货运业务。这个群里富集货车司机的名字、联系方式、位置等信息，还可以提供交易信息记录。

运费垫付是货运成员具有金融需求的应用场景。腾讯旗下的微众银行与货车帮合作，使用数据挖掘技术对具有运费垫付需求的货车司机进行挖掘，选择具有良好运输记录和按时到达率的优质客户，定向为他们提供贷款支持。这个市场开发案例成功的原因，是找到了货车帮这样一个客户群落，同时具有运费垫付的资金需求，最终解决了贷款发放的交易问题。

可以预见客户群落与大数据结合，在未来十年具有巨大的潜在市场空间。

第六节　市场开发的管理

设计得再精良的产品，也只是小额贷款市场开发迈出的第一步，而成熟的“产品运用”往往是影响市场开发效率的重要因素。要对产品的运用进行有效的调控，需要设计并建立以下几个方面的管理机制。

一、客户关系管理

小额贷款客户资金需求小额、分散，数量众多，特点千差万别。如何更有效地掌握客户情况，指导未来的营销计划，指导下一步潜在市场和客户群的开拓？需要建立一个专业的客户数据库，部署数据管理和挖掘力量。客户数据库的录入、使用有必要规范化，这是客户关系管理（CRMS）

的基础。在小额信贷发展过程中，客户关系管理是业务办理较为前沿的环节，最初建立这个客户数据库可能很麻烦，但是它可以为后期开展大数据分析和精准营销奠定基础。具体任务包括：

（1）建立 CRMS 数据库，完善客户信息查询和数据挖掘系统。

（2）将业务部新拓展的客户和跟进中的潜在客户纳入 CRMS 系统管理。尤其是陌生拜访的客户，应记录交谈中收集到的客户所在行业的潜在资金需求规律、需求中的特别要求、对金融服务的诉求，以便确定日后拜访的时间节点和频率计划，为落实客户拓展工作流程提供提醒和支持。

（3）记录客户贷款情况、转介绍客户的情况，作为客户积分计划的实施依据。

（4）为业务团队营销计划管理提供依据。当客户记录累积到一定阶段，可以通过将客户地理分布、从事行业、需求时点、财务状况、年龄、家庭情况等数据，与客户对特定产品的接受度、利率的接受度、对金融服务标准的诉求及其逾期情况综合起来进行统计分析。这样得到的结论，对目标市场的选择以及客户群营销的拓展都会具有重要的指导意义。

二、渠道管理与产品投放

根据“定向营销”原则，产品的研发和投放应体现对目标客户群的关注和持续渗透。在一定时间范围内，高频度地主攻一个方向，将人员的走访和客户群拓展与适当的宣传推广手段相结合。例如，将食品批发行业视为目标市场，食品行业的渗透计划要考虑以下因素：

首先，把握住“淡旺季”这一概念。一般来说，食品批发行业的旺季是在 5 月劳动节、6 月端午节、9 月中秋节、10 月国庆节、1 月元旦节，还有每年的春节前后；产品的集中投放和推广时机应定在上述旺季到来之前。

其次，要找到适当的渠道，制定渠道管理和营销政策。渠道管理并不仅仅局限于实体经济。比如食品批发城可以视为渠道，食品批发城的商会、管委会也可以视为渠道；中小企业融资服务中心可以视为渠道；食品行业协会也可以视为渠道。要注意渠道不能代替客户本身，渠道是客户来源的管道，是产品集中宣传的管道，要善于借力而为。

渠道管理政策包括：

（1）渠道的宣传方案：是借助媒体广告，还是现场设点宣传？是否需要协助渠道方开展业务？还需考虑持续投入时间、循环反复频度、人员投入等；

（2）对渠道客户，在利率、审批政策和额度方面给予一定时期的优惠政策；

（3）重视渠道的考核，根据渠道产出规模和利润贡献，决定后续维护精力的投入；

（4）重视渠道的激励，要找到我方和渠道方双方共同的利益所在，不仅仅是动员对方协助我方，客户成功办理我方业务后，应该设置一个给予对方的回报方案。

三、投放前的社群市场调查

小额信贷虽然强调小而分散，但是市场开发不是单个销售人员的行为，需要公司提供配套的“工具”。在将一个“社群”配置给具体团队前，需要渠道部门先实施市场调查，为业务团队开发这个社群提供支持。这是目前很多小额信贷机构关注不够的。市场调查的主要内容有三项：

（1）“社群”潜在客户的规模、资金需求的时点。行业的资金需求旺季一般会比行业销售的旺季提前两个月（参考表1－3），市场开发需要踩对节奏。

表1－3　行业销售淡旺季分布规律示例（各地区这些行业可能略有不同）

	1月	2月	3月	4月	5月	6月	7月	8月	9月	10月	11月	12月
食品	旺季				旺季	旺季			旺季	旺季		旺季
服装	旺季				旺季	旺季			旺季	旺季		旺季
轿车	旺季				旺季				旺季	旺季	旺季	旺季
二手车					旺季				旺季	旺季	旺季	旺季
汽配	旺季			旺季	旺季				旺季	旺季		
家具					旺季	旺季			旺季	旺季		
建筑	旺季							旺季	旺季	旺季	旺季	旺季
装修				旺季	旺季			旺季	旺季	旺季		
机电				旺季	旺季				旺季	旺季		
日用				旺季	旺季	旺季	旺季	旺季	旺季	旺季		
商用车				旺季	旺季			旺季	旺季	旺季		

（2）“社群”潜在客户与金融机构合作的情况，调查金融机构的标准，以及客户不满足的地方。这一点是归纳我方比较优势的重要基础。目前各区域小额信贷市场参与方式和营销宣传同质化的原因之一，就在于对客户的特殊诉求不清楚。大部分客户有过跟很多金融机构打交道的经历，对利率、额度、期限都很熟悉，选择余地也大；单纯以“利率低、额度高、期限长”这种噱头进入市场，没有太大的号召力。所以一定要进行精细化营销。

（3）注意谁是该“社群”的意见领袖或信誉领袖。向社群投放产品，最好有一个机构或组织帮我们引荐，以达到快速宣传的目的。另外，新进入一个社群，社群的成员对我们不了解，刚开始免不了有防备、不热情，如果能够凭借某种公开的关系做引荐，显然会有利于提高成功率。

四、后期的客户满意度反馈

客户满意度反馈是协助进行产品设计，持续改进客户服务的重要机制。满意度反馈最好放在签约后，通过书面的方式来实施。主要收集的内容包括：

（1）服务方面有关的问题：对业务流程办理简便程度的意见，对业务团队诚信服务的意见，客户对签约条款了解程度的意见，对审批中与客户沟通、反馈的意见。

（2）与产品设计有关的问题：对额度、利率、期限、上门服务、预付费用、进度通知等环节的意见。

将收集到的信息录入数据库，每月出具客户满意度分析报告，并从中寻找需要改进的业务环节。

将客户提供的上述信息与业务办理流程中参与人员、完成时间等信息结合在一起，可以通过统计分析得到影响客户再次选择我方的因素，并监督相关业务成员按照流程标准推进作业。

根据我们的经验，调查时问题数量和书面形式应尽量简洁，时间一般控制在两分钟内，以客户勾选选项的方式实施，反馈后有小礼物相赠。与客户沟通的调查人员需要有考核、有话术训练。

第七节 市场宣传推广

“酒香也怕巷子深”，小额信贷市场已经成为完全竞争市场，如何将公司和产品的特殊性传送到更多的客户面前，是产品投放的关键。宣传不仅仅是单个客户经理的问题，同时还是一个公司的公共关系行为。选择什么样的宣传渠道，以什么方式宣传，不仅存在成本和效果的差异，而且会影响公司在客户心里的颜值或形象，影响新进入市场者被客户接受的速度。

一、老客户协助推广

这里重点介绍一下“老客户积分奖励计划”。

积分奖励计划在传统商业企业中较为常见，在小额信贷市场开发中运用较少。小额信贷小而分散，如何让客户帮我们介绍客户，已经是每家小额贷款公司需要重视的客户来源问题。想要鼓励客户长期与我们合作，就不能仅仅依靠产品设计，不要看客户能否得到更多的实惠。

小额贷款公司可以参照银行信用卡积分奖励计划的做法，按照对利润的贡献，将客户在我方成功申请贷款的次数和额度纳入积分系统。可以将客户推荐、转介绍客户及其成功办理贷款的情况也纳入积分。每位客户的积分可以累计，可以在有效期内提用积分领取电话卡、加油卡等小礼品等。为增强激励效果，积分在客户提取使用前可以保持永久有效。

例如：

（1）将每笔贷款为公司贡献的利润金额的1%作为该笔贷款的积分，根据客户还款进度，分期计入客户积分账户（需给每个客户发一张VIP卡，专用于记录信贷积分，这样就可以方便地直接通过网络系统进行查询）。

（2）将客户推荐客户贷款为我公司贡献利润的0.3%作为积分，计入积分账户。

（3）每1 000积分可提取人民币10元价值的礼品。

积分计划比直接提供利率优惠更隐蔽，不易引发同行之间在利率上的直接博弈。

二、传统宣传推广

（一）电销推广

电销（指通过电话技术和计算机技术（包括数据库技术和网络技术等）进行的营销，下同）推广的主要任务是定期向客户传送有关产品和公共活动的信息。小额贷款公司应该注意收集不同目标群体的联系方式，如电话、电子邮件地址、QQ号等。上述信息应作为CRMS系统中的数据的一部分，根据定期的推广计划，统一运营各种宣传媒体。

电销推广方式主要有以下方面：

（1）致谢电话。放款7天后，致电客户恭喜客户获得资金，询问客户对贷款的满意度并反馈情况，感谢客户支持，提醒客户转介绍潜在客户资源，告知客户转介绍能够获得的金融支持。

（2）定期短信推广。对于新发布的产品或者优惠活动，定期向客户发送短信，提醒客户关注。

（3）电子邮件推广。定期向客户发送电子邮件，客户可通过阅读，获悉还款对账单、新发布的产品、优惠活动以及公司获奖情况等信息。电子邮件推广应保持固定频率，比如两周一次。

（4）电销推广最基本的工作是，每周固定通过电话拜访多位陌生客户。

只有通过各种方式的推介，才能在客户心中形成牢固的品牌影响，而且电销推广本身成本并不高。

（二）实体宣传推广

经营网点是最强有力的宣传渠道。但是，网点覆盖半径只有5—10公里，如何提升公司营销宣传效应呢？这仍然有较多传统的传媒渠道可资利用。

（1）社群宣传。社群宣传是基础的推广方式，比如在居住区、交易市场等目标客户群集中之地摆摊设点，形式包括展架、灯箱广告等方式。社群宣传的成本并不算高，难点是得坚持一段时间才会有成效。最好能将社群宣传与进场陌生拜访相结合，力求产生实际效果。

（2）渠道宣传。在客户亲临应用场景时推荐产品效果较好。客户可能身处的应用场景包括耐用消费品购买的场所，如汽车4S店卖场、家装家居卖场、百货公司、茶楼、酒店等。应用场景与客户的金融消费需求密切相关，在客户最具有金融消费动机的环境下，提醒客户使用小微信贷的优势和好处，能够激发客户的现实需求。

（3）广播电台。利用广播电台最成功的案例，首推成都地区业内外知名的金融中介——易贷网。电台广告成本较电视广告低，可以高频率重复播出；反复播放对于客户形成印象，进而形成信赖，对客户接受度具有较强的催化作用。

电台广告的选择需要注意电台频段、播出时间。比如，如果以上班族为主要目标客户，可以选择该客户群收听率较多的交通广播电台，每年早上 8 点至 9 点半、下午 4 点半到 6 点半是收听率较高的时段，可以集中投放这一时段的电台广播。如果以出租汽车作为目标渠道，以个体户生意人作为目标客户，可以集中投放出租车司机常用频段。如果以女性作为目标客户，可以集中投放生活类栏目听众较多的频段，时间可以集中在晚上 7 点到 9 点。

三、网络宣传推广

网络宣传包括使用移动网络平台、电脑互联网平台进行在线宣传。借助网络技术进行宣传，是目前小额信贷宣传推广技术的前沿。从目前行业的运用来看，其起步已晚于银行。使用网络宣传需要具备“放水养鱼的平和心态”——效果不是一两天内就能看到的，而是长期受到质变的积累。只要坚持反复推广，并与“客户产生金融需求的应用场景”相结合，效果自然非同凡响。

（一）生活服务类平台

所谓生活服务类平台，是指那些具有同城客户聚集吸引力的网络服务平台，宣传发展潜力较大。以 58 同城、赶集网为例。二者具有本地生活栏目，比如装修、二手车交易、家政服务、物流快递、餐饮美食、医疗健康栏目等。如果要开发商用车客户，借此达到向个体户、私营企业主宣传推广的目的，可以借助“易车网”之类的平台。广告信息还可以直接出现在客户的应用场景中，这样，在客户决策时容易对其产生关注，可以促进挖掘客户购车、用车、生意等方面的金融需求。

这些生活服务类平台目前发展较为迅速，不仅链接着千家万户小微企业，而且还维系着几十万城市活跃居民。目前小额贷款行业对此的重视和利用程度不够。以生活服务类平台作为投放对象，宣传推广信息到达率较高，目标客户的锁定率也较高，而且有助于利用数据挖掘技术，向特定群体精准投放广告。生活类服务平台的推广需要一定的持续时间，一般每次要两周以上，间隔两个月还需要再次投放。适度的重复率才能确保让客户有效关注我们的广告信息。

（二）微信

微信推广首先要建立基础平台，比如微信公众订阅号或多个微信个人营销号。

（1）印发宣传单等方式的线下宣传与微信推广相结合。既可以自己印发，也可以和其他传统企业合作，利用它们的现有渠道。比如和超市合作，在购物小票上印制自己微信二维码。也可以拿自身资源和超市交换，相互推广。

（2）微信推广需要根据产品的目标客户群设计独特的阅读资料信息，如果仅仅只有自己的产品，没有客户群感兴趣的内容，是很难有点击量的。比如，如果目标客户群体是以女性为主，那么就要了解目标客户群体喜欢看什么内容的素材，先收集好这些资料，汇总成自己的资料库，最好能够分门别类做成电子书，这样方便大范围传播。

（3）微信群推广法。在阅读资料库已经具备后，就需要思考如何短期内快速增加关注的客户群体。需要主动找其他客户去互换群，每天坚持与别人互换 10 个群，久而久之就有了一个庞大的群营销数据资源。此外，还可以用 QQ 群推广微信。用多个 QQ 每天不停地去加群，加群的类型要根据目标客户来确定。比如我们关注女性借款者，可以加各地区的妈妈群、孕妇群、美容护肤类的群、减肥瘦身类的群、投资理财类的群。加进去的目的不是发广告，而是把公司收集的目标客户感兴趣的资料分享出去。在提供了有用的信息后，可以再发布公司的产品信息。

（4）软文推广法。写文章或者引用好文章，里面巧妙地加入公司的微信号和二维码，然后发布到自己的微信公众平台和与产品相关的各大论坛和贴吧。文章标题是关键，一定要达到让客户主动转发的效果。

（三）专业论坛

这里所指的是与特定行业、特定客户群体有关的论坛，可以视为客户的群落。比如与女性化妆有关的论坛、出租汽车司机的论坛、商品分销商的论坛、百姓投资理财的论坛、住宅社群业主的论坛，等等。专业论坛有利于直接向特定客户进行宣传。按照大数定律，会有部分客户有所回馈。专业论坛的推广与微信推广相似，需要准备好吸引人的信息资料，定期发布热门内容，吸引论坛成员的关注，顺便推广自身产品。标题的质量会影响论坛推广的成败。

附录1－1

互联网＋小额信贷产品的开发条件

进入2017年之后，随着移动互联网技术、大数据收集和分析技术的成熟和扩散，国内金融机构广泛利用互联网作为产品渗透和推广的平台，对传统小额贷款公司的市场造成较大冲击。部分小额贷款公司成功转型为互联网小额贷款公司。根据对市场案例的分析，一个成功的互联网＋小额信贷产品开发，通常需要具备以下条件（以消费信贷为例）：

（1）目标客户选择：23—40岁的年轻人。

（2）目标应用场景：中高端实体消费。

（3）申请基本条件：本地有固定住所两年以上；有一年以上固定工作，不能是在校学生；征信无不良记录。

（4）审批放款时效：申请后30分钟内告知审批结论，放款采用受托支付。

（5）审批签约方式：免实勘，在线审批，在线签约。

（6）借贷成本控制：6%—16%，有免息期。

（7）所需固定资料：无资料提交要求，仅需要身份证、电话号码。

（8）还款方式控制：按月分期还本付息。

（9）业务来源渠道：围绕应用场景，通过渠道流量接入，在线申请。

（10）营销推广方式：微信或APP。

（11）是否需要系统：需要自动化程度高的信息系统支持。

第二章　顾问式客户拓展

导　言

如果在四年前，谈到小额信贷的市场开发，我们会首先就想到产品设计、期限、利率；现在来谈这个问题，则需要从对目标客户的认识开始。因为有着小额信贷客户的开发，“卖产品”的营销模式日渐衰微。市场的变化，使营销思路不得不出现颠覆性的变化：销售团队需要用智慧、用正确的技术和方法，带着新的思路去做市场。只有这样，业务发展的线索才会清楚。每一类客户需求都有特定的规律，找到这个规律后，才能有针对性地帮助客户解决问题，也才能让更多的客户主动选择我们的服务方案，最终我们才能在激烈的竞争中得到市场的认可。

第一节　怎样找到自己的客户

众所周知，现在很多居民都有融资需求，银行体系对小微企业的支持力度也不够，市场空间确实很大。但是，设立一家小额贷款公司，如果只做小额信贷，是否能够很快就把钱放出去呢？以成都为例，1 400 万人口，若设立一家资本金 3 亿元的小额贷款公司，3 亿元的资金能否在一年内用出去呢？它的目标客户在哪里？如何很快形成规模、占领市场？并不是每个客户都能接受高于银行利率的贷款。

小额信贷客户的寻找，需要解决五个问题，即所谓“3W2H”，它们分别是：

（1）目标客户是谁（Who）？

（2）目标客户在哪里（Where）？

（3）怎样才能找到目标客户（How）？

（4）客户是否会长期选择我们（Whether）？

（5）怎样才能让客户长期选择我们（How）。

这五个问题，构成了小额信贷市场开发的基本问题。围绕这一问题的不同解答方式，构成了完全不同的市场策略。

如今的小额信贷，关系型营销已经不再是制胜法宝，营销需要靠智慧。要想找到客户，需要对销售团队进行系统的训练，使每个营销人员都能熟练地解答上述五个问题。尽管现在小额贷款公司研发有各种各样的产品问世，但是有的销售情况很好，有的销售情况很一般。差别就在于销售人员对上述问题的理解是否清楚，能否在具体产品运用上与上述问题相结合。

比如，拿第二顺位抵押贷款产品来说，其目标客户是谁呢？首先，我们的定位是银行的补充，利率不可能比银行有优势，选择我们的客户肯定是基于银行资金以外资金需求的补充。其次，能接受高一点利率的，肯定是做生意的客户，由于行业回款有周期性，进货有垫款，销货有账期，经营有淡旺季之分，才会有资金调度的问题。满足这些条件的客户多属于服装、食品等贸易性行业。通过这样的分析，我们就明确了目标客户是谁。

这样的客户分布在哪里呢？以成都为例。根据成都市的经济环境，在2016年以前，这样的行业机会主要分布在几个大型的交易市场，如荷花池、东大街服装城、海宁皮革城、国际商贸城等，而2016年以后就需要关注新规划的商务区。

怎样才能找到这样的目标客户呢？因为客户的分布具有地域性，如果把客户的集中视为集群，可能包括社群的集群、生活的集群、情感的集群。以生活的集群为例，做生意的人常去的地方有茶楼、餐馆、美容店和KTV等。这就为如何找具体客户指明了方向。

怎样才能让客户长期选择我们呢？这是一个客户维护的问题。如果我们的客户是中介渠道介绍过来的，客户和客户经理不熟，下一次贷款就很难继续选择我们。如果我们通过长期陌生拜访建立了关系，客户是相互结交过来的，只要我们经常维护这个关系，适当提供一些利益，帮客户有效率地解决问题，提高客户满意度，这些客户就可以长期维持下去。

第二节　客户需要事先被了解

习惯做中介渠道的客户经理，通常不需要去了解客户情况，他们只是做资料收集和通知的工作，也许中介渠道根本就不想让你去和客户接触。

从小额贷款公司的可持续发展来看，一定要将小额贷款公司的客户经理训练出与客户"先结交、再营销"的工作习惯。也许了解客户情况和与客户结交的过程并不一定顺畅，可能不会在第一次见面时就一拍即合，需要有耐心。通常客户需要用3个月的时间去了解和结交，这样才可能得到客户关注，顺利找到销售机会。

我们发现，无论是有过几年工作经验的老销售人员，还是没有工作经验的新销售人员，很多都不善于和客户沟通，不善于了解客户的情况，因此没有办法挖掘出客户潜在的资金需求，不能为客户提出良好的、合理的赚钱思路，进而帮助客户合理利用资金，习惯于把营销简单化为"推销产品"。

在结交客户的过程中需要了解哪些问题呢？我们大致归纳出以下五个方面：

（1）客户做这个行业多少年了？当初为什么要选这个行业？客户喜欢这个行业吗？客户住在哪里？结婚没有？

了解这类问题是为了估摸客户的稳定性。通常，客户如果对本行业很熟悉的话，谈及当初如何想到做这行，就容易引出共同话题。

（2）进货渠道在哪里？进货是否需要垫款？进货周期有多长？进货高峰在什么时候？

关注这类问题，一方面可以了解客户进货的稳定性，并从侧面了解他是否熟悉这个行业；另外，也可以发现资金需求。比如，进货需要预付账款，而且预付的时间比较长，这样的客户一般是有融资需求的。通过了解进货高峰时间，有助于大致判断客户对外融资的时间点。

（3）销货渠道是什么？销货是赊销还是现金结算？销货高峰期是什么时段？月销售收入是多少？利润率是多少？

关注这类问题，可以了解到客户销售的真实性。不仅如此，如果销货不能用现金结算，账期越长，客户出现资金需求的机会也越大。了解销货的高峰期，可以推测出客户资金需求的大致时点，便于把握客户的用款节奏。

（4）有没有新的经营计划？经营计划实施中遇到什么问题没有？下一步需要什么帮助？

有些行业平时资金周转需求较少，有些行业有固定资产投资的需求。比如，餐饮行业买菜卖菜大多是用现金结算的，资金周转需要补充的可能性较小。有此客户可能有店面装修、投资新铺面的需求。这类问题可以从询问客户的经营计划上来破题。又比如，食品行业每年会有春季和秋季交易会，交易会前后就有资金需求。

（5）资金需求是怎么解决的？目前负债有多少？通常和什么金融机构在合作？合作中有什么满意或不满意的地方，是否希望有所改变？

了解这些问题的目的在于发现我们的信贷机会。通常，大部分客户都和其他金融机构打过交道，为什么我们还能从其他金融机构手里争取到客户？原因多半在于客户有不满意的问题，要么对条件，要么对额度，要么对利率。这些问题对发现需求非常有用。

一个经过训练的销售人员如果能够熟练地问完这五方面的问题，相信已经能够初步判断对这个客户到底能不能展开营销，以及客户在哪些地方可能存在资金需求。如果能够探寻到客户对融资机构的选择标准，就有机会将我们的优势与客户的诉求相结合，投其所好。如果将上述了解到的信息告知审批部门，也可以大大提高审批部门对客户信用等状况的判断速度，形成交叉验证。

第三节　客户的种类及特点

小额信贷目标客户通常分为以下几类：

（1）微型企业，如个体户及部分私营企业主。这类客户在一、二线城市数量较多。由于生意周转的需要，一般对高于银行的利率具有较高的容忍度。在这部分客户群里，贸易类客户较为常见，因为后者一般有账期，需要垫款。

（2）工薪阶层。这类客户在一、二线城市也较多。他们对于高于银行的利率容忍度较低。但是，年轻人群体常常信用卡额度不够用，其消费需求属于上升期。而且，银行常常对部分新兴行业的认可度不高，比如电商行业、快递行业的员工等。

（3）“三农”阶层。这类客户主要集中在大城市的郊区及三、四线城市，数量众多且较为分散，必须借助网点布局才能低成本解决其资金需求。“三农”客户目前能提供的抵押物很少，尤其是还在从事农业生产的客户，基本上是靠天吃饭，在集体土地、宅基地上市交易之前，很少有控制其违约成本的手段。目前从事小手工、小作坊生产的城镇化、进城务工的农村居民，确实是潜在的需求总量庞大的群体，他们一般分布在城乡接合部或新农村拆迁居住区或城中村，有一定的聚集性，对高利率的承受能力较小。

（4）中小型企业。这类客户在二、三线城市较多，主要集中在工业园区，对银行的利率容忍度较高。这类客户群体平均贷款额度需求在200万元以上，有一定资产做基础。正是由于很多小额贷款、担保公司的目标客户都是中小型企业，所以中小型企业过度负债的倾向较为严重。如果这些客户是银行的客户，小额贷款和担保事实上不过是帮银行接盘的，在经济下行周期风险较大。

每家小额贷款公司都有自身特色的产品，对客户种类的研究一定要实现分类和目标清晰，并真正搞清楚每种产品明确匹配什么客户，市场开发才能立竿见影。千万不要让销售团队盲目去撒网，否则带来的运营成本会比较高。表2－1和表2－2是两个细分市场的分类示意。

表2－1　行业细分市场供给情况（个人信贷）

应用场景	职业				年龄			
	大学生	白领	蓝领	“三农”	60后	70后	80后	90后
购物	在线分期						在线分期	
餐饮	在线分期							
出行				农资分期				
旅游							旅游分期	
教育	学费分期							
创业								
健康		美容分期						美容分期

注：虚线范围内是小额信贷供给不足的区域。

表 2－2　行业细分市场供给情况（企业信贷）

<table>
<tr><td rowspan="2">应用场景</td><td colspan="4">实体</td><td colspan="4">区域</td></tr>
<tr><td>个体户</td><td>微型企业</td><td>小型企业</td><td>中型企业</td><td>中心城市</td><td>二级城市</td><td>三级城市</td><td>城市远郊</td></tr>
<tr><td>偿还贷款</td><td colspan="4">流动资金贷款</td><td colspan="2">流动资金贷款</td><td></td><td></td></tr>
<tr><td>固定投资</td><td></td><td></td><td colspan="2">流动资金贷款</td><td colspan="2"></td><td></td><td></td></tr>
<tr><td>贸易垫款</td><td></td><td></td><td></td><td rowspan="3">供应链金融</td><td colspan="4" rowspan="4"></td></tr>
<tr><td>退税</td><td></td><td></td><td></td></tr>
<tr><td>买方信贷</td><td></td><td></td><td></td></tr>
<tr><td>物流垫款</td><td></td><td></td><td colspan="2">物流金融</td></tr>
</table>

注：虚线范围阴影区是小额信贷供给不足的区域。

综上所述，若问信用贷款产品适于匹配什么样的目标客户，首先应该是工薪阶层，他们中不少人没房没车，无法通过抵押获取低成本融资。但是，工薪阶层对利率容忍度普遍较低，消费类贷款可能会受到限制。如果往更深一层次思考：什么群体信用卡额度不够，消费需求又属于上升期？银行的认可度不高的部分新兴行业是哪些，电商行业算不算，快递行业的员工算不算？应该能够发现某些新的机会，比如，电商和快递行业是在本轮产业结构调整中受益的行业。而且，这两个行业的企业规模和经营稳定性不一定差。

第四节　三种小额信贷业务开拓方式

小额信贷的客户开拓方式传统上包括陌生拜访、渠道推荐两种。随着电子商务的发展、信息技术的支撑，以及劳务外包、社群服务体系的建立，业务外包或将成为一种有效的选择。

一、陌生拜访

这是每个小额贷款公司必经的发展道路。如果没有这样的基础和经历，很难锻炼出具有独立营销能力的业务团队。陌生拜访能力的形成，对一家小额贷款公司来说，从团队管理、考核机制到日常实施方式都有一系列要求。陌生拜访要形成“产能”，至少需要 3 个月以上的时间。一旦陌生拜访达到一定的渗透度，这个市场 30% 以上的客户就有可能成为我们的客户，形成稳定的“产能”。

陌生拜访的探索活动开展不易，很多小额贷款公司很难坚持下来，一方面因为业绩压力巨大，另一方面则缘于员工要承受巨大的心理压力。如果没有考核、激励机制的配合，90% 的员工会在半年左右放弃，转而求助于中介渠道。例如，国内一家著名的外资小额贷款公司，从事陌生拜访的员工流失率每年达到 30%；有的外资小额贷款公司则要求销售团队不得从中介渠道进件，否则客户申请一律拒绝。

为什么陌生拜访这样难？因为小额贷款公司不同于银行，客户认同程度不高。小额贷款公司面临的陌生客户主要有哪些特点？

（1）客户对小额贷款行业宣传有抵触情绪。因为每天收到的电话和拜访太多了，没有特别的内容，就难以吸引客户兴趣。

（2）客户对小额贷款行业有防备心理。涉及钱的业务，人们都有防备心理，比如利率是否是高利贷，是否需要先交费用，等等。

（3）客户不会主动告诉我们需求，需求来源于客户面临的问题，问题需要被挖掘。

根据调查，陌生拜访（包括电话营销）的成功率不到 10%，其中被拒绝的原因 30% 是因为客户抵触，30% 是防备心理，20% 的原因是没有时间。即使取得了客户信任，消除了客户的防备心理，与客户结交成为朋友，也不代表客户会立刻选择你。在目前同质化的小额贷款市场中，还需要帮助客户挖掘出不得不选择我们产品的理由。因此，陌生拜访有一套严格的客户拓展方法和技术。小额贷款营销需要区别传统的卖产品的拓展方式，需要体现金融行业营销的特点。陌生拜访能力的形成，涉及解决单个客户的营销难题，也涉及解决成片客户如何做的难题。

（一）单个客户的营销

要解决单个客户问题，需要跨过客户的心理屏障或解决客户的心理诉求。那么，客户一般希望从一家金融机构中得到什么呢？

心理学的研究表明，客户的诉求主要有安全感和成就感两种，具体怎样提供安全感和成就感呢？

（1）客户经理的个人形象。客户会在首次见面的10秒钟内决定是否要给你机会让你说下去，或者打定主意是否认真听下去。个人形象来源于工装、工牌、随身携带的营销资料的文件夹。如果打开的文件夹能够整齐地展示宣传资料、公司获奖情况、申请表……一定会让客户觉得你所代表的是一家正规的公司。

（2）单位的品牌。单位的品牌是客户通过一些细节来感受的。

首先，见到客户时是否展示公司的Logo（标志），是否介绍公司完整的名称、自己的姓名。请记住，客户是通过记忆公司来记忆销售人员个人的。

其次，能不能提醒客户想到一些关于公司形象的情景，比如公司的办公大楼在哪里，公司在广告传媒中出现的情况……让客户对公司有一个厚重或稳健的想象。

最后，需要将公司的宣传资料给到客户。可以不展开介绍，但是一定要“雁过留声”。

（3）融资成本。客户肯定会问到利率！要给客户找到一个接受相对较高利率的理由。首先，我们不是高利贷；其次，承受我们的利率是有比较优势的，性价比较高。

传统的销售人员会比较不同小额贷款的融资成本，其实效果并不好。为什么？因为客户会主动拿银行利率和小额贷款利率比较，你会进入一个死胡同，根本没有办法让客户接受你的观点。那么怎么解决呢？迂回方法，转换客户的思路。

举一个例子。曾经有一个做批发贸易的客户，给下家是现金结算，每年周转12次，每次利润率3%，一年下来利润率36%，很犹豫是否接受小额贷款公司。业务人员问客户：你这个行业除了现金结算，是否还有赊销？如果做赊销，每次利润率是多少？客户回答12%。又问：如果赊销的话，一年会周转多少次？客户说6次。那么好，一年的利润率可以达到72%。就这样，客户猛然大悟：我可以做赊销！因为借小额贷款的利率完全可以承受，还可以赚更多。

（4）用专业的服务解决客户面临的紧迫问题，以快速的反应让客户感受到我们的小额贷款公司与众不同。如何挖掘到客户希望解决的问题，可以在营销话术中解决。这里想强调的是：客户不会无缘无故地使用小额信贷，肯定是其他地方没有办法解决，或者没有我们这边解决得好，有所“图”。能不能弄清楚客户具体“图”什么，需要讲究方式和方法。

（5）对客户的欣赏和赞美。人都愿意与欣赏自己的人一起相处，在融洽的环境中，相对更愿意吐露真实的想法。

（二）成片客户的开拓

如果客户一直是单个单个地解决，需要反复进行营销，成本自然较高，这是扫街式的小额贷款营销方式难以普及的原因。

成片客户的开拓需要特定的方法。熟能生巧，解决一片目标市场，需要突出“专注”。需要强调的是，所谓“专注”，即客户成片开发要突出“社群专注、封闭经营”原则。为什么要提出“社群”概念？“社群”是具有同类特征的客户集群，划分社群的目的就是专注于一个方向进行深耕。

社群可能是按产品种类划分的，比如信用贷款和抵押贷款的目标客户可以分为两个完全不同的“社群”，个体户与工薪阶层也可以划分为完全不同的“社群”，陌生拜访的目标客户与中介渠道的客户也可以划分为两个不同的社群。此外，社群还可以按行业划分，比如不同的行会、商会；

按地域划分，比如集中交易市场、百货商场、购物中心，城北、城东、西三环外、绕城内外等。社群还可以按客户情感聚集来划分，比如美容店、茶楼、麻将馆等。

不同的开发团队部署在不同的社群，每个开发团队不能跨社群经营。比如，某四川知名外资小额贷款将销售团队分为信用贷款部、抵押贷款部；某知名四川民营小额贷款将服装、食品等市场单独作为一个团队方向，将家具生产专门作为一个团队方向；某四川外资小额贷款将成都市七个区单独作为不同团队方向；等等。

社群专注更体现在两个标准上：

（1）每个社群的成片开发要持续一段时间，比如 1—3 个月，期间反复走访社群内客户；客户宣传和走访的渗透率至少应达到 30% 以上，方可转移至下一个社群。

（2）不同社群走访的时间安排要把握正确的节奏。据统计，每个行业或地区，资金需求高峰一般都会呈现规律性的分布。一般客户寻找资金，会在淡旺季之前 1—2 个月。例如，服装行业旺季一般在 5 月、10 月和次年 1 月。按照行业淡旺季规律安排社群走访，是很多小额贷款公司经营的惯例，也是把握客户需求真实性、控制风险的法宝。

（3）业务团队的时间投入需要达到日常工作量的 1/2 以上。如果要养成销售团队的工作习惯，并使之真正熟悉一个社群，就需要保持动作和流程的重复性，否则很容易松懈下来，或者蜻蜓点水，难以深入社群。

成片开拓客户需要注意两点：

一是对于客户转介绍，销售团队要善于运用这一工具。常言道“雁过拔毛”，拜访了客户，如果没有谈成，最低限度的效果是看能否拿到转介绍的客户。

二是注意找到客户聚集的社群或区域，开展社群化营销。

成片客户的开发，除了要找准目标社群，反复利用客户结交技术，多次走访客户，把握需求时点之外，还需要充分利用客户转介绍的技术。利用客户介绍客户才是“王道”。当社群渗透率超过30%以后，就有可能引发销售的链式反应，让客户帮你打广告、进而发动更多客户。关于客户转介绍技术，本章下文有专门介绍。

二、利用渠道

客户的成片开发是短期内快速扩大影响、增加业绩的一个好方法。如果单靠公司自身来实现，需要维持相当庞大的销售团队。根据业内的统计，同样是运营3亿元的信贷资金，有些小额贷款公司销售部门的人数会达到150人左右，有些小额贷款只需要60人。为什么会存在这样的差异？原因在于渠道的运用，即借用专业的外部力量来帮助自己达成目标。

随着小额贷款行业产业链的发展，已经涌入了相当多的中介机构，如产业园的融资服务中心，专业中介公司、担保机构、信托投资机构，中小企业融资服务机构，等等。当然，渠道的定义目前并不仅仅限于上述金融信息服务机构。凡是可以带来客户来源的，都可以视为渠道，比如百货公司卖场和汽车销售4S店的金融服务中心，房屋销售中介，房地产开发商，装修卖场，家电卖场，商会，等等，这些都算渠道。随着互联网技术的发展，各大电商交易平台也有成为中介渠道的巨大潜力。

人们曾经有一种偏见，认为中介渠道可能会帮助客户包装信用信息，是洪水猛兽，因而“谈虎色变”，不愿意和它沾边。但实践证明，小额贷款这个行业不可能完全离开中介渠道，它也是解决小微企业和“三农”融资难的必要产业链条。它比小额贷款公司投入了更多的广告，且深入大街小巷收集客户信息，接近终端客户，客户营销机制更灵活。如果能够合理利用，可以使之成为小额贷款走向社群用户“最后一公里”的触角。小额贷款公司在成立初期要快速实现盈利，可以考虑与中介渠道合作。当然，不用“谈虎变色”的前提是小额贷款公司有风险控制机制，能够有效识别虚假客户申请或者渠道帮助客户进行有严重危害风险的包装行为。

中介渠道的利用方式有两种：一种是仅仅介绍客户（姑且称为零售模式），另一种是更深一次的联合运营（批发模式）。

（一）中介渠道的客户介绍

中介渠道可以看成是客户的一种来源。渠道负责按小额贷款公司的要求寻找客户，或者把它已有的客户按照小额贷款公司的标准进行分类，然后提供给小额贷款公司进行营销。当然，某个客户能不能做，能做到什么程度，完全需要经过小额贷款公司的独立判断。要想渠道合作能够有效地推进下去，需要注意把握一个度：和中介进行有效的沟通，争取介绍过来的客户是小额贷款公司的目标客户；如果出现拒件率过高，可能会影响中介渠道的积极性，这种合作未必能持久。有一个关键的控制点，即渠道介绍来的业务，是直接介绍给小额贷款公司的客户经理个人还是介绍给公司专门管理渠道的部门。这里面，不同的选择会导致不同的结果。

（1）如果客户经理自己去拓展中介渠道，中介直接与客户经理联系，有利于发挥客户经理的积极性，但是也很难控制客户经理和中介之间不正当的利益共谋倾向。长此以往，客户经理可能会习惯于在不同中介渠道间扮演掮客的角色。

（2）如果公司成立专门的渠道部门，统一开拓和管理中介渠道，统一签订合作协议，明确客户标准。销售团队或客户经理主要的责任是拿回业务并处理，不需要直接与中介渠道进行联系，减少了不正当利益倾向。但是，客户经理可能会形成更严重的业务依赖，变成一个只会处理单据、缺乏营销经验的“文员”。

不同的行业和产品，可能需要采用不同的中介渠道合作方法。比如，和汽车4S店、二手车经销商合作消费信贷业务，由于对流程和效率的标准化要求较高，需要公司成立统一的渠道管理部门，和各家车商商谈渠道政策，形成统一的筛选目标客户的认知，然后还需要匹配对中介渠道公对公的激励政策，才有可能把业务推上规模。商谈公对公激励政策，包括补贴、返点或奖励，是中介渠道成功的关键因素之一。就像保险公司委托银行开展保险业务一样，需要有多层次的鼓励体系，才能调动对方经办人员的积极性。

对于零散的信用类贷款客户，如果产品设计无法找到明确的客户来源，可以借助中介渠道来筛选客户。利用中介渠道遍布城市的贷款需求信息汇集机制，找到有潜在需求的客户，其效率远远超过单家小额贷款公司的营销宣传能力。这种中介渠道通常可以由销售团队或销售小组自行开拓、自行管理。这种分散的渠道开拓由团队或个人利用人脉资源来推进，比公司渠道部门统一开拓效率更高。但是它的后遗症也最明显，因为资源掌握在团队或个人手中，公司难以把握客户资源的质量。这种方式不利于公司统一渠道激励措施，容易滋生收取客户回扣等问题。因此，采用这种方式的小额贷款公司需要在团队管理结构上采取一些特殊措施，比如设立内部审计部门，真正体现长期治理这类问题的决心，绝不可掉以轻心。

随着小额贷款行业改革与发展走向深入，对中介渠道的利用也会进一步发展和优化，中介渠道的定义将大大超出目前贷款中介网络等传统含义的中介渠道。凡是有助于接触终端客户，能够帮助提高目标客户搜寻能力的结构形式，都是可以利用的中介渠道，也始终都是小额贷款行业未来业务拓展的助力方向。

（二）与中介渠道合作常见问题的解决

毋庸置疑，小微信贷如果要加快发展，一定要借助渠道营销，建立具有稳定产出的渠道。但渠道营销具有两面性，是一把双刃剑，一定要加强管理，才能把它的负面影响控制住。需要留意以下因素：

（1）能不能接触到客户。很多时候，中介渠道是不会让贷款机构直接接触客户的，传递资料需要借助渠道，和客户沟通需要借助渠道，贷款机构与真正的客户直接了解和沟通有一定难度，这会大大降低风险控制的效率。我们认为，小额贷款公司一定要坚持亲自见到客户，先了解客户，再决定是否放贷。

（2）能否识别包装的客户。个别中介渠道会帮助客户制造银行流水、制造征信记录，我们能否识别出来？

（3）业务人员是否有不当利益倾向。客户服务人员可能需要对渠道返点，比如，客户经理返给渠道，或者渠道返给客户经理。后者的危害最大，能不能通过与渠道公开合作，减轻私相授受的担心？

（4）产生依赖渠道的心理，陌生拜访能力和意愿丧失。通常习惯于通过中介渠道营销的客户经理，很难再有信心和动力去做陌生拜访。如果没有强而有力的激励机制，很难打破依赖渠道的魔咒。在同行业里，部分企业对中介渠道采取坚决斩断的措施，宁愿业务增长缓慢，也要让业务团队养成自食其力的习惯。部分企业对中介渠道采取开放的态度，但是一旦发现陌生拜访任务没有完成，或者客户申请存在渠道虚假包装客户的情况，就会终止业务人员的操作。中介渠道与陌生拜访天生难相容，如果要在一家公司并存，必须在管理机制上采取强而有力的分隔措施。

（5）能否使渠道方工作人员积极配合我们？很多情况下，小额贷款公司和渠道高层达成了协议，但是对方一线人员积极性不高。比如开发高档轿车4S店，和4S店高层的关系非常好，双方还签订了合作协议。小额贷款公司派出了人员驻点，但是“产量”很小。在4S店有汽车金融公司，利率比小额贷款公司高，但是“产量”比小额贷款公司高。如果虽有明确的市场需求但渠道做不起来，多半是因为对渠道一线工作人员的激励机制没有跟上。有时候渠道会禁止小额贷款公司对它的员工采用激励手段，但是如果竞争对手投放了激励手段，而你没有，“产量”肯定会大不一样。

（三）渠道管理团队的必要性

面对有着上述问题的中介渠道利用问题，如果要成功运营，需要有专业的渠道管理团队。渠道管理不仅仅是制定提成、回扣、奖励政策这几件事，重新规划业务流程、研发渠道维护和运营技术更为关键。

从传统视角看，与金融信息类中介等渠道的合作相对较为简单；与产业链的渠道深入合作相对较难，如和百货公司的合作、和电商交易平台的合作等，需要展现较大的金融创新，才可能取得成功。

（1）和百货公司等市场的合作。传统小额贷款较习惯在集中交易市场中寻找客户，但是百货公司交易市场内也有很多小微企业、个体户驻扎。小额贷款公司甚至会发现装修市场帮入驻的商家寻找资金，帮助它们渡过经济不景气日子的实例。百货公司交易市场掌握着供应商的信用信息、账期、每月结款的数据；这类客户通常对短期随借随还贷款具有较大需求。如果要和百货公司交易市场等建立往来合作关系，需要回答两个问题：一是合作可以给渠道带来什么好处？是刺激交易，还是维护供应商？二是如何降低融资成本且不影响渠道正常经营？尤其是后者，需要开发信息交互的接口，提取供应商交易信息尽量做到简便和低成本，这需要全新的渠道维护和运营技术，甚至可能是对流程的反复推敲。

（2）和电商交易平台的合作。未来小额信贷最大的机会不会出现在实体交易市场，而是在电商应用场景的交易中。电商平台可以更高效地接触大量的经营者，有和大数据相结合的优势。目前除了阿里巴巴的淘宝和天猫以外，实力较强的综合类平台包括京东、国美、苏宁易购、亚马逊，此外还有大量的专业性交易平台，如二手汽车交易网、保险交易平台等。这种渠道合作难点在于交易信息的共享。阿里金融对淘宝和天猫有线上金融支持，而更多的成长中的交易平台还缺乏类似的支持。渠道管理需要实现双方业务流程和信息化系统的融合，重新定义产品甚至激励机会。

三、业务团队完全外包

业务完全外包并不是刚出现的新名词。在小额信贷行业以外的领域，外包已经发展得非常成熟。比如，苹果、阿迪达斯、耐克很早就开始推行全球化运营，制造环节在全球招标，委托第三方机构实施，总部负责设计和销售管理。传统行业在销售上设置全国总代理、地区总代理、分销商，这实际上也是一种外包。那么，小额信贷行业的营销可以完全外包吗？小额贷款公司或监管机构可能会反问，营销全部外包了，小额贷款公司管什么？外包风险又如何控制？

其实，小额贷款公司的客户营销完全外包在国外早已有先例。美国有一本畅销的金融书籍，是关于“金融行业网络革命”的，书中就提到存在这样的金融机构，其架构是网络型结构，各环节都由第三方经营，公司总部只负责各环节外包协议的执行和监督。员工人数不到现有传统小额贷款公司员工人数的1/5，但同样资本规模下，年销售额超过传统小额贷款公司不止10倍。

探索业务的完全外包，其意义对小额贷款公司不言而喻。目前，销售团队约占到传统小额贷款公司员工人数1/2。为了管理销售团队，会设计多层次的管理构架，层级较多，公司需要在多个场所租赁办公空间安置相关团队，前往客户所在区域也需要消耗大量的交通成本，渗透同样的目标市场所需的广告营销开支也会占到一定比例。这样的成本费用会影响小额贷款综合竞争力，特别是在小额信贷普遍面临降低社会融资成本压力的情况下。业务外包给专业化的营销机构或中介机构，有助于上述问题的解决。

在国内，金融行业的业务团队外包也早已在尝试。例如，银行保险产品是最典型的业务团队外包。保险公司与银行建立合作关系，通过标准化的产品设计，对银行员工进行培训，颁布公对公、公对私的激励机制，产生了中间业务收入这样的激励手段，激发了银行的潜力；对银行员工也有奖金、补贴、年度评选重奖，动员能力较强。在整个环节中，保险公司只负责核保、合同审定和理赔。

小额信贷业务外包如何操作呢？一个尚未完全得到验证的想法是，由中介渠道全权负责以下工作：客户营销、客户初选、资料收集和申请、合同签署，协助贷后催收。双方的合作完全建立在完善的合同约定基础之上。小额贷款公司的业务团队不需要参与上述渠道业务操作，曾经需要发放的提成，可完全转移到和中介渠道。比如，约定外包渠道在完成季度销售额一定比例之后，按照超额累进原则，给予不同比例的提成奖励；对于推荐客户产生的不良贷款，中介渠道需要承担规定比例的兜底。外包渠道直接与小额贷款公司渠道管理部门、风险控制部门进行业务交接，不再与业务团队发生交流往来。原有的业务团队可以将精力配置到其他只适合于自营的业务方向上去。

适合采用业务团队外包的行业和市场有哪些？目前看来，可以在以下方面进行尝试：

（1）客户资源质量较好，风险控制意识和风险承担能力强，已形成具有区域覆盖的网络连锁，经营发展 3 年以上的贷款中介公司。

（2）耐用消费品行业的大型经销商。比如，汽车销售 4S 店的金融服务中心，家装卖场的客户服务中心，国美、苏宁等卖场的金融服务中心。

（3）能够接触贷款客户资金需求，具有风险控制意识和承担能力，已形成具有区域覆盖能力的网络连锁机构，比如中小企业服务中心。

（4）电商交易平台。比如，从事贸易的电商交易平台。

第五节 社群终端服务机制构建

小额信贷如果要解决客户调查和贷后监管成本控制难题，扩大客户接触面，形成社会口碑，终端服务机制必不可少。

目前主要从事微型贷款服务的小额贷款公司都很重视社群终端的建设。以成都市外资小额贷款为例，平均建立的服务终端在3个以上，常见的是各大交易市场的小额贷款公司服务点，有些小额贷款公司获准在区、县设立分公司。服务点、分公司的主要职能是营销和客户服务。特别是需要长期开展客户结交，采用陌生拜访方式的小额贷款公司，在距离目标客户比较近的地方建立网点，可以开展社群内的形象宣传，在节省交通成本的条件下，使业务团队可以专注服务于几个目标社群。

终端服务机制的建设与陌生拜访、渠道维护的需要息息相关。但是实体终端的建设和管理成本较高，而且小额贷款跨区经营受到的限制较大，难以持续扩张。除了传统的网点分公司外，还有没有其他的终端形式呢?

设立服务终端的目标是缩短走向目标客户“最后一公里”的距离，功能要涵盖低成本的营销宣传，和客户交换资料、签署协议，加深与客户的日常结交，吸引客户转介绍。我们认为，终端服务机制既可以是实体的，也可以是虚拟的；既可以是与小额贷款公司有直属关系的，也可以是无直接关系的。以下分类举例说明：

（1）实体的、与小额贷款公司无直属关系的终端服务机制。能否利用遍布各大社群的生活超市，比如红旗超市、WOWO超市、711超市、互惠超市，让社群超市都成为小额贷款公司的终端服务代理，以服务外包的理念来开发，让目标客户在普通的社群生活服务场景中就可以看到小微金融的宣传信息，让目标客户在家门口就可以提交申请、签署借款协议？这种方式一定会比网点建设、办事处建设的成本更低。

（2）虚拟的、与小额贷款有直接关联的终端服务机制。能否在与生活消费有关的场所提供电子接口，供客户申请和资料提交？比如设在大多数汽车交易4S店的金融服务部，就可以通过网络接口向小额贷款公司提交汽车贷款的申请。同理，可以利用的机会还包括家装卖场金融服务部提供的电子窗口、出国金融服务机构提供的电子窗口。

（3）虚拟的、与小额贷款无直接关联的终端服务机制。每一个交易市场、商业写字楼的物业管理中心都有为驻场商户提供服务的职能，通常商户会去物业管理中心寻求有关支持。能不能将物业管理中心发展成为小额贷款公司的终端，建设电子窗口？

上述三种终端机制的成功建立，都离不开合理的渠道政策的匹配，这是业务团队外包形式的深化。这种探索能否成功，首先需要解决终端伙伴的费用提成问题。小额贷款公司不需要派人驻点，合作方为什么有动力帮你完成这些事务？这种终端机制的探索还需要和小额贷款公司业务流程的优化相结合。比如，提供电子窗口通过虚拟方式提交申请、签署合同，需要配套措施；是否还需要坚持当面收集客户资料，坚持“面谈面签”等小额贷款的传统做法？关于这部分内容，我们会在业务流程有关的章节（第五章）再做详细探讨。

建立虚拟终端到底划不划算？我们可以一起来算一个账：假如5 000万元的贷款全部由二手汽车交易中心以虚拟方式来完成。按传统标准，建立一个实体服务点，一年发放5 000万元贷款，需要至少20个销售人员，匹配客户服务人员约5人。一年的人工成本、交通成本以每人8万元计，如果该项工作全部由公司自己来完成，需要花费230万元，折合贷款费用率为200/5 000 =4%；如果将这笔费用外包给二手汽车交易中心，很可能贷款所需的费用会低于3%。因为由二手汽车交易中心来操作贷款的营销和相关手续办理，它的边际成本比我们单独运营一个网点更低。

第六节　客户资源的转介绍

为什么有的销售人员从没有客户开始起步，到成为销售冠军只需要半年时间？为什么有的销售人员不停地在进行客户营销，一年到头很少休息，但“产出”量始终无法大幅增长？原因就在于客户群的积累。

最有效的客户积累方式之一，是利用客户帮你介绍更多客户，即客户转介绍。转介绍通常分为两种：

（1）请客户帮助把我们介绍给一些朋友、亲戚，使他们了解我们成功的案例，等他们有需求的时候即来申请。

（2）请成功获得小额贷款的客户现场提供两位潜在客户的电话给业务人员，最好请客户帮忙打个电话介绍引荐，这样做的成功率会比业务人员陌生电话拜访高很多倍。

最好的转介绍时机是放款后 7 天之内，亲自送合同到客户的公司、家里或经营场所，借客户兴奋和感激之时，请对方协助介绍潜在客户。如果公司能够配置一些转介绍的礼物或者优惠措施，转介绍的效果会更好。

这里顺带提示一下管理小技巧：

为了激励客户转介绍，可以为签约后的客户专门制作和发放一张 VIP 卡，这张卡可以捆绑一项小优惠。这样，这张卡不仅能给客户带来心理上的满足，而且可以作为存放客户信息、享受转介绍折扣的依据。如果客户将这张卡转借给朋友，那正好，转介绍过来的人也可以享受这个优惠。我们相信，如果能帮别人争取到打折，客户一定不吝于使用这张卡。

总而言之，专业的业务人员一定要学会转介绍，小额贷款公司也需要用制度来落实转介绍要求，这将为公司的业绩增长注入新的动力。

附录 2－1

陌生拜访的营销话术

有一位管理学家曾经说过：人的成功靠什么？靠沟通，因为你周围的人都会对你做的事能否成功产生影响。市场开发靠什么？靠的正是和客户的沟通。小额信贷的业务发展无法离开客户营销话术的训练和掌握。

营销、推销话术分为两个种类：一是产品营销，二是顾问式营销。

产品销售型营销主要特点是直入主题，比如，询问客户："您好，我是×××小额贷款公司，请问您有资金需要吗?""您好，我是×××小额贷款公司，我有个很不错的产品带给您，有时间听一听吗?"或者主动告诉客户"我们的贷款利率低、额度高、速度快"，"您好，可以占用您很短的时间吗？我给您介绍下我们的产品"。如果客户不接招，直接找下一家。

产品销售型营销主要适用于客户需求较为明确，正在寻找资金的客户，特别是来自于渠道推荐的客户。为了节省时间和提高效率，最好单刀直入。这种要求对于需求还不明确、需要开发的客户，基本上是无效或低效的。

根据统计，没有受过系统训练的营销团队，拜访陌生客户成功的比率不到 2%。在 98% 的拒绝比率中，有 80% 是因为客户不信任陌生人。对于陌生客户，产品销售型营销的话术一次性成功率很低，特别是电话营销，失败率更高。

根据经验，对陌生客户采用的营销话术，需要运用顾问式营销方式。在这种思维模式下，客户的拒绝并不代表什么。拒绝可能是真的不需要，也可能只是不信任你，或者一开始你没有让别人引起兴趣。客户拒绝率高是正常的，运用话术的目标是在客户拒绝时，让营销人员能够熟练地将沟通延续下去，直到与客户建立起相互信任，了解到客户的潜在需求和需要帮他解决的问题。

（一）顾问式营销需要遵守的九项原则

1. 与客户结交，生意不成情谊在

大多数客户都不会在第一次接触时就接受我们，因此，我们需要养成一种坦然、健康的心态，即客户需要长期耕耘，先以结交朋友的心态与客户交往，第一次聊天不要急于求成。根据多方面的反馈和经验，见客户就问是否有资金需求、是否想贷款，这样开头的成功率只有1%。

2. 先了解客户的需求再沟通，不要过早暴露自身弱点

顾问式营销的思路是先了解客户面临的问题，再结合自己的产品优势投其所好。这样做有什么好处呢？

例如，一个老奶奶去水果店买水果，第一家销售人员问她买什么，她回答买李子，店员说：我们的李子又大又甜。老奶奶觉得血糖高，就没买。到了另一家，店员问她："您想要什么味道的李子？"老奶奶说不要甜的，店员说："我们的李子又大又酸，您要几斤？"老奶奶买了1斤。到了第三家店，老奶奶又问，店员同样推荐了酸的，同时问道："您为什么要买酸的呢？"老奶奶说："我儿媳妇怀孕了，想吃酸的。"店员又推荐道："我们这里的猕猴桃对孕妇很好，您要不来几斤？"这里，第二和第三家的店员就是典型的顾问式营销。

每个客户的诉求不一样、关注点不一样，如何在极为有限的时间里抓住客户注意力？需要销售人员转换思维方式，将话题让客户来说，让客户揭示选择或不选择的理由，从而让我们抓住介入机会。

3. 引导客户发现自身需求和痛点

心理学有一个规律：人很少是被别人说服的，大部分是被自己说服的。一个观念经过客户的思考，最后得出的结论对自身通常具有巨大的说服力。所以，我们在进行客户营销时，应该引导客户来思考。思考什么？让客户思考是否有金融需求没有考虑到，原有的金融服务是否有不满意的

地方，是否需要改进。必要时，为促使客户尽快做出决定，可以引导客户思考如不尽快加以改进，有什么不利的影响，引导客户思考会有多少损失，如果现在解决这些问题会有多大好处，等等。

销售人员如何能够熟练掌握这套沟通逻辑并熟练运用，营销成功率应该可以达到40%以上。

4. 不要过早谈产品、谈利率

每天客户都会接到很多骚扰电话，问客户有没有资金需求。每天我们都会看到很多金融广告，大多数宣传“利率低、额度高、速度快”。但是否了解客户真正关心什么，担心什么？其实，小额贷款产品的同质化倾向已经很严重，以没有优势的利率作为诱饵，其作用会越来越乏力，很多小微客户接触过较多的金融机构和民间机构，对产品的比较可能比小额贷款公司营销人员自己还研究得深。如果没有消除客户的防备心理，没有了解过客户的情况，没有引导客户发现他的需求，贸然谈产品，很可能没有什么说服效果。

5. 不要陷入和客户的争辩

销售人员最容易犯的错误之一，是以自己的认识为中心，没有考虑到客户的思考方式。例如，常见客户提出以下问题：

（1）小额贷款利率太高；

（2）采用每个月还本的方式，资金利用率低；

（3）额度太低。

遇到这类问题，如果销售人员仅仅围绕上述问题向客户解释，很难达到目的。如果争论不赢，客户会觉得你不专业；如果争赢了，客户心里面觉得你太强势，也可能不会选你。遇到可能和客户争辩的问题，最好换一种思路，换一个话题与客户沟通，采用迂回话术。

6. 通过多提问，让客户多说话，让客户兴奋

与客户的谈判，到底是小额贷款公司人员说得多，还是客户说得多比

较好？很多业务人员向客户营销，滔滔不绝地讲了十分钟，讲完之后发现客户基本上没听进去多少，或者客户不耐烦，等说完就请业务人员下次再来。根据心理学的研究，能否达成交易，与当事人的兴奋程度有关。如果客户主动参与沟通流程，说明客户感兴趣。吸引客户参与沟通的方法是什么呢？是“提问”。其实我们研究发现，很多直接陈述的话语都可以用提问来表达，这更利于让客户回馈和思考，让客户跟着业务人员的思路走。

7. 不要将拒绝的机会交给客户

业务人员易犯的错误是没有自信，客户因而半信半疑，随时可能拒绝进一步交流。

比如：

（1）你是否需要贷款？

（2）你是否有时间听我介绍产品？

（3）你下周有时间没有？

（4）你愿意听我介绍吗？

（5）有小额贷款公司找你了？你准备签约了吗？你已经签了吗？

提出上述问题，如果客户没有决定信任业务人员，没有消除对业务人员的防备，很可能得到的答案是“不”“暂时不需要”“没有时间”“随便你”“已经签了”。这样的答案对业务人员非常不利。自己把沟通带入陷阱中，路越来越窄。

8. 面对客户拒绝，用话术应对，消除自己内心的恐惧与不安

为什么很多业务人员不愿意做陌生拜访，是因为面对客户的拒绝挺不住，心理压力大。一个训练有素的销售人员，在任何客户的拒绝面前都能处之泰然，能将话语继续下去，将交往发展下去。因为绝大部分客户不是真正不需要小额贷款，而是还没有准备好接受。这是心理规律。如果遇到客户拒绝立即转身逃避，相信最终都会错过很多客户。解决这一问题的法宝是什么？就是把针对客户常见的拒绝的应答话术牢记在心，在任何情况

下招之即来，得心应手地运用。

9. 注意沟通的语言、语速、语调

不得不承认，具有语言天赋的业务人员，客户对其接受率远远高于其他人，即使他的话题并不新鲜，客户也愿意倾听完毕。但是，大部分的业务人员都没有这样的天赋。可以采取的行动就是训练。如果语言本身没有磁性，可以锻炼语言的感觉。松散、毫无自信、啰唆、结巴、不完整是常见的语言表达问题。和客户沟通，语速一定要控制下来，慢慢说，要给客户适当的思考时间，要有抑扬顿挫，这样才能突出话语中的重点，使听众专注于倾听，产生注意力。必要时，还可以进行手势辅助。

（二）顾问式营销需要关注沟通流程

1. 沟通流程

从上面针对顾问式营销的有关介绍，我们了解到小额贷款营销需注意一些原则。一个完整的陌生拜访沟通需要经过以下的过程：

（1）准备（拜访过程的步骤，平时下功夫）；

（2）开场白（开场白的目的是鼓励和客户结交）；

（3）探索需求（询问，需求来源于差距），了解客户情况，了解需求的根源，引导客户发现问题，寻求解决方法，强化其痛苦感；

（4）提出建议（对比竞争产品的用处、优点和利益，介绍申请流程）；

（5）缔结，确认；

（6）处理异议（疑虑、误解、缺点）。

特别需要提醒的是，小额贷款的营销并不是在任何时候都要依次经过上述过程。在渠道开发中，如果客户的融资意象已经很明确，这时完全可以跳过步骤（1）至（3），直接进入第（4）阶段。在这几个阶段中，一般容易被忽视的是缔结确认阶段和处理异议阶段。

2. 缔结确认

通常，在进行客户拜访后，如果客户表达有需求，但未作成交表示你因故就回去了，相隔几天，客户可能会接触其他小额贷款公司，会发生客户反复或反悔。如何降低发生这种“事故”的可能性呢？从心理学来看，可以采用“假设成交法”，让客户确信自己的选择。比如可以问客户：“您的选择肯定很英明。我再确认一下，您觉得哪些方面是您最看重的？在后续工作中，需要重视在哪些方面呢？”心理学表明，回答完这种问题后，客户一般会认定选择你。

3. 处理异议

即使客户决定申请贷款，也不代表我们的产品成交就一定能达成。在签约前，客户可能还会有疑问和不满，需要及时解答。客户有疑问是正常的，可以把解答疑问作为一次新的营销机会。很多客户经理在处理异议阶段做得不好，最终会导致客户放弃贷款。常见的客户异议包括：利率太高、额度比营销介绍时少了很多，或者不愿意承担公证、评估等费用，或者觉得预付费用不划算，或者挑剔审批下来的贷款期限，或者不愿意接受还款方式，等等。小额贷款公司需重视强化客户经理处理异议的能力，发布处理异议的话术手册，使业务经理熟记并灵活使用，能大大提高客户的签约率。

常见的客户异议处理话术有以下几种：

（1）客户问为什么需要这么多文件，觉得烦。

应对策略：是否烦琐看和什么比较。如果和银行比，小额贷款公司更简化、弹性、务实。搜集资料有助于争取更多额度，所需资料要求都比较简单。搜集资料好比财务体检，可以帮助企业发现问题，为企业融资提出建议；而且请放心，小额贷款公司对客户信息注重保密，不会透露给第三方。做出这些要求最终还是为了更好地争取额度，使审批顺利通过。

遇到上述问题，也可以跟客户强调小额贷款公司的正规性、合法性，所需要走的流程都是正常手续，客户只需要把资料准备齐全，其他一切手续基本上都由业务人员处理妥当。

（2）审批额度低于申请额度，如何告诉客户？

应对话术：第一时间通知客户，争取获得理解，并告知客户会长期关注，支持其发展，以后视需要可以继续合作。经过小额贷款公司专业分析，客户的资金需求不必一开始就那么大，较小额度一样可以带来预期差不多的收益。如果一次贷太多，资金反而闲置，增加客户的负担和成本、吞食利润。第一次合作，审批金额相对会谨慎一些，贷款金额也能解决很大一部分资金需求，并能产生相应的资金收益。现在只需要来签订合同就行了，完全可以考虑把这个资金先拿着用。

（3）客户觉得每个月还款很烦，怎么办？

应对策略：不能一味地顺着客户的需求来解决问题。既要跟客户分析这种产品在其他渠道也不能做到到期还本付息，原因在于出资方也会考虑资金的再次使用，以获得更多的收益。在保证双方的利益的前提下，等额本息还款方式减轻了客户到期还本的压力，分期还款是促使客户对自有资金进行合理规划的手段。可以考虑帮助客户申请到更多额度。从银行和其他金融机构来看，客户的现金流一般不足以支撑一次性偿还较多还款，通过分期还款就可以承受较大额度。就像通常熟悉的房贷，普通居民可以借到几十万元，但是信用卡却很少有人拿到几十万元的额度。

（4）客户觉得利率高，希望获得利率优惠

应对策略：不要和客户争论利率的高低，可以引导分析每月收入是否增加，利润是否增加，看重贷款的价值。客户觉得利率高，主要是和什么比较呢？市场价格都在一定基础上上浮，不收其他手续费，最高能贷五年以上，资金利用率也比较高。综合算下来，成本不算高。利率比银行高，是因为接受的是银行不要的抵押品，抵押成数较高，银行做不到，小额贷款公司却让您用得上、还得起。完全理解作为生意人需要考虑费用。但对生意人来说，最贵的不是利息，而是发展机会。错过这个机会太可惜，资金投进去越早，周转次数越多，获取的增值收益就越多。当然，如果拿到贷款后，能介绍一些客户资源的话，再来贷款时，能享受到利率 9 折的优惠。介绍的客户越多，再来贷款时可以享受到的折扣就越大。

（三）陌生拜访的客户资源管理

在实施顾问式营销中，如何让工作人员管理好自己的潜在客户资源，掌握好对每位客户的拜访节奏呢？这里需要介绍一个很有用的管理工具。

请用一张表，把每天陌生拜访或接触到的客户填到表上，同时请注明第一次见面的时间，客户主要关注的情况，下一次拜访的计划（这是最关键的内容）。

比如，如果在第一次见面时客户比较忙，可以把这类客户归类为近期再拜访客户；如果见面时，客户表明资金需求旺季可能在两个月后，可以把这类客户归类为两个月内再拜访的客户；如果见面时，客户没有需求，可以把这类客户归类为半年后再走访；如果客户有抵触情绪，可以将这类客户归类为需要再次结交的客户；如果客户有资金需求，但是还需要考虑，可以将这类客户归类为一周内需要再次跟进的客户。

养成了这种记录和分类的习惯，只要再加上耐心，你就不会错过任何一个真正的潜在客户。

第三章　团队管理及训练

导　言

企业管理的核心在于“人”。管理就是管人，就是要让每个人在追逐企业目标过程中发挥最大的潜能。企业竞争力很大程度来自执行力，而有执行力的员工不是与生俱来，而是通过一步步培养训练成长起来的。小额信贷处于激烈的竞争性市场中，业务的开发、风险的控制等是一条环环相扣、分工紧密的流水线作业，在这样的环境下，企业的发展不可能仅仅依靠少数高层管理人员的谋划，或者中层管理人员的可靠执行就可以取得。管理需要下沉到团队中，下沉到各级员工中，这就是所谓的金融业精细化管理趋势。在金融业精细化管理的浪潮中，可用的手段除了流程再造、风险控制技术创新之外，要数团队的管理和训练机制了。

第一节　公司的组织结构

组织是团队管理的基础。有适当的分工和明确的岗位责任，才能让员工找到自己的努力方向。所以，研究团队管理首先从公司的组织结构入手。

小额信贷公司的组织结构与传统担保公司及银行有所不同，差异在于是按职能设置部门，还是按业务流程设置部门。

所谓职能式部门设置，典型的特征是小额贷款公司的部门主要包括信贷业务部、风险控制部。信贷业务部统揽客户营销和客户尽职调查，合同签署，担保手续落实，放款前手续落实，贷后管理，催收，以及其他流程性事务。风险控制部负责与风险有关的管理，包括评审和审批、催收与起诉、合规检查、内审监督。职能式部门的特点是继承了银行、担保行业的传统，适用于员工人数较少，单笔业务金额较大，客户情况较为复杂，贷后管理和放款条件较为重要的情况。在整个体系中，信贷业务部门的作用较为突出，承担的责任相对繁杂。

流程式部门设置主要适用于客户数量较多，单笔金额较小，业务效率需求较突出的环境。主要特点是“不相容岗位相分离、不相容部门相分离”，强调分工的精细化和专业化。通过流程的梳理，上下两个工作环节如果存在冲突，可能需要拆分为两个不同部门，以便相互制约。业务部门的中心工作更为明确，重心是在客户营销、尽职调查、贷后管理。风险控制部门会被拆分为审批和贷后管理两个职能，分别做深主业。比如，审批团队进一步集中力量打造大数据分析、征信系统查询、独立调查核查等能力；贷后管理团队制定管理策略，专注客户预警、日常回访、牵头催收。除了信贷营销、审批、贷后管理三大核心团队外，还需要配置流程管理团队，目标是按照标准化工序处理业务流程中的杂琐事项，疏通整个业务过程，比如资料的初审，合同的标准化填写、签章手续，划款前手续，客户的还款提醒、还款扣划手续，维护业务作业系统，档案归集和整理，等等。流程管理团队可以叫运营部或客户服务部。流程管理团队的存在，能够在很大程度上缓解操作风险。

上面提到的只是理论和经验总结，事实是否如我们叙述的那样？请看调查（表3－1），在小额贷款公司里，组织结构与业务流程的匹配确实存在规律性。

表3－1 组织结构与业务流程的匹配

	流程式组织结构	流程式组织结构	职能式组织结构
	主要存在于单笔额度20万—50万元的小额贷款公司	主要存在于单笔额度在5万—30万元的小额贷款公司	主要存在于单笔额度50万—500万元的小额贷款公司
渠道开发	市场部	市场部、规划部	管理层、业务部
产品开发	市场部	发展规划部	业务部
申请初审	业务部	业务部	业务部
核查调查	运营部	业务部、风险控制部	业务部
信贷审批	风险控制部	风险控制部	风险控制部
合同签署	运营部	运营部	业务部
贷后管理	运营部、风险控制部	业务部、客户服务部	业务部
逾期催收	风险控制部、委外	风险控制部、委外	业务部、风险控制部

如果一个以中小型贷款为主，组织结构以职能式为主的小额贷款公司，想引入更多小微性质的贷款，该如何进行转型呢？应先从业务流程的梳理和组织结构的再造入手。只有当组织结构、业务流程适应业务发展战略，才能够让公司的团队人尽其责。具体可以关注以下几大方面。

一、总部的组织结构

按信贷流程来设置部门，以体现分工和效率；部门之间是前后衔接的流程关系，不是独立分工关系。这两点是小额信贷在组织结构上体现分工和专注的要求。

具体实操中，一家注册资本在3亿元以上的小额贷款公司，如果以小额贷款（平均单笔100万元以下）为主，面向小额、分散的客户提供服务，以陌生拜访为主，或者以陌拜＋渠道为主要的商业模式，内部组织结构设置至少需要注意以下原则。

（一）信贷业务部门职能重组

根据业务品种和目标客户群落，将业务部门拆分成独立的业务团队。

比如，单独设立微型贷款业务部门，只承担业务营销功能，不再承担尽职调查和签约，体现不相容职责相分离的原则。如果信贷业务部门仍然保留部分中小型企业贷款，可保留传统方式，同时承担业务营销和尽职调查、签约职能。根据行业实践经验，抵押贷款和信用贷款面临的客户群不一样，营销的思路、方法也不一样，可以单独成立抵押贷款部、信用贷款部。

在小额贷款发展过程中，最常遇到的问题是如何控制与中介渠道合作的程度。前面第二章已提及，借助中介渠道可以短时间内大幅度提高业务成长速度；但业务团队容易丧失斗志，会依赖中介渠道送客户上门。如果公司既要借助中介渠道，又要保存直接进行自主营销的实力，最好的办法就是在小微业务部以外，独立成立渠道业务部，两个部门分别独立进行考核渠道合作由渠道业务部专管。

（二）风险控制部职能管理

将审批职能和贷后管理职能分离。通常小额贷款公司中审批职能的界定并不明确，特别是在信贷业务部门承担尽职调查的情况下，审批仅仅是复核、查询征信或组织贷审会的角色。而贷后管理基本上被简化为配合法院的催收。粗线条的分工会影响风险控制部门对小额信贷业务的处理能力。风险控制部门拆分为审批和贷后管理，有利于实现精细化管理，提高效率。

经过分拆后审批职能更明确包括反欺诈、信贷调查、电话核查、征信的分析、大数据的挖掘、合理额度的精确分析等环节，按环节设置岗位可提高对每日新业务的处理能力，提高作业效率。

贷后管理从审批部门独立之后，主要职责应该界定为制定公司的贷后管理策略、管理放款后的客户账户，实施不同手段、不同方式的催收行为，管理和处置抵押资产。贷后管理策略是小额贷款公司管理风险的重要手段，对于不同逾期时间段的客户账户应该采取有差别的处置政策。根据经验，比如客户日常电话联系，监测客户行为，可以作为早期预警；逾期7天以内，最有效的处置手段是24小时内电话或上门催收。这些都由贷后管理部门独立设置，实现专业化管理。

（三）增设运营服务部

传统的小额贷款公司的业务流程中，信贷业务部包揽了签约、签约后审核、放款前条件审核、客户资料的归档等重要工作。其中相当一部分的工作不符合“不相容职能相分离”原则。一旦业务量剧增，背负各种任务的信贷业务部门可能会忽视与操作风险直接相关的环节，甚至会出现道德风险。

在小额信贷的流程体系里，专门的运营服务部扮演着非常特别的角色。当传统的信贷业务部门转型为专业的市场销售部门后，运营服务部可负责签约、放款前准备、协助贷后管理、电话服务、合同制作、签约后审核、作业系统管理、档案归集等工作。这类工作最好由一个专注于内勤的部门来承担，既要熟悉业务，又要有风险意识。

运营服务部门一般分为中前台和中后台两部分，前者专注于客户申请提交后到审批前的流程事务，后者专注于审批结论出具后到放款前的事务。在有些小额贷款公司，评估、征信查询、客户还款提醒、电话核查等功能，也从风险控制部门分离出来，由运营服务部承担。让业务部门专攻营销，让后台审批基本上不直接与客户接触。

（四）增设培训部或培训岗

小额贷款行业人员流动性大，特别是为了配合实施一线员工的考核和薪酬激励，需要形成能进能出的机制。为了及时补充人才，挑选和发现人才，需要有固定的培训机制。这使得单独设立培训部成为必要。培训部的职能不仅是对公司技能、制度及时进行宣传贯彻，使公司“知识”变成固定的课程，固化为教材，还涉及培养和管理内部培训师。内部培训师的选拔也是人才培养和发现的一条重要途径。

二、业务网点终端的管理条线

服务终端的运营依靠分支网点，分支网点一般以业务团队为主，配置少量审批、运营服务部门人员，以加快业务的办理，业务集中到总部审批。对于分支网点较少，没有跨省区经营的公司，可在网点设置经理，主管网点业务团队的业绩。在业务线条上，网点经理向总部市场总监汇报，并受其领导。为了平衡风险控制的要求，网点可以设置副经理一名，主管风险和运营，人选由风险控制总监提名，向其汇报，并受其统一管辖。网点服从总部的目标考核，单独核算成本与利润。

第二节　业务团队的内部组织管理

一、管理幅度和层次

小额信贷业务部门可分设业务营销小组（Team），负责人为团队主管。根据管理幅度和管理层级的研究，一个团队主管下属的人员以 6 至 8 人为宜。人数过多，比如 10 人及以上，团队主管对单个员工训练和指导的精力较为分散，单个员工的发挥就需要靠自己，反而难以发挥群体效应。如果人数过少，比如 4 人以下，应对客户来源多元化和社群开拓会人手不足，也很难形成合力。业务部门经理以管辖不超过 5 个业务小组（Team）为限。如果团队数量过多，最好拆分、组建新的业务部门。

二、“快牛激励计划”

管理中常提到“二八法则”，在一家公司里，总会有少量的员工贡献了大部分业绩，另外大部分员工只贡献了少量的业绩。这并不是说我们就不需要其余部分员工。在业务团队管理中，需要谨慎运用“鞭打快牛”思维，尽可能促进一部分员工成长，促其发挥最大的潜力成为骨干。

如何有效实现“快牛激励计划”？可将业务团队的员工分为三级，每半年根据考核情况进行级别晋升，当晋升到业务员工最高级以后，可以根据其管理能力，竞聘业务团队主管、副主管。对那些成长乏力，无法继续向上升级的员工，可以通过参加提升性培训来激励。培训后在规定时间内再次考核，如果还是没有达到考核要求，可以降级处理。

三个级别的划分如何体现对员工发展的强制要求，同时又让他们更有动力去升级呢？一定要触及员工最关心的问题——薪酬。每一级之间至少需要有底薪的差异。

将薪酬与员工业务能力情况挂钩，可以在考核方面提升放款量考核，同时提升每周陌生拜访量考核，让员工有动力向更高级别迈进。比如，“1级”员工每月放款20万元以上，每周陌生拜访20户；“2级”员工每月放款40万元以上，每周陌生拜访10户；“3级”员工每月放款60万元以上，每周陌生拜访4户。

在“快牛激励计划”下，业务团队人员流失率可能较高，快速招聘和补充会成为一种常态。业务团队成员的招聘计划应尽可能下放到业务部门，或业务团队主管那里，公司人事部门负责牵头，用人标准根据公司人才战略，结合用人部门或用人团队的需求来确定和实施。

三、多元评价和激励

除薪酬激励外，表扬、竞争以及公众的认可也是激励业务员工的手段。公众的认可有多种形式，可以将优秀员工的照片印刷在年历上，可以向优秀的员工发放贺信，并抄送所有员工。

根据公司的发展目标，可以利用“星级认证”体系完成对业务员工或团队（网点）的评价，将认证结果公开，作为荣誉陈列。该体系（见表3－2）共设5颗星代表不同星级，每颗不同颜色的星代表不同的目标。每颗星分别授予以下项目“6 项评估达到优秀”、贷款逾期率低于控制线、利润贡献超过资本回报要求、拓展的业务无贷款损失、客户满意度调查中无负面信息，赚取利润的员工有机会得到不同星级。相关规则包括，员工赚取的利润根据其收入和费用情况来测定。员工的费用就是薪水、奖金、补助及所用资金成本。一个网点的固定成本根据业务人员数分摊，计入员工费用。员工收入以发放贷款收回的利息来评估。利息除以费用应该达到资本回报目标以上。

表 3－2　业务团队星级评价体系

星级	员工	团队、网点
红星 5	6 项评估达到优秀	6 项评估达到优秀
蓝星 4	利润贡献超资本回报	利润贡献超资本回报
绿星 3	贷款逾期率少于 0.5%	贷款逾期率少于 1%
黄星 2	拓展业务无贷款损失	业务没有损失类贷款
白星 1	客户满意度指数达标	客户满意度指数达标

“6 项评估达到优秀”是对员工或团队综合发展的最高认可，代表了小额贷款员工发展的“奋斗标准”：

（1）依靠自身力量拓展客户；

（2）符合公司战略对目标客户的要求；

（3）善于进行客户沟通；

（4）具有出色的风险意识；

（5）乐于帮助和带领新同事；

（6）擅长发动老客户介绍新客户；

星级评价由总部组织和评选，可以每月或每季度评定一次，一年下来就可以看到每位员工或各团队、网点积攒的各类星级的数量。每个星级还可以对应不同的分值。到年底考核时，根据员工或团队、网点积攒的各类星级数量，作为奖励或考核加分依据。

多元化的星级评价有助于打破传统考核仅仅重视业绩的桎梏，发现不同员工各自的闪光点，鼓励他们去追求更高的目标。

第三节　业务团队的目标考核

这里所说的业务团队专指营销团队。营销团队的地位在小额贷款公司举足轻重。公司能赚多少钱，年终有多少奖励，大家是喝汤还是吃肉，主要靠业务团队能不能尽可能多地拿业务回来。把业务搞上去，靠的是业务团队的士气和展业方法。方法是外因，士气是内因。即使方法落后一点，只要肯拓展，业务慢慢就会上去，怕的就是业务团队没有斗志，阳奉阴违，处处叫苦，即使管理层天天盯着干也没有。公司对业务团队的考核、激励是决定士气和员工态度的内在关键因素。一个业务发展势头稳健的小额贷款公司，必定会先理顺考核体系。

业务团队的考核机制如果有缺陷，一般会有哪些症状呢?

（1）严重依赖渠道或金融中介，或依靠高管介绍业务，业务团队自主营销的业务很少，季度考核目标完不成，“等、靠、要”的观念盛行。

（2）公司希望发展的业务或客户群业务团队不愿意主动拓展。

（3）喜欢做大额业务，希望业绩考核尽快达标，小额业务做得少。

（4）接近考核期限了，如果还有一定差距才达标，干脆停工不做，将业务留到下个考核期再去做。

（5）大部分销售员工抱怨收入低，认为这点工资做不做也无所谓。

（6）新员工入职后，忙于跑业务，不愿意学习业务知识和技能。

一、推行陌生拜访，开展直接营销的难点

在上述问题中，最值得优先关注的是第一条。员工做自主营销的动力不足，无论小额贷款公司有多么出色的业务渠道，也需要保存适当的直营能力，这是锤炼业务团队独立生存能力的必要基础。如果过于依赖渠道，当渠道产出青黄不接时，业绩增长的波动就会较大。

为什么说员工做自营动力不足的原因在于考核导向？根据经验，自主营销增长的难点在于以下几个方面：

（1）业绩考核过于强调短期产出，或者短期盈利目标定得太高。自主营销至少需要 3 个月以上去结交客户，达到社群渗透率 30% 以上才有后期的稳定产出，但是前 3 个月产出较低。

（2）自主营销付出多、见效慢，如果考核体系无法区分营销人员在自主营销和中介渠道的付出，统统采用同样的考核标准，毫无差异化，会使销售团队没有动力投入精力在产出缓慢的地方。

（3）新员工不愿意安心学技术，主要原因是成长空间不够。比如，入职第二个月就考核放款量，新员工就没有时间沉下心去做自主营销。入职阶段应鼓励新员工训练业务习惯和技能，该阶段最好只考核新客户拓展质量。

（4）放款后不能尽快拿到提成，收入较低，员工难以容忍前 3 个月的高强度付出。业务人员收入未能与未来的客户质量挂钩。

（5）人员部署不合理。自营业务团队与做中介渠道的团队未能隔离使用，混合经营，无法专注投入。团队花在自主经营上的时间如果低于日常工作时间的 1/2，将难以见到成效。

（6）自主经营方法问题。不同于中介渠道，自主经营依赖于对目标客户的精确分析和社群拓展流程技术，需要团队持续稳定推广。这一点首先要从团队主管训练做起，上行下效。常见的问题是，团队主管的思路和方

法就有问题，无法给下属以正确的引导。

二、破解上述难题的思路

（一）给予成长空间

鼓励业务团队开辟渠道以外的业务来源，需要给业务团队足够的成长空间。需要改变急于求成、追求快速产出的业绩增长思维模式。如果是从传统的业务团队运营模式转到自主经营模式，训练和掌握新的工作方式，至少需要3个月时间。采用陌生拜访的方式，重点拓展目标客户聚集地，达到30%以上的渗透率，不仅仅是派发一次传单这么简单。如果目标市场已经被其他小额贷款公司耕耘过多次，新进入市场要想被客户接受，至少需要6个月的时间才能找到大的机会。因此，应当考虑给业务团队6个月的成长时间，前3个月不一定考察放款量，可以重点考核陌生拜访的户数和新增的客户数。

（二）团队结构重组

在团队构架方面，应该将传统混业管理的部门拆分，分别设立自营团队和渠道团队，两个团队分别任命不同的负责人。两个团队设立不同的目标客户、不同的营销方法，在考核和激励上也设定不同的指标。

比如，开发交易市场和工业园区为主的业务团队，主要使用陌生拜访、电话营销，目标客户为交易市场和工业园区的商户，每人每周陌生拜访量不少于10户，电话拜访量不少于50个。以渠道为主的业务团队，主要面向中介、商会……主要的工作方式为集中宣讲、寻求合作、维护关系。为了配合两个团队工作，分别采用不同的管理方式，专注投入各自区域，实施封闭式管理，不允许跨区经营（或称“窜单”）。明确定义渠道和直营的范围，并指定有关部门负责核实。如果偶尔出现窜单，不视为完成考核目标。

（三）考核机制的改革

对于长期依赖中介渠道，或者需要同时运营小额贷款和大额贷款的小额贷款公司，需要改革考核激励体系，从根本上动员业务团队主动朝公司希望的方向发展。

1. 考核目标多元化

业务团队考核指标的设计，目前业内有两种方式：一种是传统的，考核新增放款额；另一种是考核对利润的贡献。考核指标应该尽可能直观，让员工很容易预计其努力结果与薪酬结果的关联度。如果以对利润的贡献作为考核指标，其好处是可以引导业务人员寻找可以接受高利息的客户和愿意接受长期贷款的客户。是否仅仅以利润贡献为指标，要看企业的发展战略。若采取“新增放款额 + 主推产品的新增目标客户数、每周陌生拜访客户开拓数”这样的考核指标，它的激励导向作用可能更为单一。有些客户经理擅长做 3 万—5 万元的小单，有的客户经理在 20 万元以上的业务上更有优势。采用多元化的考核鼓励不同客户经理发挥自己优势，为公司做出不同贡献，需要同时关注新增客户数、陌生拜访数，以此来体现对自主经营客户成长的宽容和鼓励。

2. 拉大自主经营团队与渠道团队考核的差距

自主经营团队与和渠道团队工作难度不一样。对自营团队，应降低季度放款量的考核目标，增加新增客户数，或以客户陌生拜访量来替代放款量的目标。比如，直营团队考核目标为每月 30 万元，或每月新增 2 户客户；渠道团队目标为每月 60 万元，或每月新增 4 户客户。

3. 推行业务团队“微晋升”，拉开新老员工差异

为了鼓励老业务员工不断向新的目标进取，对老员工每半年“微晋级”一次，微晋升可以增加底薪，这时对每一级的考核应体现差别。比如，1 级员工起步每月放款 30 万元（每周陌生拜访 20 户），2 级员工起步每月放款 40 万元（每周陌生拜访 12 户），3 级员工起步每月放款 60 万元（每周陌生拜访 4 户）。3 级以上员工可以担任业务团队副主管的岗位，且不再以放款量作为考核主要目标，而更偏重管理能力或渠道开发能力。总

之，微晋升的目的是要形成一个鼓励员工追逐发展的内部序列，每个序列中既有员工愿意选择的，同时也有其无法回避的目标，这样才能预防老员工不愿意进取的情况发生。

4. 鼓励新员工尝试新的工作方法

新员工入职后，前3个月的主要工作应该放在训练和掌握新的工作方法方面，特别是营销思路、业务思路上，不应该过多地灌输业绩上的压力。曾经做过很多实验，发现前3个月正是新员工思想和习惯塑造时期，如果在对工作方法理解得还不深入的阶段就去工作，可能会在以后工作中固化各种不成熟的做法。一旦受打击，新员工更倾向于使用传统的做事方法，因为不会出错，见效也快。面对这样的情况，管理者应该解放思想，让新员工有敢闯敢试的魄力。可实行暂时不考核实际放款量，最多考核新增客户数或者客户来源的开拓质量。

第四节　审批团队的考核指标

风险控制应该兼顾效果和效率的要求。

审批团队的考核导向是什么？是否要关注审批的效率？可能有人认为审批只是为了控制风险，但是在小额信贷的发展实践中，风险控制的效率有可能会决定客户营销或渠道维护的成败。

另一个有争议的问题是，对审批团队是否需要考核对利润率的贡献？有人曾提出，可以给风险控制设定一个利润目标，里面包含逾期率和损失率对利润的影响，也就是考核风险控制的效果。对此我们不完全赞同。因为利润是对风险控制效果的滞后反映，如果以利润率为目标，风险控制就有可能在某一个利润率较高、损失率还较低的阶段放松业务过滤。当损失率提高、利润率下滑后再去收紧风险控制口袋，这样会导致风险控制政策难以稳定执行，利润率可能大起大落。因此，对风险控制部门的考核仍建议尽可能地直观和简洁，立足于风险控制的主要目标——控制逾期率的基础上，增加效率方面的考量。比如采用“审批限时完成率 + 贷款逾期率”指标。

第五节　团队的薪酬激励体系

小额信贷业务的开展不能仅仅依赖股东、高管，管理的中心手段在于用好“人”。如何调动业务人员积极性？企业文化是很重要的氛围，考核也是重要的手段，但这些归根到底都是外因，需要解决业务人员的内在动力问题。他们为什么要为公司付出？为什么要努力地承受压力践行陌生拜访？为什么夏日烈日炎炎也要出去拜访客户？为什么在下午或周末其他部门都下班或休息了，业务部门还需要加班？最根本的还是在于理顺“利益机制”，士气也是要用物质奖励做基础的。这一点，对于已处于完全竞争性市场的小额信贷尤其重要。

一、业务团队的薪酬激励

对业务团队实行市场化的薪酬激励，通常大家没有异议。但是，如何市场化呢？如何使之与考核指标结合在一起发挥协同效应呢？

通常我们在管理中会遇到这样或那样的难题：客户经理没有完成考核目标，到底给不给提成？如果业务考核中没有完成规定的陌生拜访目标客户数，但放款量又达标了，到底给不给提成？经常发现，如果考核目标定得稍微有点高度，业务人员在考核期到来之前感觉完不成，就可能不会继续努力，宁愿把客户转到其他金融机构解决，或者干脆在考核前暂停业务，把客户凑到下个季度，这样在下个考核期会有可能拿到的奖金更多。虽然考核中强调了业务团队也要对风险负责，但是出现客户逾期较多的业务人员并没有动力改变他的业务渠道，能放出更多额度、更高利率的业务来源一定会继续维持，真正的风险可能被提成的冲动所掩盖。

上述问题的出现，主要反映了两方面的问题：

（1）对业务人员的薪酬激励导向是否单纯突出了放款总量，而忽视了有效地引导业务人员专注于小额、分散？

（2）薪酬体系应该体现逾期率对业务团队的影响，即根据不同的逾期率，将激励导向体现在对收入的影响上，进一步强化考核长期导向的有效性，使考核的结果有用武之地。

从这些年的实践和研究看，薪酬构成要体现多劳多得、少劳少得，适当拉开差距，同时要鼓励员工按照公司希望发展的方向去努力。薪酬构成包括底薪＋绩效提成－不良贷款扣减＋项目补贴，具体分析如下。

（一）底薪

底薪不可与小额贷款同行或金融行业平均水平差别过大。底薪过低会导致新员工不稳定，难以鼓励新员工在业绩成长缓慢的阶段按照公司想探索的区域进行努力，员工行为可能会追求短、平、快。另外，底薪过低也会有损员工队伍的稳定性，降低员工对公司的忠诚度，因为员工可能会觉得离开公司的转换成本很低，离职后反而会过得更好。因此，员工的底薪还需要与新老员工的微晋升挂钩。当然，底薪过高同样会降低员工积极性，造成薪酬的激励作用不足。

公司内部如何体现底薪差异？通常不同的小额贷款公司对业务部门的底薪设置和对非业务部门的底薪设置是不同的。比如，在国有类小额贷款公司里，底薪通常由基本工资、岗位工资、学历工资构成；风控部门、信贷部门为一线部门，同样级别的员工，比行政部门的员工底薪高；在外资或民营小额贷款公司里，底薪通常由岗位级别确定，部门之间的攀比和不满会比较少。

如果从效率优先、兼顾公平的视角看，底薪由岗位确定，同岗同酬更为合理。这有助于缩小部门之间的分歧，因为在确定雇用人员的岗位时，公司已经充分考虑了技能、学历、经历等岗位胜任条件等因素，同样一个岗位，学历不是门槛，反而经验和资历更重要。底薪的差异除了体现广义的“同岗同酬”原则外，还可以适当拉开公司内部的层级，为员工设计更多的晋升空间。比如，文员这一级的内部可以分为3—5级，每年或每半年根据考核来晋升，每个级别之间有底薪的微小的差异。

表3－3是薪酬级别设计的一个样本。

表3－3　公司内部薪酬级别

职务	内部级别	对应底薪	对应岗位职责
总经理、副总经理	1级、2级		经营利润负责人、区域负责人
高级经理	1级、2级、3级、4级		部门总监、分支机构负责人
部门经理	1级、2级、3级、4级		部门主管、高级技术专家
部门副经理	1级、2级、3级、4级		部门副主管、技术专家
高级项目经理、高级主任	1级、2级、3级、4级		业务小组负责人
项目经理、主任	1级、2级、3级、4级		资深业务人员
文员、项目助理	1级、2级、3级、4级		

（二）绩效提成

绩效提成有两种发放方式：一种是计件式提成，摸得着看得见，可尽快兑现；另一种是通过季度考核加以认定，在年终奖金中体现差别。如果小额贷款公司的人事管理体制允许，提成性激励见效快，对业务人员来说激励感受会比较直观。

实施绩效提成，需注意以下环节：

1. 提成发放时间。业务人员的希望是当月放款的业务当月发放提成。这样的好处是，业务人员可以更好地去维护某些渠道，同时也是解决生活用度的最佳节奏。从企业角度来看，小额贷款发放后的3—6个月是考察客户还款意愿的关键时期，如果前3—6个月还款正常再兑现提成，有助于鼓励业务人员控制客户风险。

综合劳资双方的立场和诉求，可以把绩效提成分为两个部分，其中一部分在放款当月兑现，另外一部分绩效可以在还款3个月后，分N个月兑现。比如，月度业务人员名下应发提成＝上季度新增贷款合计×提成率/6（分6个月内发放完毕）。适当分月发放，可以激励业务人员留在本企业寻求长期发展。

2. 提成率的设定。提成率的设定，除了需考虑小额信贷同行的绩效水平外，还需要考虑提成的计算基础是什么。通常需要以业务人员对公司的利润贡献为依据，综合新增放款额、利润贡献来确定。以利润为依据，一般会反映借款期限和利率对业务的影响。

需要重视的是，绩效提成存在缺点，容易造成业务团队一切向钱看，产生短视倾向，盲目追求短期业绩表现，也容易发生业务部门要放款，风险控制部门不同意的矛盾分歧。适当的分歧有助于控制风险，但过度的分歧反而会影响公司凝聚力。到底实施哪种绩效薪酬方式，要看公司管理团队的文化风格，能不能把控提成的负效应。从保守角度出发，实施季度考核，根据考核结果的差异分出等级，在年终奖金分配的比例中体现出差异，有助于克制一切向钱看、追求短期收益的倾向，业务部门和风险控制部门的矛盾分歧也会减少，公司员工的稳定性也会提高。

表3－4是绩效提成的一个例子。

表3－4　绩效提成与年终考核挂钩（举例）

季度平均考核级别	对应考核分数	对应绩效提成权重	对应判定标准
优	95以上	1＋加分	
良好	80～95	0.9＋加分	
合格	70～80	0.8＋加分	
需改进	50～70	0.7＋加分	
不符合要求	50以下	0.6－减分	

（三）不良贷款责任承担

业务人员的薪酬需要与风险挂钩。比如，规定某员工名下逾期30天以上贷款占该员工总贷款余额的比例超过10%，绩效提成按75%发放；超过20%，按50%发放；超过30%，暂停发放。也有个别小额贷款公司实行逾期贷款追溯制度，从上到下按风险大小进行扣款。比如，出现60天以上累积逾期1 000万元（未收回），业务部门经办人、业务部经理、业务部分管领导，还有审批部门经办人、审批部经理、风险控制分管领导、总经理，均按不同比例计入应纳入的不良贷款责任予以扣减。这样做有利于提醒公司从上到下吸取教训。如果采取这种方法，只有扣减机制还不能完全体现激励效果，应该与逾期贷款的收回挂钩。收回后，已扣减部分应该返还，这样才能激励有关人员尽力参与催收。

适当的惩罚是必要的，小额信贷文化不能一味强调责任和处罚。一方面小额信贷本身具有政策性金融特点，另一方面企业经营的最终目标要归结到企业发展，包括收益、利润的增加。因此，需要考虑适当的逾期风险容忍度。比如，可以接受的逾期率是多少，不良率是多少，超过这个标准才应该启动处罚机制，低于这个标准应该有奖励机制，这样才能鼓励业务人员勇敢地去开拓业务，同时也会注重控制风险。

（四）特殊项目补贴

这一项对小额贷款公司鼓励员工专注于探索有利于公司发展方向的业务可能会发挥重要作用。为了公平起见，做渠道的团队、自主经营的团队都会有相同的绩效提成。但是，自营团队的目标客户开发难度大，有必要拉开与渠道团队的收入差距，否则自营团队缺乏动力在较难的方向去努力。

特殊项目补贴可以体现公司对特定发展方向的鼓励。比如，每笔20万元以下补贴400元；每笔20万—80万元，0.3%；每笔80万元以上，2 400元封顶。这样的补贴结构安排，会使业务人员感觉做20万元以下的业务只要笔数多，补贴收入会更高；做80万元以上的，无论金额增加再多，边际收入是固定的。

二、风险控制团队的薪酬激励

风险控制团队到底应该如何实施薪酬激励？是否也可以搞提成？这是很多小额贷款公司反复在思考的问题。如果按照利润贡献、放款额来提成，虽然风险控制部门的效率会提高很多，但很可能会出现风险控制部门偏重效率，导致审批和催收中高抬贵手。

如何体现风险控制的独立性？根据实践，可以和考核目标相结合，比如，以“审批限时完成率+贷款逾期率”作为绩效薪酬的依据，每半年实施一次考评。两个工作日内审批完成率超过80%且该人员经办的贷款逾期率低于2%，视为合格，按100%的标准发放绩效薪酬。如果超过上述标准，审批完成率每增加5%，提成继续增加5%；不良率（贷款逾期率）每下降0.5%，提成再增加0.5%。如果发生单项低于上述标准，按75%发放；如果双项都不符合标准，按0.5%发放绩效提成。

三、其他竞赛性物质激励

虽然我们推崇精神激励，但是企业文化建设见效过程很漫长，如果一家小额贷款公司需要直接、有效的激励方式，还是要有多种与物质奖励挂钩的竞赛和评比，形成“比、学、赶、超”的业务氛围：

首先，设置业务团队放款冠军奖励，按季度设置该奖项，一定要有足够的物质利益为后盾；

其次，在公司业务人员中设置放款额、利润贡献冠军奖励，按季度设置该奖项，应该比团队奖金数量更高；

再次，设置最佳新员工成长奖励、客户新增数量奖励。目标客户群开发奖励，通过多元化奖项鼓励员工实现公司多元化目标；

此外，设置最佳客户服务奖励，用于鼓励站在业务团队背后艰苦付出的团队人员，鼓励协调和协作也是业务成功的重要基础。

第六节　业务团队的日常训练

小额信贷业务团队的培养和训练需要形成固定的标准化机制，这样才能有效地对抗业务团队人员流动性大的问题，才能不断地发现人才，帮助团队主管实现人员的管理。日常训练机制可分为入职训练和提升性培训两种。

一、入职训练

训练是小额贷款公司知识传承的重要途径。新员工入职后，经过3个月以上的入职训练且考核合格后，才能成为正式员工。入职训练的核心在于内部标准化管理，成立专业的部门统一规划培训课程的教材，建立培训师、辅导师制度，培训结束应有考核，培训考核作为发现人才、检验员工工作潜力的机制。

（一）课程结构

入职训练应该理论和实践相结合，既需要有业务知识方面的讲授，也需要有实习。知识讲授不超过两周，实习的时间至少需要两个月以上。

为什么需要讲授业务知识？也许很多小额贷款公司觉得业务理论没有什么用。但实践表明，业务知识是公司历史经验的高度总结，能够为新入职的员工提供发展和关注的方向，使他们尽快掌握业务技能，对指导实践有很大的帮助。实习的目的更是学以致用，检验所学的理论知识在现实工作中会遇到哪些细节问题，怎么发挥实战作用。

这样一套课程结构，其训练过程不仅可以发挥经验传承作用，而且也是凝聚新员工人心的重要环节。

根据实践，从事小额信贷的新员工要熟练上手，至少需要以下几种课程知识。

1. 产品运用

主要讲授公司的市场定位、产品设计思想，产品结构及具体利率、申请条件。除了产品本身外，更重要的是需要训练员工灵活运用产品解决客户实际问题的能力。在第二章有关客户拓展的部分中，我们已经提到，小额信贷客户经理的职责不是推销产品，而是挖掘客户需求，发现客户问题，运用不同产品帮助客户解决问题。

新员工需要掌握了解客户情况的技巧，需要掌握根据客户的信息和情况推荐最合适产品的思维技巧。为帮助新员工更快找到客户，还需要新员工明确产品的目标客户是什么群体，目标群体分布在什么区域，在该区域如何找到客户，找到客户后如何说服客户接受，如何让客户长期接受。这一培训过程，是活生生的小额信贷营销指导，其目的很明确，不是讲产品是什么，而是讲怎样用好产品。在这个过程中，必不可少的一个环节是，竞争环境的分析，特别是同行的产品是什么，和我们比有什么优劣势，我们怎么用“田忌赛马”——“以我之长比敌之所短”的思想，在客户面前占据上风。

2. 业务流程

主要讲授：

（1）不同产品申请的条件，所需提交的资料清单，怎样收集资料既能满足公司需要，又能提高业务效率。

（2）办理程序。流程培训的核心是既要符合制度、又要提高效率。讲授中，需要重点提到每个环节办理业务的注意事项，经验和常见问题是什么，特别是怎样才能保证资料的齐备性，怎样处理资料的变通性。小额信贷客户千差万别，所提供的资料要满足有效性要求，流程培训中需要将老员工的经验加以传承，请老员工现身说法。

需要强调的是，业务流程还包括征信查询、评估、电话核查、客户签约和放款的有关规定。新员工同样需要掌握在这样的环节中，如何提高效率，做好客户与相关手续之间的桥梁。这一环节培训需体现保密要求，不宜传授公司如何审核资料有效性和真实性的技巧，以免内部控制手段失灵。

3. 审批政策

审批相关知识是三大知识里面最为关键的，其作用是引导业务人员掌握客户初步过滤的技巧，知道哪些客户可以进件，哪些会被拒绝。比如，客户的征信条件、居住条件、收入条件、行业条件等。衡量一个公司审批做得好不好的指标之一是拒绝率有多高。如果小额贷款公司的拒绝率过高，应该认为审批和业务部门在沟通上存在障碍，或者是业务团队对目标客户理解有误。

除了客户过滤之外，还需要训练如何给客户预测审批额度。这一点是关键的现场营销能力。如果不能通过现场了解客户情况，并迅速给客户算出一个大致的额度，营销的成功率就会很低。业务人员所预计的额度和审批人员审批的额度，相差大致不应超过30%。如果业务人员人人都能做到这一点，公司的整体效率和客户的满意程度就会明显提高。

上面提到的审批培训内容只是针对业务团队的。如果要训练审批团队，还需要增加专业知识训练，即目标客户的风险分析，通常包括目标客户存在哪些风险，每种风险的识别技巧是什么。最好以案例方式来分析，训练员工的动手动脑能力。

4. 营销话术

新员工经常会急于投入到业务开拓中；而在刚开始营销时，在客户面前可能除了问有没有资金需求，发业务宣传单之外，无法与客户找到话题更深一层交流。如果遇到客户拒绝，会觉得非常尴尬，不知道如何应对，大多数反应是转身离开，缺乏维持交流、沟通的信心。新员工经过前面的课程训练，已经掌握了产品和过滤客户的知识，但是如何用通俗和有自身特色的语言表达出来，不是短期内能实现的，这是影响新员工“产能”最重要的因素。

与客户交流的能力和信心，代表着公司的形象和专业程度。如果不加以训练，新员工一般的成熟周期可能会超过试用期。

实践证明，入职后就开始营销话术训练，特别是顾问式营销训练，锻炼说话的能力，最快可以将成熟期缩短到1—2 个月。这种训练让员工终身受益，不仅可以用在与客户的交流上，而且在上下级交流时也会有明显改善效果。越早启动话术训练，对新员工效果越好。有一位刚大学毕业的学生，应聘业务助理，这个学理工科出身的男孩非常腼腆，刚来公司时和任何人说话，不到两句就会面红耳赤，找不到话题。经过长达8 周计10 次的话术训练后，这个男孩的信心大为提升，在客户面前可以侃侃而谈，绝对不会再脸红。

5. 合同签署

合同签署培训的意义在于让业务团队熟悉合同，签订合同时能顺利解答客户疑问，特别是计息方式、还款计划、提前还款注意事项等，提醒客户注意重要的合同细节。完整、有效的合同介绍，有助于减少客户贷后反悔和还款逾期。

6. 职业引导

职业引导也是一个很重要的环节，一般会安排在员工进公司的第一天开始，主要内容不仅包括公司制度文化的介绍，还需要采取某些生动的方式，对员工心态进行“积极干预”，培养员工敢于承担的工作态度。工作态度训导对于一线业务团队较为重要。业务团队压力大、负担重，容易产生厌倦、放弃等进取心问题。员工产生厌倦心态，多半由于企图心退化或者职业目标不明确。为什么要为公司付出？这是员工动力源问题，针对这类问题可以安排职业规划类辅导。

（二）课堂训练的管理

入职训练的有效性必须得到重视，培训管理工作需要围绕产生实效来展开。通常会有如下规律：

1. 时间安排的顺序。产品、营销话术、业务流程、审批政策、合同签署等知识有相互衔接的关系。如果按照先后顺序来安排讲授，有助于提高每门课程的课堂消化、吸收能力。

2. 每门课程应独立编制习题。培训后下发习题，请新员工认真解答。为了鼓励新员工以积极心态主动消化知识，习题应定期交回培训部门批改。习题得分占综合笔试的成绩应不低于10%。习题批改可以发现员工学习中的问题，应该将发现的薄弱点指示给员工。在员工进入实习阶段后，还可以组织习题评讲，集中解答员工问题，尤其是与知识训练和实习中存在的差距有关的问题。这会帮助员工更好地理解知识运用的技巧，并使他们有更充分的时间消化培训中不明白的相关问题，串联相关知识点。

（三）实习考核的管理

实习考核是训练机制中最重要的环节之一。很多企业的入职训练通常重“训”不重“练”。培训之后，知识束之高阁，到底员工用没有用，能不能用，没有监督机制，不得而知。结果是白白浪费培训时间。

小额信贷的培训要真正为员工考虑，需要有务实的机制进行督促落实，因此，务必有考核和反馈机制。首先，考核应该量化，并设置入职培训合格分数标准。其次，考核应多元化，不仅有综合笔试（含审批政策、产品及运用、进件流程），还需要有实习情况的考评，并要有员工动手能力的考评，即情景考核（含合同签署、营销话术）。最后，考核需要全员参与，并要有多维度反馈。

1. 实习内容

新员工需在规定时间内完成主要环节实习的内容，包括客户营销、贷款方案商谈、业务进件办理、审批结果沟通、客户签约、客户转介绍，由相关部门定期提出考评意见。

2. 辅导师制度

为了确保这些实习工作落到实处，真正体现实质重于形式，需要及时解答员工对实习的疑问。为此，可以设置辅导师制度。入职培训开始后，每位新员工都安排有一位辅导师，进行一对一辅导。辅导师需按照辅导流程逐一指导和引导新员工完成各项实践工作，并做出考评。辅导师制度实际上是中层干部选拔和培养的制度。为了使辅导师有效地开展工作，可以制定辅导师工作指南，将员工实习指导的工作标准进一步明确，用清单化的方式确保每一项都有人落实（形式可见本章末附录3－1：辅导师工作指南）。

为调动辅导师的积极性，可实行相应鼓励政策：根据新员工反馈情况、入职两个月内培训考核通过情况、成功转正情况，对辅导师进行考核。考核合格的辅导师享有承担额外工作的补贴（每成功指导一位新员工），从培训经费中开支。由团队主管担任的辅导师，因其工作职责包含辅导新员工，故不享受该补贴。每半年进行一次全公司优秀辅导师评选，设置奖金，从培训经费中拨付。优秀辅导师评选指标包括：所辅导的新员工在两个月内考核合格转正人数，所辅导的新员工的季度 KPI（关键绩效指标法）考核得分。

3. 实习点评制度

为了动员更多部门的员工一起参与对新员工的指导，根据新员工在各个业务环节的表现，相关部门形成点评意见，共同为新员工知识掌握情况、实际工作能力打分。这比单纯用考试、考核来得更实际。

实习点评制度的重点不在于得分多少，而在于可以通过上级对下级评价，其他部门对新员工评价，形成对员工工作态度和能力的分析，暴露新员工问题，寻找到其改进的方向。通过这套考评机制，不仅可以找到新员工转正的参考依据，还可以发现人才的长处和短处，过滤不适合本业务的员工。

二、员工提升性培训

除了入职训练外，小额贷款公司还需要对老员工、中层干部提供持续的后续培训，帮助他们适应不断变化的市场形势，改进工作技巧和思维方式。提升性培训生产力提升的来源，是提高员工凝聚力、忠诚度的好方法。

（一）提升性培训内容

员工提升性培训的主要内容，需要包括以下几个方面。

1. 团队管理能力

中层干部是承上启下的重要环节，新技术新方法和公司发展新思路能不能在一线推行，取决于中层干部的推动力。小额贷款行业不少企业成立多年后逐步走向衰落，多在于发展转型失败，根源于中层干部对下属的带领不能贯彻好公司的制度和政策，或者是在变化的时代环境中无法找到合适的方法去适应公司新要求。公司在不断地成长，行业知识在不断更新，团队管理难度在增加，中层干部没有知识和经验，如何有效地带领新员工？业务竞争越来越激烈，如何找到有效的展业方式？如何激励下属朝公司想发展的方向走？因此，业务部门应毫无例外地将团队管理能力列为训练的首要内容。

2. 业务合规和法律知识

随着小额贷款业务的增加，原有合同的设计难以适合新的业务需求和新的客户状况。在合同执行中，员工也会面临各种新问题，比如常见的与担保、抵押、质押新政策有关的问题，与合同的有效性有关的新问题。公司各部门必然会对专业的法律知识产生训练需求。

3. 人际沟通技巧

员工每天不是和客户打交道，就是和其他部门打交道，要办成一件事，主要是靠个人的沟通能力。经过一两年的磨砺，很多员工都会体会到获得别人支持的难处，尤其是与业务效率有关的环节，涉及变通的环节，以及如何获得对方的支持等方面。对业务人员来说，与客户沟通时的高级谈判技巧是较为常见的训练需求，此外，还包括通过电话与客户沟通时的问题。

4. 大数据挖掘能力

大数据分析和挖掘能力，是新环境下金融业发展的一种新思路和新方法。经过多年发展的小额贷款公司，有不少客户的沉淀数据。这些数据如果经过仔细的整理和分析，可以转化为有效的资产，具有明显的市场价值。如何建立和使用自身的大数据？这是小额贷款公司的弱项。应该使大数据的归集平台进一步完善，特别是对客户信息的收集，需要体现多维度，并在对客户信息的分析使用上放开思路。

（二）提升性培训体制

提升性培训分为外聘培训和内部培训。对公司具有特殊重要性的知识可以通过外聘培训引进，通过内部培训转化。外聘培训包括员工外出参加由外训机构提供的公开课，或者公司邀请外部讲师来公司实施的内训；内部培训是指公司培养内部培训师进行的知识的内部传播。提升性培训应面向所有部门，并综合平衡部门需求和公司需求，持续引进企业发展所需知识，体现对骨干员工的激励，注重传播和效果的考评。

1. 提升性培训计划

提升性培训计划要采用双向沟通来确定。单纯考虑公司需要或单纯考虑部门需要，都不是成熟的培训计划，双向沟通是必要的。各部门根据部门需求，提出年度提升性培训内容，及可供选择的课程来源的建议，将有关情况提交培训主管部门。主管部门对培训需求建议进行汇总，根据公司年度发展要求、提升性培训预算情况，平衡公司需求和部门需求，提出提升性培训计划（含人数、课程内容、试听反馈意见和课程采购费用比选等），经公司批准后实施。部门临时需要增加外部培训采购，由部门经理提出书面建议，经相关程序批准后实施。

2. 培训资源管理

公司需要利用好内部和外部两种培训资源。根据公司的培训计划，积极拓展外部培训机构，经过调查比选后，纳入公司培训资源库并予以使用。根据公司需求，结合参训员工个人意愿，可以将外聘培训课程转化为内部培训课程。为激励员工争当内部培训师，可以按授课时间为培训师发放授课补贴。员工作为培训师的有关经历，作为内部晋升、考核、加薪的参考。每半年进行一次优秀培训师评选，并提供具有吸引力的奖金，从培训经费中拨付。

3. 参训人员确定

通常员工会认为提升性培训是一种福利。如果抱着这种思想，一门外训课程人人都去报名参训，不管自己是否感兴趣，这样下来不仅浪费，而且养成员工不愿珍惜发展机会的习惯。根据经验，提升性培训应该定位为“激励”，是有回报要求的。即要讲求实效，要帮公司解决问题。应该经过选拔确定参训人员。外聘培训需根据培训计划确定的名额和参训人员条件，选人可以结合部门意见和公司层面意见，综合考虑参训对象的岗位、考核得分。

相反，如果是内部培训，且不限人数，可以定位为“福利”。只要是公司需要、部门需要、员工感兴趣，都可以参与。

（三）培训效果评估

如果将外聘培训定位为“激励”，那就应该根据员工掌握情况的效果，对结果有跟踪有考核。要进行效果评估，首先要对参训人员进行出勤监督。培训经核准后，由人力资源部与部门经理、培训机构沟通，落实具体培训时间及地点等安排，并正式通知受训人员培训时间、地点、内容等相关事宜，人员必须落实到位。应将效果评估作为年度考核、晋升晋级的依据之一，由培训主管部门和人力资源部协同完成。

培训效果评估是提升性培训的核心。大多数公司培训不见成效，不是因为培训课程选购不好，老师水平不高，而是忽视了培训后的使用；推动员工使用培训所学新知识，需要有监督机制。传统企业一般会要求员工写心得、感想，但是文字上的东西和实践还是有差距。熟能生巧，最好的监督方式就是观察员工的思考、分享和践行。可以尝试分为以下三个阶段：

1. 现场评估

现场评估以外聘讲师点评形式展开。讲师在课程后，对参训人员一一做出点评，点评包括课程参与度、知识的吸收程度、学员在培训课程后需要注意的提升方向及建议。评估不合格的参训人员（此项不合格仅是针对缺席、课堂不积极的参与者，其他技能提升性意见不作为参考标准）不得参与该年度其他外聘培训。安排参加外聘培训的员工，如果确有合理理由不能出席，由部门安排符合公司外聘培训条件的其他人员参训；如果无合理理由缺席，且公司无法安排其他人员参训，仍需由该员工承担支付给培训机构的费用。

2. 传播评估

传播评估以参训人员回归工作后的培训经验心得分享和行动计划制订形式展开。各部门参训人员在例会上分享培训经验和参训后的行动计划，由培训主管部门、人力资源部、各部门经理参与评估。时间是 3 个月，含培训后行动计划的落实。不合格的参训人员不得参与该年度的其他外聘培训（此项不合格指未分享培训经验、未落实自己制订的行动计划）。

3. 年度评估

年度评估主要对比培训前后相关考核指标的变化和行为的改变。可以将此项改变的评估与员工下一次参加培训的资格相挂钩，这样有助于员工积极对待培训效果年度评估。

附录3－1

辅导师工作指南

辅导对象： 辅导师： 所属部门： 时间：

	辅导师工作指南	完成情况（辅导师填写）
培训	□督促新员工参与相关培训课程，抽查知识掌握情况	
	□课后解答疑难、督促辅导新员工认真研究课后习题	
实习辅导	营销（辅导师安排和指导新员工先后完成以下事宜） □接待两位客户完整介绍产品优势和业务流程 □带领新员工实施两位客户陌生拜访 □督促练习顾问式营销话术，了解客户情况，挖掘客户需求再推销产品	
	方案商谈（辅导新员工实践以下事宜）： □带领进件前与审批部沟通 □检查能否表述客户年龄、住址、收入、从业情况 □检查能否表述客户抵押物价值、负债情况 □检查为客户试算可贷款额度和期限的情况	
	进件（辅导师安排、指导新员工完成以下事宜） □完成两笔进件； □实践检查资料完整性的动作 □实践按要求整理资料的动作 □检查资料是否签字 □实践进件清单的勾选动作	

续表

<table>
<tr><th colspan="2">辅导师工作指南</th><th>完成情况（辅导师填写）</th></tr>
<tr><td rowspan="3">实习
辅导</td><td>结果沟通（辅导师指导、督促新员工实践以下事宜）
□向审批员了解两笔业务进件进度
□主动向审批了解拟审批额度或补充资料
□实践在审批和客户间充当桥梁，通知客户补资料
□游说客户接受审批额度</td><td></td></tr>
<tr><td>签约（辅导师安排、带领新员工完成以下事宜）
□参与完成两笔签约
□预约客户签约，完整介绍签约所需资料
□正确向客户介绍合同还款计划、提前清偿条款</td><td></td></tr>
<tr><td>转介绍（辅导师安排、带领新员工完成以下事宜）
□客户放款后7天，与客户沟通转介绍两位潜在客户
□向两位客户正确介绍转介绍优惠政策</td><td></td></tr>
<tr><td></td><td>新员工反馈情况</td><td></td></tr>
</table>

备注：

辅导师的主要职责是检查新员工学以致用情况，安排带领新员工实习，发现问题及时指导纠正，确保新员工通过培训考评。方框内选项新员工完成一项，由辅导师勾选一项代表该项已完成，作为辅导师完成工作的考评依据。

实习后各相关部门会针对上述各项目，给每个新员工给出考核意见。新员工在入职后两个月内完成培训各项考核，视为辅导师完成有关工作责任。

附录 3－2

入职培训考核跟踪表

考核对象：　　　　　所属部门：　　　　　时间：

考核项目		考评部门	评语及存在问题	总分	得分
培训出勤率及课堂参与情况					
实习情况	营销 □接待两位客户完整介绍产品优势和业务流程 □完成两位客户陌生拜访 □主动使用顾问式营销话术了解客户情况，先挖掘客户的需求，再推销产品				
	方案商谈 □进件前与审批部门沟通 □能完整表述客户年龄、住址、收入 □能陈述了解到的客户抵押物价值、负债情况 □能陈述为客户试算的可贷款额度和期限				
	进件 □完成两笔进件 □主要资料完整 □主要资料按要求整理 □主要资料完成必备项检查和签字 □完成进件清单的勾选				

续表

考核项目		考评部门	评语及存在问题	总分	得分
实习情况	结果沟通 □主动向审批员了解两笔业务进件进度 □及时主动向审批了解拟审批额度或补充资料 □主动在审批和客户间充当桥梁，客户补资料正确 □游说客户接受审批额度				
	签约 □完成两笔签约 □预约客户签约，完整介绍签约所需资料 □正确向客户介绍合同还款计划、提前清偿条款				
	转介绍 □两位客户签约完成后，现场与客户沟通转介绍两位潜在客户 □向两位客户正确介绍转介绍优惠政策				
情景考核					
综合笔试					
日常跟踪辅导发现情况					
培训最终得分					

第四章　审慎的经营管理结构

导　言

风险控制并不足以概括小额贷款公司长治久安的全部理念，该理念的核心是审慎的经营管理结构（见图4－1），包括全流程的风险控制，内部控制体系的建立，严格的廉洁及从业纪律管理，依法治企框架下的法务管理，公司统一信息管理，人才资源的管理及激励约束。为判断运营管理架构是否合理，还需要建立评价体系，持续评估审慎经营体系的健康度。

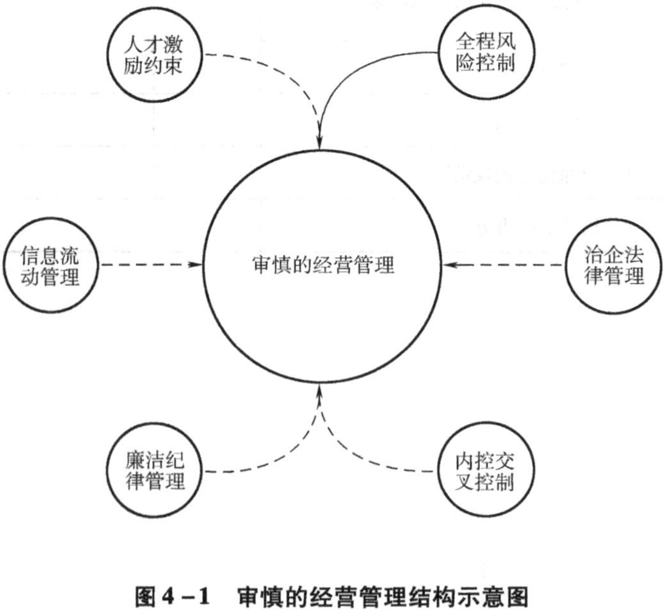

图4－1　审慎的经营管理结构示意图

第一节　审慎经营管理的机制

“审慎”二字首先意味着小额贷款公司放缓对短期利润和收入的追求，让位于风险控制，避开不必要的非系统风险，转而追求长期、稳定的回报。一个有效的审慎经营体系是组织机构安全良好运行的基础，它有助于确保实现长期利润目标和维持可靠的财务及管理报告体系，有助于减少声誉受损和发生意外损失的风险。审慎经营贯穿于管理机制和结构，可以从以下几个方面来体现。

一、全程风险控制

建立全程风险控制体系，统一制度制定和监督执行，是审慎经营管理的基本要求。它不仅包括信贷风险的控制，还包括重要流程的风险控制。控制手段不限于尽职调查和信贷审批，还涵盖产品的设计、员工训练和管理，贷后管理和不良贷款催收。风险控制手段不仅包括信贷审批的过滤条件，还包括签约的方式，员工的廉洁教育、客户的信用教育。

二、内部控制（交叉控制）

根据中国银监会《商业银行内部控制指引》中的定义，内部控制是指为实现经营目标，通过制定和实施一系列制度、程序、方法，对风险进行事前防范、事中控制、事后监督纠正的动态过程和机制。内部控制机制的建立和完善，对于实现经营和管理目标十分重要。

内部控制不仅仅局限于财务环节，核心是各环节的交叉制约和交叉验证。交叉制约和交叉验证本属于风险控制的概念，当它们和岗位设置、职能划分结合时，便成为内部控制体系的一部分。高层管理者不可能事事亲自控制，需要借助于内部控制机制，实现对各环节的控制。除财务安全外，监督、防范人员道德风险，对人员无能、人员贪腐的监管都可以设置内部控制环节。

内部控制常见方式之一是岗位分离。“有发起，必定有复核。”复核权限不一定设置于部门负责人，而是设置于其他无利害关系的岗位。

常见方式之二是业务管理清单化。管理留痕，便于落实风险控制点是否履职，以便事后倒查责任。

常见方式之三是事后内审、责任追究。有效的内部控制体系，必然需要有持续检查、推动落实的手段。事后通过内审，分清责任，小惩大戒有利于实现这一目的。

三、廉洁和纪律管理

内部廉洁和纪律管理机制是审慎经营的特色要求，对于金融行业这种道德风险高发行业来说，意义重大。廉洁和纪律的要求可以借助于企业党风廉洁机构的建立而实现，借助于发挥党组织的作用而形成。廉洁和纪律管理机制需要解决以下领域的问题：

1. 业务单元。防范被不良客户围猎，泄露风险控制核心技术，参与虚假申请资料的制作。一般情况下，要求业务经理履行“尽职免责”责任，严谨收受客户红包和馈赠。轻微情况下，要求业务经理主动避开高风险行业、高风险客户，主动暴露客户风险。

2. 后台单元。防范内部小团体泄露风险控制和催收核心措施。一般情况下要求“尽职免责”，客户和项目风险不得掩盖，严格落实贷后管理要求，不得收受客户或业务人员的好处和利益。轻微情况下，应主动暴露和提示风险。

四、依法治企法务管理

法律风险防控与内部控制、风险控制的要求是一脉相承的。这里需要尊崇的是外部的法律和政策制度。树立贯彻尊重制度、风险控制优先的理念，必然要求全面贯彻依法治企的要求，需要建立法务服务能力和法律风险管控机制，确保日常决策和具体业务操作遵守不同层次的法律和规章要求。

依法治企要求之一，法律风险控制渗透到企业经营管理各层次，建立法律顾问制度或建立法务岗位；工作主要环节涉及法律风险的，需经法律流程审定。

依法治企要求之二，小额贷款不良催收要积极运用法律手段，合理运用司法手段，不能因害怕司法手段程序用时较长而弃用司法工具。非诉催收过程中慎用催收外包，不能使用暴力催收。

依法治企要求之三，员工管理、劳资人事管理需按制度和法律法规实施。

五、内外信息流动管理

信息流动管理需要达到的目标如下：

首先，公司确定的政策、制度和要求能够明白无误地传达到每一个员工。要达到此目的，管理信息应该确定公开传递的路径，通过公司正式传播机制和中层干部的宣导来实现。传递留痕，便于监督。

其次，发挥中层干部在这一过程中重要的传承作用。要获得员工的支持，必须讲清楚施政的理由。要说清楚这样做的方法，使这样做能贯彻下去，也需要中层干部的指导。

再次，内部和外部的信息要融合，不是被动收集、被动分析，而是基于管理目的，主动收集内外部信息，并使之服务于管理目的。

对于竞争程度较高、模仿风险较大的产品方案、风险控制手段、不良催收方案，均需要保密管理。

六、人才考核激励约束

要建立具有活力和正能量的，敬畏和尊崇制度的考核激励机制。

首先，破除论资排辈和唯关系是生产力的用人体系，员工需明确以业绩和对风险控制的贡献作为激励和晋升的标准。

其次，建立衡量员工短期贡献和长期贡献的客观的测量体系，中层干部短期业绩和管理能力的测量体系，作为考核体系的内容和依据。

最后，建立付出、回报公示机制，避免暗箱操作的嫌疑，使员工可以看到自己的贡献和回报，可以相互间进行比较。

第二节　全程风险控制的思路

全程风险控制与传统意义的贷款调查、贷款审批、贷款发放有差别，不是把风险控制的全部希望寄托在信贷审批，而是分散在信贷流程的各环节，同时结合信息化体系，把各环节的信息集中起来，用于风险控制。风险控制的目标不仅局限于信用风险，还包括市场风险、流程风险、管理风险。风险控制手段不局限于信贷审批放款与不放款，需要综合利用风险分散、风险转移、风险重组、风险回避等方式。

一、全程风险控制与信贷周期相结合

风险控制可以由信贷周期（Credit Cycle）说起。一个信贷产品推向市场前后，会经历几个阶段，包括产品研发、投入市场、反馈修正，产品运用、客户申请、调查分析、审批验证、合同签约、贷款发放、贷后管控、逾期清收、贷后收回。

关于审批和贷后管理体制和技巧，将在后面用专门章节详述。本章需要强调的是，转型发展中的企业需要将传统小额贷款公司所不重视的产品研发、客户调查质量控制、贷后预警能力建设等三个环节纳入全面风险管控流程。

（一）产品研发是风险控制的起点

（1）产品研发首先要考虑市场风险的应对。提行先要从客户的角度考虑这款信贷产品推出后是否有竞争力，是否有市场，客户是否乐意接受，预计市场份额，竞争对手反应，产品是否容易被同行复制。另外，值得留意的是逾期坏账情况，然后是成本与利润分析（Cost And Profit Analysis）是否符合公司要求，还要考虑组合收益及新产品收益在整个公司产品中的占比等因素。

产品研发由多部门共同参与，收集多方意见以全方位防范信贷风险。风控措施包括：建议准入条件、评估目标客户群、预期进件量、审批通过率控制、成本收益率收益、风险覆盖能力、风险预警信号、逾期坏账情况。

（2）产品政策需与信贷流程政策紧密结合，实现对全程风险控制。

与相应的合约及相关文件及审慎检查标准匹配，确保符合监管当局政策，合规合法；资讯科技部门要建立相关系统，支持录账、利息计算、清偿等应用程式；人力资源部计算所需人员、人力成本、招聘计划；运营部确保流程操作，杜绝营运风险；财务部制定扣款、划款、报表、记账等工作；催收部门做好催收准备、人手编制、催收政策、坏账处理、委外催收甚至日后拨备及核销等工作。

（3）产品部署需要先试点和常总结。转型发展需要合适的产品推动。在鼓励新产品创新的同时，对新产品投放市场需要加以管控。

一个新产品经过各部门深入讨论、系统测试、整合修改产品设置后，可进入试运行阶段。以试点形式小规模推行，目的是通过对整个系统、流程的把控，看是否有修改的必要。在这一阶段，除有可能出现系统性风险或严重问题外，一般情况下不建议对产品做重大修改。

接下来便是配合不同营销策略、广告推广等，把产品投入市场。按计划蓝本，把产品在不同地区、战线上推进，定时收集市场反应，并与产品研发时的市场预测做对比，进而优化改善。

产品研发、投入市场要经过各部门共同努力，不断发掘问题、解决问题，很少情况下可以一步到位。通过信息收集，例如贷后回访、满意度调查、风险控制部门的贷后管理，了解到产品是否如预期那样受欢迎，目标客户群有没有偏差，客户质量和数量的保证，审批及各流程上各环节是否正常，各部门分工协调上是否清晰、融洽。

对于产品准入条件和调查信息收集范围能否有效控制风险，需要进行持续记录和比对。定期分析与产品销售对应的逾期情况，针对具体客户进行反向分析，了解审批时忽略了哪些环节，以便定期修订完善产品设计。

（二）信贷调查质量管控

调查质量是影响风险控制效果的重要关口。业务人员的调查认真程度，产品和风险控制政策精细程度，调查模板的方便程度，对调查失误的验证机制，都会对风险控制效果，以及能否做出正确的信贷决策产生深远影响。

其中，对业务人员调查质量的管控，是转型发展的小额贷款公司需要首先明确的。一般方法是双人调查，同时需要建立交叉验证机制。调查中要求收集不同角度的信息，信息相互验证后才能采信，难过程记入调查报告。

优质的调查报告和优秀的调查人员不是一天就可以培养出来的，需要训练和激励。可以考虑对调查报告质量建立评分和激励机制，明确优质调查报告的评价标准，请审贷委员会各位成员独立对调查报告进行评分，评分结果，与当事人的考核级别提升挂钩。信贷调查质量管控的细节将在后面章节详述。

（三）建立贷后数据收集与风险预警

传统小额贷款管理方式强调贷后催收，但是对放贷后到产生逾期前这段时间的管控缺乏机制化。这段时间是风险预警的黄金时间，逾期风险应立足于早发生早干预。风险预警行动从放贷后第 3 天就可以介入，包括：贷后及时电话或上门回访，收集客户用款信息；查询客户在其他金融机构后续融资情况，是否构成过度负债风险；关注客户经营和生活习惯的变化，比如是否赌博、离婚、经营困难。每个月定期集中分析上述收集的情报，做出风险变化的判断，有利于提前做出干预决定。

实现预警信息收集只是第一步。如果拥有信息化系统，把客户从贷前调查、贷后管理、第三方大数据查询结果融合起来，建立客户风险迁移规律的分析和评分卡，就可以形成真正经过数据验证的风险预警能力。

二、风险处理方式

在审慎经营管理架构下，风险防范方式不仅仅是贷与不贷的问题，而是综合运用防范风险四大方法——控制、回避、转移、分散来处理风险，使风险发生的概率降低，使风险发生的损失减少。

（一）控制策略

通过不同的风险控制手段令信贷损失风险受控，这体现在设定不同的风险止损指标上。

（1）信贷产品的管理。比如，设定某信贷产品的客户首次还款逾期率不得高于 3%，同时 30 天、60 天、90 天以上逾期不超过约定风险指标。如果超过该标准，暂停该信贷产品额度的继续投放。

（2）业务经理的管理。如规定客户经理管理的项目还款逾期率不得高于 5%，同时 30 天、60 天、90 天以上逾期不得超过约定风险指标。如果超过该标准，需要控制该客户经理的进件类型。

（3）控制也可用于较严谨的准入条件、审批政策、贷后管理等层面上。比如，规定某客户如果在公司出现4次以上逾期，取消该客户在公司再次贷款资格；或者，该客户过度负债贷后检查发现负债率超过警戒线，公司可启动提前偿还要求。

（二）回避策略

相对控制而言，回避策略是设定信贷的红线。比如，在考虑过所有风险控制手段后仍未能有效控制贷款风险，包括信贷风险、营运风险，建议搁置相关产品计划。当然，做出这项决定前，必须仔细分析、充分研究，以免误判而令公司遭受损失。

又如，实行负面清单管理。通过研究，认定某些行业在供给侧结构调整期间，属于落后淘汰范围，可以将其纳入负面清单禁入管理。可以纳入负面清单管理的范围，除行业外，还可以包括城市客户群体、客户区域、客户准入条件等。

（三）转移策略

转移风险的例子首先包括与担保公司合作，把风险转移到担保公司那里，这样可能会减少利润，因为你把部分收益作为担保费收入同时转嫁到担保公司，客户在考虑融资成本时，也一定会同时考虑额外担保费用是否可以承受。另外，担保公司资质也是极为重要，代偿能力和意愿需要加以衡量。一旦引入担保公司作为战略伙伴，除了信贷及营运风险外，担保风险也同样需要考虑。

转移风险的其他形式包括：信贷结构中设立担保人，个人担保和企业担保可以同时互相引入。在企业担保中引进个人担保人，可以把有限责任风险转移为家庭无限责任。担保人的选择可以选借款人的家庭，可以选与主借人业务不相关联的企业或个人，这样有利于分散系统风险。如果选择同一企业内的其他关联企业，可能达不到转移风险的目的。

在贷后管理中，如果在风险预警早期就发现客户即将出现债务危机，便为客户寻找其他金融机构借贷，在其他机构风险可控的条件下，使客户有资金提前偿还，也是一种成功的风险转移策略。

（四）分散策略

不要过于集中投放资源到某一信贷产品，因为不能准确推断每一种产品市场风险。今天大受欢迎的产品，明天可能因市场因素、监管政策改变、同业竞争恶化等原因而变化。集中把鸡蛋放到一个篮子里，容易造成集中逾期风险。

分散策略是小额贷款行业最基础的风险控制策略。实现“小额分散”，首先需要认真控制单笔额度，认识做小做微的必要性，形成战略上的坚定性。实践证明，个人客户偿还 20 万元的能力，比偿还 500 万元的能力更大。经济实力更差一点的客户，只要有还款意愿，大都能承担 5 万元的分期还款。这是“小额分散”策略背后的经济逻辑。

其次，要深刻认识分散策略的具体应用。牢固坚守单户贷款不能超过注册资本 5% 的上限，单一行业不能超过总资产 20% 的行业经验阈值。贷款期限和利率也需要分散开，比如设定要求，3 个月、6 个月、12 个月、24 个月的客户占比不能超过某个比例。这样设置的作用是避开风险的集中爆发。

第三节 集中统一的内部控制体系

内部控制应当和经营规模、业务范围和风险特点相适应，以合理的成本实现内部控制的目标。成功的内部控制一般具有以下共同特征：

（1）审慎经营的理念和内部控制的文化氛围；

（2）职责分离、相互制约的部门和岗位设置；

（3）纵向授权与审批制度；

（4）系统内部控制和业务活动融为一体的控制活动；

（5）完善的信息系统。

一、内部控制应贯彻的四大原则

（1）全面性原则，即内部控制应当渗透小额贷款公司业务全过程和各个操作环节，覆盖所有部门和岗位，并由全体人员参与，任何决策和操作均应当有案可查。

（2）审慎性原则，即内部控制应当以防范风险、审慎经营为出发点。小额贷款公司内部管理，尤其是设立新的机构或开办新的业务，均应体现内部控制优先的要求。

（3）有效性原则，即内部控制应当具有高度的权威性，任何人不得拥有不受内部控制制约的权力，内部控制存在的问题应当能够得到及时反馈和纠正。

（4）独立性原则，即内部控制的监督、评价部门应当独立于内部控制的建设、执行部门，并有直接向董事会、监事会和高级管理层报告的渠道。

二、银行业内部控制新规对小额贷款的启发

2016—2017 年，银监会颁布了一系列新规，旨在防控金融系统的各项风险，弥补监管短板，提升金融服务实体经济和金融业转型升级政策的水平。

银监会认为，金融行业应高度关注以下普遍存在的情况：

（1）是否围绕服务实体经济这条主线，能否将更好地满足实体经济的有效金融需求作为创新的出发点和落脚点，防止监管套利或金融业自我循环。

（2）依法合规、稳健经营的意识与金融创新的全过程是否脱离。在创

新中要做到“心中有法，行为有度”，遵循良好的监管要求和会计标准，按照“实质重于形式”的原则，进行会计记账和风险管理。

（3）经营行为是否与自身的风险管控能力相匹配。金融机构应在自身风险管控能力范围内开展金融创新，要充分识别和管控新产品、新业务可能带来的风险，发挥好风险第一道防线的作用，切实承担起风险管理的主体责任。

为更好地服务实体经济，银监会颁布了治理行业问题和乱象的新规，具体包括以下规范性要求。

（一）为服务实体经济，银行必须采取具体行动

为服务实体经济，银行必须采取具体行动，包括：

（1）控制信息化。通过信息系统刚性控制各类风险。

（2）责任明确化。要求资金来源方承担交叉性金融产品的责任。

（3）强化同业管控。树立董事会对同业理财业务的发展规划和风险管控。

（4）建立防火墙。建立银行体系与资本市场、债券市场、保险市场、外汇市场之间的防火墙。

（5）积极开展自我检查，主动纠正不合规行为，内部监察应该成为常例。例如：全面梳理内部制度的时效性和合规性；核实贷款发放的合规性和贷款资金流向；清理理财产品中的不合规结构、安排；排查不合规的收费事项、收费条款；评估新规对于外国银行及其在中国的营业机构之间业务往来的影响；配合监管部门检查，认真完成整改工作；加强与监管部门的沟通。

（6）从法律和合规角度对流程和制度做好解释与说明。

（二）为提高控制效果，应实质性完善事前审查

（1）开展金融创新应当建立内部管理制度和程序，并在开展实际活动前获得风险管理部门、法律合规部门的审核同意，并获得董事会（或相应董事会委员会）批准。

（2）事实启动前，需要进行压力测试。对快速发展的新产品、新业务以及存在潜在重大风险的业务领域进行专项压力测试。

（三）重点管控公司治理缺陷行为、违规行为

银监会将按照以下路径和方式实施重点管控：

（1）机构自查与监管检查相结合，注重对法人机构的检查，从重从严处理自查未穷尽的问题。

（2）视情况可采取责令暂停业务、停止批准开办新业务、停止批准增设分支机构、责令调整董事及高管等审慎监管措施。

（3）对于多次违规、整改不到位、不配合监管检查的机构从严处罚。

（4）对于违规开展关联交易、花样翻新的套利行为和利益输送从严从重处罚，没收违法所得的同时还要处以罚款。

（5）对违规机构和相关责任人员实施“双罚”，将处罚结果与市场准入、履职评价、监管评级等挂钩。

上述新规的具体条款和改进措施，都具有显著的力度。经过改造，完全可以为小额贷款公司所借鉴。特别是服务实体经济的要求，完善实质性事前审查功能，整治公司治理的缺陷行为。

三、建立小额贷款公司审慎经营内部控制体系的路径

为实现审慎经营，结合银监会近些年颁布的针对银行业审慎经营的新规定，要完善小额贷款公司内部控制机制，重点可以从以下几个方面入手。

（一）审慎经营的理念和内部控制的文化氛围

要建立服务实体经济的经营文化，并使文化与经营管理和风险控制相结合。小额贷款公司文化体系中，对收入和利润的追求不能放在第一位，风险控制和实现可持续经营应该放在首要的位置。

主动通过海报、宣传手册、群体活动，倡导干净从业，关注产业政策新变化、研究行业新变化；在风险可控前提下，加快企业发展；全员共同参与、提高团结协作能力，依靠沟通解决问题；倡导发挥专业精神，提高岗位工作水平和质量；建设尊重制度、灵巧运转的文化。

可以通过文化会演，灌输制度文化，宣传对待制度和内部控制的积极态度。需要倡导制度建立的程序，定期修订、定期汇编制度，独立设置制度落实监督岗位的活动。应宣传和倡导制度执行有考核，制度掌握有考评，制度执行有留痕的企业经历。对于审慎经营和内部控制落实较好的员工和班组，应该给予奖励。

（二）职责分离、相互制约的部门和岗位设置

建立合理的管治结构，合理确定管理层次、部门设置和职权划分，使各部门的职责任务及相关协作关系明确。

在组织架构、岗位职责设置上要确保内部控制体系科学、独立和权威，保障内控体制得到彻底执行。内部控制体系应建立总部和分支机构的分级管理，实行垂直审计制度；加大总部对分支机构内部审计的力度，建立全面系统的业务和非业务内部控制制度体系的同时，还需要制定出增强整体控制能力，防止系统失控的切实可行的管理措施，形成环环相扣的内部控制体制。

（三）统一的纵向授权和审批机制

纵向授权和审批机制强调统一性和一致性，最高权力来源于董事会的授权。需要建立股东会、董事会、总经理办公会、信贷审批各级机构的权力清单。

1. 明确应设立哪些被授权的层级。比如，有的公司可能只有一级贷审会，有的有贷审会、评审小组，有的可能会延伸到具有评审权的个人；每一个层级的权力范围应该清单化，要明确不同层级可以审批通过的金额范围、风险范围。

2. 明确权力行使的规则。比如，每个被授权层次，决策前不可少的参与人有哪些，决策通过的最少票数是多少。每个层级应该设置召集人，召集人只有否决权，没有赞成权。还应明确是否必须全票通过审批才能通过。

3. 有权必有责，授权必须明确责任的承担方式。为了实现责任追究，需要详细记录决策参与人的意见。

4. 权力范围的认定需要有明确的程序。例如，审批员如果被授权 3 万元以内自主决策，对于判断其是否具有 3 万元的审批能力，需要有程序标准；如果要进一步调升到 5 万元，也需要明确条件，列入上级决策机构的程序。

（四）内部稽核制度和内审日常运行机制

小额贷款公司也需要建立内部审计、稽核岗位或部门，颁布相应的运行制度。对于人数在 100 人以上，有分支机构的小额贷款公司，内审人员、稽核人员应常年派驻各分部、各部门，定期开展运营风险的稽核和审计。

内部稽核和审计的作用是，及时发现内部控制制度的薄弱环节和不完善之处，及时以稽核报告形式反馈信息，使内部控制制度不断健全和完善。要逐步使内部稽核从单纯以查处经营违规为重点，转变到以防范风险为重点上面来；建立内部稽核监督指标体系、量化考核指标，并统一检查的定量评价标准；要完善内部稽核操作流程，不断提高内部稽核人员素质等。另外，还必须提高内审、稽核部门的地位，使其直接向上级负责，在业务上由总部垂直直接领导，各级稽核人员实行派驻制，下审一级，从组织上保证内审、稽核工作的独立性、权威性和超脱地位。

（五）内部控制和业务活动融为一体的系统

融为一体需要信息系统形成统一共享的数据收集和分析机制，集中统一管理信息流动。

（1）发挥信息系统控制功能，将人治变为系统控制。通过信息化流程设置前置条件，如果上一流程条件不符合，无法进入下一步流程，这既可以实现内部控制的要求，也便于监督管理。信息化业务流程中可以设置无数控制点。例如，设置正负面清单，进件时有不同的准入条件，若客户的进件信息不符合负面清单要求或者产品准入条件，该客户在信息化系统中可能无法通过，无法进入下一流程。

（2）发挥信息留痕功能，为监督提供数据。通过信息系统存储所有操作过程、分析过程、决策过程，使管理细微都留下痕迹，这对内部控制和纪检部门分析作为或不作为提供了证据和交叉验证信息。例如，项目在进件的过程中，业务申请书、尽职调查报告、客户基础资料等所有资料都会留存在公司的数据库中，这些数据是否经过交叉验证，是否完成了规定的验证动作，哪些岗位做了什么事，发布了什么意见，都会有案可查。在业务流程的每个操作节点均有管理痕迹，有利于是否分清责任，追究责任。

（3）发挥信息系统交叉验证功能，形成交叉制约。例如，引入第三方大数据系统，对客户提供的信息进行再次验证，然后通过电话核查方式对客户信息进行核对，最后再通过客户满意度调查的方式对客户的信息进行核实。通过内、外部证据结合和交叉验证的方式，对客户的资质、背景等重要信息进行多次核对，提高信贷风险管控水平。

（4）发挥信息系统提示功能，便于内部控制前置。信息化系统将会设置风险提示功能，违反制度规定的前置条件，或有工作没有完成，系统会自动提醒相关岗位和上级主管，有利于公司各管理层级全面掌握工作状态。

第四节　严格的廉洁纪律管理

廉洁纪律管理关系着内部控制制度能否实质性获得执行，关系着风控行为的质量，应经常性地加强对各级员工的教育和培训，做到警钟长鸣。小额贷款公司如果条件许可，还应该鼓励建立共产党的基层组织，设立独立的纪检岗位，负责廉洁和纪律管理。与经营管理形成并行的两条监督路径，共同为公司有效治理发挥作用。

实施廉洁纪律管理应贯彻各级管理岗位承担一岗双责的原则，既承担行政责任，同时承担廉洁纪律责任。业务考核和廉洁纪律考核双线并行，从上到下细分到各管理岗位，深入到一线。

实施廉洁纪律管理应形成与客户沟通的机制，受理客户的投诉有方便和具体的通道，并且为客户保密。向客户告知公司廉洁管理的要求应成为一项惯例，防范客户受到不公正待遇而举报无门。只有 内外信息通畅，才能形成公司一体化的监督体系。对员工来说，廉洁管理也是一种职业保护机制。

第五节　全面系统的法治治理机制

作为审慎经营体系的重要一环，应全面贯彻“依法治企”。

国家倡导依法治国，其有机组成部分包括：有法可依，有法必依，执法必严，违法必究。依法治国的原理与小额贷款公司经营管理结合在一起就是依法治企，需要突出以下几点：

（1）系统地检查小额贷款公司的制度是否存在和国家法律、法规政策相冲突的地方，如果有冲突，应该及时修改。定期检视公司法治治理落实情况应该成为惯例。小额贷款公司应该经常性地关注金融业有关法律法规，和地方政府颁布的相关法规，如环保、公司设立的规定，还有国家层面的法律法规，如公司法、担保法、物权法等的修订动向。

（2）重大决策实施前，或新法律法规颁布后，应在公司层面集中学习，解答疑点，提高公司对新法综合掌控能力。

（3）在具体事务执行前和执行中，应该有合规风险提醒机制，判断是否符合法律法规，确保“法有禁止不可行”能够落到实处。这一点对公司权力制衡机制提出了要求。合规风险提醒机制应独立于企业行政管理的线条而设置，向董事会、监事会汇报，确保董事会、监事会能够予以制衡。

第六节　科学合理的激励约束机制

激励约束机制应对员工执行审慎经营的管理制度相配合，可以使员工勤奋工作、能够担责，勇于创新、追求业绩，同时对员工执行内部控制程序和制度又产生约束力，使员工自觉遵守小额贷款公司的规章制度，杜绝违规行为。激励约束机制在不同的小额贷款公司可以有不同的表现形式，目的是一致的。

激励约束机制的设计应首先满足战略规划、策略安排和规章制度执行的需要，上述问题最终都要通过人的工作来完成，因此如何提高人的素质，激发潜能，保证人力资源素质和岗位要求相匹配，必须建立科学的激励约束。

激励机制体现在薪酬机制、晋升通道、个人发展机制、创新容错机制等方面。薪酬机制是激励制度中最重要、最显著的手段，分为三个部分：科学的工资和奖金制度，各种福利计划，长期激励机制。其中长期激励机制尤其重要，如高级经理层的年薪制、经理人员股票期权制度、内部职工持股制度。

约束机制主要体现在责任追究。责任追究有两种类型，一是与经营管理失误有关的责任追究，二是与业绩考核完成有关的责任追究。需要差别对待：

（1）经营管理事务可能产生损失，也可能没有最终实际损失，这两种情形都需要有责任追究程序。我们通常可以把没有损失的追责视为程序性追责，它是责任追究的主要对象，目的是避免损失的出现。程序性追责包括制度制定的缺陷、制度执行的缺陷、制度执行监督人员的失误、决策者的失误。对于不同层面的参与者，都可以找到与其权力相对应的责任。责任追究体制 在处理前，应及时提醒，责任确定后及时处理，这样才能形成全公司上下尊重责任追究制度权威的习惯。

（2）与业绩考核有关的责任追究，主要是为了体现市场化经营机制下的优胜劣汰，它通常涉及的对象是“问题员工”。问题员工的产生通常与员工自身的努力程度有关，也与部门或公司管理的风气和习惯培养有关。对“问题员工”，不能采用“一棍子打死”“开除了事”的管理方式，会对整体的士气产生影响，也会发生“问题员工”的道德风险。

末位问责机制不同于末位淘汰机制，它强调“积极救治、逐步升级”的处置方式。实施末位问责，首先要检讨公司的员工训练机制是否正常，能否给予纠正机会。其次对末位问题，可以从与“问题员工”对话谈心开始，根据其态度和改进情况，逐步升高处理力度。比如连续几个季度仍然没有改进，可以调换岗位、降级处理、待岗学习。开除、劝退永远是最后的选择。每一个级别一定要有明确的任职条件，让当事人事先清楚，一目了然。

附录4－1

小额贷款公司运营综合评价体系

衡量不同小额贷款公司的发展质量，常见的有净资产收益率、资产周转率、不良贷款发生率、不良贷款收回率等指标，但这些指标的特点是作为静态指标，无法体现不同业务模式下，小额贷款公司长期的运营效率和风险发展情况。

例如，单笔放贷规模较大，每年放贷总额与资本规模比值高，资金周转效率较高的小额贷款公司是否风险就小？如果做微型小额信贷，平均贷款期限是6—12个月，其资金周转效率可能小于做大额贷款的小额贷款公司。如何客观评价不同业务模式的长期收益和长期风险？转型发展中的小额贷款公司通常历史不良余额较高、下降缓慢，可能不良率和回收率都不理想。但是，有些不良贷款背后有充足的抵押物作为后盾，如果能最终收回，未来能带来大笔的拨备冲回和利息收入。历史不良较高的企业也并不意味着未来没有触底反弹的希望。

综上所述，我们需要找到综合标准或指标体系，客观评判不同业务模式下小额贷款公司的长期经营价值和长期风险承担能力。

（一）风险资本充足率

小额贷款公司是否需要关注风险资本充足率？资本是可贷资金的规模，决定了可承担不良贷款的能力。风险资产和资本的比值关系，即风险资产立足率，决定了经营效能的变化方向。风险资产和资本达到动态平衡，风险资产和资本同升同降是正常现象；若前者降而后者升，则意味着可能存在通过增加风险资产提高获利能力的潜力；如果风险资产上升而资本没有相应提高，则预示着风险加大。小额贷款公司如何计算风险资本充足率：

1. 风险资产的计算

对小额贷款公司而言，风险资产覆盖资产负债表内和表外风险资产。包括：现金、各项贷款、拆放同业、应收利息、其他应收款、承诺及或有负债、对外投资等。不同的资产有不同的风险水平，现金风险最低，贷款和对外投资要高一些。

为反映总体风险水平，需为不同风险的资产设置不同的风险系数，各种资产的风险系数乘以资产数额并加总，便得到风险加权资产。

风险加权资产 = 资产负债表内资产 × 风险加权系数 + 资产负债表外资产 × 风险加权系数。

对风险资产价值的估计应考虑估值折让。已经成为不良的信贷资产应用账面原值 + 应计利息 - 贷款拨备。

2. 一级资本充足率计算：风险资产价值/一级资本

一级资本又叫核心资本和产权资本，包括权益资本和公开储备，它是资本的构成部分。一级资本是资本中最稳定、质量最高的部分，可以长期吸收企业在经营管理过程中所产生的各种损失。

小额贷款公司的一级资本具体构成如下：

（1）实收资本。指投资者按照章程或合同、协议的约定，实际投入小额信贷的资本。

（2）资本公积。包括资本溢价和其他资本公积。

（3）盈余公积。包括法定盈余公积和任意盈余公积。

（4）未分配利润。指小额贷款公司以前年度实现的未分配利润或未弥补亏损。

（5）少数股权。指在合并报表时包括在核心资本中的非全资子公司中的少数股权，即子公司净经营成果和净资产中不以任何直接或间接方式归属于母公司的部分。

由于小额贷款公司的一级资本来自于股东投资和经营积累，不涉及对社会资金的吸取，其一级资本消耗基本上不会对社会产生太多的负面影响。因此，在一级资本范围的放贷应该充分体现市场化和自主经营的原则。

3. 综合资本充足率计算：风险资产价值/一级资本与二级资本之和

一级资本以外的二级资本也能在一定程度上发挥吸收损失、抵御风险的作用。包括损失准备金、有期债务、混合资本工具和次级长期债券等。次级债券计入二级资本的条件是不超过一级资本的50%。次级长期债券兼有债务和股权的特征，可用来补充资本金。二级资本又有分为高档二级和低档二级的：高档二级包括一般准备金、累积优先股和重估储备，低档二级包括次级债券和定期、可累积优先股等。

这里和银行业对比一下。《商业银行资本充足率管理办法》规定，商业银行的二级资本不得超过核心资本的100%。多年以来，我国商业银行二级资本在资本总额中所占比例极低，资本结构中核心资本所占比重较大，国有商业银行甚至超过90%，上市银行一般也在70%左右。二级资本在商业银行资本中所占的比重远没有达到50%的监管限制。

如果政策规定小额贷款公司可使用的对外融资规模为注册资本的50%，那么在小额贷款公司，二级资本充足率是一级资本充足率的66%。

（二）经营效能综合评价体系

从参照银行资本管理的角度来说，可以建立一套综合的体系来衡量企业审慎经营的长期发展质量。对小额贷款公司来说，包含以下几个方面。

1. 可持续财务素质

对金融行业来说，可持续发展能力是企业评判的首要任务。所以，财务指标应该直观反映长期风险承担能力。盈利能力首先需反映股东下达的目标回报的合理程度，其次需反映企业持续期间的盈利能力，长期缺乏盈利能力的企业本身就存在生存问题。此外，还需要从风险资产估计和资本的覆盖程度判断未来企业风险暴露的可能性。

可持续财务素质的具体指标构成如表4－1所示。

表4－1 可持续财务素质指标

指标体系	指标项	计算公式或备注
可持续财务素质	净资本回报目标	股东下达的回报目标，5%—10%为正常区间
	3年平均净资产收益率	反映企业连续时间段内盈利情况
	营业费用利润率	反映成本控制水平，不含拨备，含人工、房租、办公各项开支
	一级资本充足率	反映承担风险的终极能力
	综合资本充足率	反映承担风险的终极能力

2. 审慎经营能力

审慎经营能力指标主要包括：多元化客户拓展能力，企业管理不断增长的客户规模的能力，连续期间的逾期贷款的防控实际效果，客户的行业分散程度，拨备计提的及时性。上述指标均需放置在1年以上的观察窗口来分析，并与同行先进企业对标。

具体指标构成如表4－2所示。

表4－2 审慎经营能力综合指标

指标体系	指标项	计算公式或备注
审慎经营能力	信贷人员人均管理贷款数	反映客户管理能力，不同业务模式下不同，人均管理数过低反映生产能力不足，人均管理数过高反映贷后管理风险
	贷款周转率	年均贷款发放规模/年均贷款余额，反映贷款回收质量，不同业务模式下周转率不同，正常情况户均余额越小，周转率越低

续表

指标体系	指标项	计算公式或备注
审慎经营能力	近两年贷款逾期率	近两年新增逾期贷款/近两年贷款发生额，不含贷款展期和借新还旧，逾期贷款口径为30天以上逾期，综合反映持续时期的风险暴露
	贷款行业集中度	前十大客户贷款余额占贷款余额的比重，反映行业覆盖的分散程度，具有关联关系的客户应合并为一户
	平均单笔额度	年度贷款发生额/年度贷款发生户数
	服务广度	客户余额占比低于20%的行业个数/客户户均余额，反映小额分散的实际水平，行业数越多，户均余额越少，风险分散能力越强
	小微客户余额占比	单笔100万元以下的余额/贷款余额
	损失准备金率	逾期贷款准备金余额/30天以上逾期贷款余额，反映拨备活动的及时性

3. 审慎内部控制管理

审慎内部控制管理指标体系包括：内部控制要求通过信息化手段在全流程实现覆盖的程度；制度、流程执行的实际效果；对内部控制监督抽查体系实际抽查结果的分析；对员工进行绩效考核的覆盖率，考核结果是否与薪酬紧密挂钩；公司治理结构中权力制衡体系的建立；薪酬、考核、战略等专业委员会建立情况。

具体指标构成如表4－3所示。

表4－3　审慎内部控制管理综合指标

指标体系	指标项	计算公式或备注
审慎内部控制管理	业务信息化率	信息化流程处理的信贷笔数/年度业务总笔数，分为业务申请流程信息化率、信贷审批流程信息化率、贷后管理信息化率，不包含办公自动化（OA）功能
	制度流程执行率	内部审计抽查符合制度流程规范的业务笔数/内部审计中抽查业务笔数总额，反映内部合规性落实质量
	绩效考核与激励覆盖率	实施KPI绩效指标考核的员工数/员工总数，以季度考核作为目标对象，考核结果与绩效奖金分配的相关系数
	公司治理结构	是否建立独立运行的董事会、股东会，需董事会决策事项是否按章程落实，是否建立独立的内部审计、廉洁纪律管理机构，是否独立设立岗位，战略、薪酬考核等重要决策是否由董事会或独立的委员会决定

4. 审慎专项能力

审慎专项能力是反映企业适应未来金融行业发展所需的制度和技术储备情况，包括杠杆经营模式下信贷发放能力，与之相应的金融科技储备（包括移动互联网服务能力、供应链金融服务能力），风险控制中使用人工智能（AI）和大数据综合利用的能力，客户数量激增后催收的实际能力。

具体指标构成如表4－4所示。

表 4－4　审慎专项能力综合指标

指标体系	指标项	计算公式或备注
审慎专项能力	杠杆经营能力	贷款发放余额/投入资本总额，反映自有资本使用＋负债使用能力，核心在于发放
	互联网＋能力	通过互联网受理和发放的信贷余额/年度贷款平均余额，包含互联网产业有关的信贷余额，反映新经济业务的渗透率
	供应链服务能力	通过供应链金融产品或通过产业链上下游协同风险控制发放的余额/年度贷款平均余额
	催收能力	30 天以上逾期贷款的收回所花费平均期限/30 天以上逾期贷款平均逾期后期限，包括自主催收和委外
	风险控制信息化	包括不同产品评分卡设定率、尽调报告数据化比率、贷后管理数据化率
	业务综合效率	同类贷款单笔平均处理期限/同类贷款行业平均处理期限，包括从客户提交申请到发放全部时间，3 万元以下、3 万—20 万元、20 万—100 万元、100 万元以上的贷款平均时间有差别，金额越小应该越短

5. 社会责任承担

具体指标构成如表 4－5 所示。

表4－5　社会责任承担综合指标

指标体系	指标项	计算公式或备注
社会责任	客户投诉率	年度客户投诉件数/年度贷款发放户数
	员工劳动合同比例	员工劳动合同签署人数/员工总人数
	业务培训及竞赛	人均年度参加内外部培训学时数，人均年度参加业务竞赛次数
	服务网点数	含实体网点、网络虚拟网点、渠道服务点，反映业务市场化渗透程度
	客户信用教育率	客户信用教育发送户数/年度客户服务总数，信用教育是贷款发放前最后的风险控制环节
	慈善活动	年度参加的社会慈善活动服务人数/年度平均员工总人数，包括公益捐赠、扶贫、志愿者等活动

第五章　业务流程及管控

导　言

业务流程管控的目标是提高效率和控制操作风险。传统的小额贷款业务流程脱胎于银行和担保公司，建立于职能式的部门划分基础之上：信贷部门管业务，风险控制部门管风险，信贷业务流程从营销到调查、签约、放款、贷后管理主要是由信贷部门完成，风险控制部门的工作方式以审查和管控为主。一旦转型发展小微业务，客户数量激增后，因信贷部门无法胜任众多繁杂的事务，业务流程改造便成为转型发展的必经路径，其显著特点是强调精细化分工，解决效率和安全问题。业务流程再造需要体现自动化系统、全面风险控制发展要求。

第一节　小额信贷对业务流程的要求

一个完整的信贷业务通常需要依次经过以下步骤：产品开发、业务营销、客户申请、客户调查、资料初审、评估和征信查询、信贷评审、合同准备、合同签署、放款手续、贷后回访、提醒还款、逾期催收、还款完毕、解除抵押、归档等。从商业实践来看，上述业务流程的组织和实施，根据不同的方式大致分为两种：一种是传统的职能式流程，另一种是信贷工厂式的流水线业务流程。

一、传统的职能式业务流程

该流程建立在职能式部门分工下，公司部门构成主要包括信贷业务部门、风险管理部门、财务部门、行政部门等（参见图5-1）。

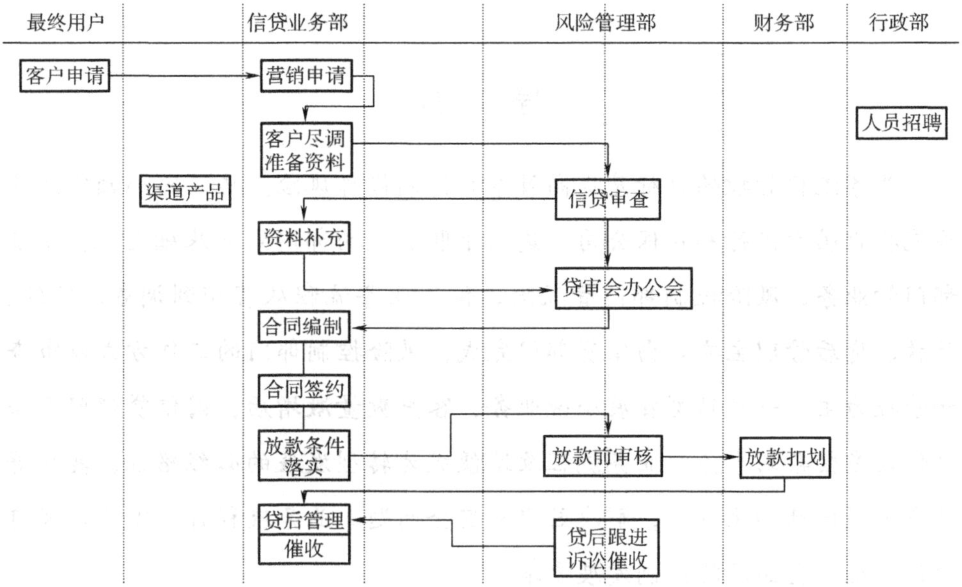

图5-1 职能式业务流程

信贷业务部门在公司业务管理系统中处于核心地位，部门人数占到公司近1/2，在业务发展中起着主导作用。通常不仅承担业务营销、渠道开发，还会承担尽职调查、合同草拟和签署功能，放款手续办理、抵押办理、贷后管理和催收等功能。

风险管理部门起的作用相对是非主导性的、配合性的。其主要作用包括信贷审查、业务统计、催收管理。风险管理部门履行自身职能的方式，更多的是管理性而非操作性的。比如，在贷款审批分工中，风险管理部门不再进行实勘，尽职调查报告由业务部门采用A、B角调查相互监督，风险管理部门主要对尽职调查本身的程序性、逻辑性、有效性进行判别，如果对尽职调查报告有疑义，需要补充某些证据或信息，也是退回信贷业务部门去完成。因此，风险管理部门的职责以“核”为主，风险管理部门不与客户发生任何交往或见面。

这样的流程设计，在面对大型企业客户，平时客户数量较少时，非常有效率的。但是它违背了管理上的部分原则。比如，客户营销人员通常站在客户利益的立场上看问题，具有业绩的冲动，在这种情况下，是否适合将贷后管理、合同编制、签署这类事务也集中到业务部门？这导致无法实现不相容岗位相分离。如果发生业务部门能影响盖公章，是否会发生未经授权而与客户签订合同的问题呢？根据观察，传统的职能式流程并不适于小额信贷业务的运营，对小额贷款公司来说，业务营销和贷后管理才是信贷业务部门的核心业务，如果卷入日常事务较多，不仅分散精力，而且无法控制更多风险。

二、信贷工厂式业务流程

信贷工厂式业务流程又称流水线业务流程，主要适用于客户类型相似，业务处理标准化，处理效率要求高，强调前后交叉验证，不相容岗位相分离的情况。在信贷工厂式业务流程中，一个标准的信贷业务，其每一个环节都会由明确的岗位来承担，上下环节之间有交叉验证，不相容岗位要分离，而且实现扁平化，实现平行沟通快速决策、风险控制功能分散到各环节。每一个环节的业务操作都会有明确、详细的作业标准或行为指南，员工按标准化流程操作。

信贷工厂式业务流程分工比较细，专业化分工，一般会设置市场渠道部、业务部、运营客户服务部、审批部、贷后管理部、财务部、内审部、培训部等。在传统的流程中，部门中岗位划分较粗，差异比较小，不同岗位员工可能做的是相同的工作。在信贷工厂式业务流程中，每一个岗位都是业务流水线中的一个环节，功能不一样，只需要按明确的标准和专注导向完成特定的任务，就算履行了自身的责任。前后环节和前后部门之间是一种上下游用户关系。具体特点如下：

第一，业务部门职能剥离，主要精力集中。业务部门的主业是产品设计、营销和贷后回访，与此无关的职责可以由专门的岗位或部门承担。比如，产品设计和渠道开发部门可以独立；为了避免一个部门将大部分业务动作完全包办，形成相互制约，可以将合同编制、签署、贷后催收、还款提醒等功能从业务部门中剥离出来，由运营部或客户服务部承担。

第二，风险控制部职能分解为审批和贷后管理。审批部门的职能不单单是管理信贷审批，还要直接与业务部门共同成为风险过滤流程的环节。比如，审批部门的工作手段包括：对业务部门收集的客户信息、资料真实性进行交叉验证，对上下游和社群口碑进行实勘，验证财务报表，行业情报和大数据收集和分析。贷后管理部门的独立设立具有重要的意义。此前业务部门直接分出精力在贷后管理。贷后管理独立后，只要出现逾期15天以上，逾期催收工作就专项移交给了贷后管理部门。贷后管理部门还需要负责资产负债结构管理、产品结构管理、客户结构管理，以及逾期客户的数据挖掘，或评分卡的研制。这些工作由独立部门专营、体现专业化优势和精细化分工，必将大大提高效率。

第三，业务流程监控机制独立出现。在信贷工厂式业务流程模式下（参见图5-2及表5-1），由于分工更细，部门内部和外部均存在分工和上下游关系。如何强化前后环节的效率和安全？这在实践中存在两种解决趋势：

（1）建立业务流程信息系统。信贷工厂式业务流程对业务流程系统的依赖性远远超过传统模式。业务流程信息系统不再只是记录业务办理过程，而是真正成为业务办理的核心线索；按系统提示的流程来办理，不符合流程条件的，系统控制无法进入下一环节。

通过业务系统，可以把流程相互验证和控制性复核的要求贯彻到具体生产中。比如，每个员工都有自己的用户识别（ID）号，能访问什么系统功能，不能访问什么系统功能，都在系统中予以设定。要修改客户的信息，需要两级的复核，不能由管理员单独进行修改。

（2）内审监控部门的平行化工作。在业务流水线过程中，由于业务量大，作业标准较多，尽管使用了信息系统，仍存在大量需要各级员工自由裁量或判断的地方，如何监督是否按公司的标准在执行，同时又要提高业务效率？实践中，兼顾二者的办法是，将业务每一步骤有关信息同时抄送相关经办部门和内审部门，内审部门在第一时间平行接收到业务办理的情况，从而同步发挥监督作用；如果出现问题，内审部门可以独立发起对业务的暂时中断。

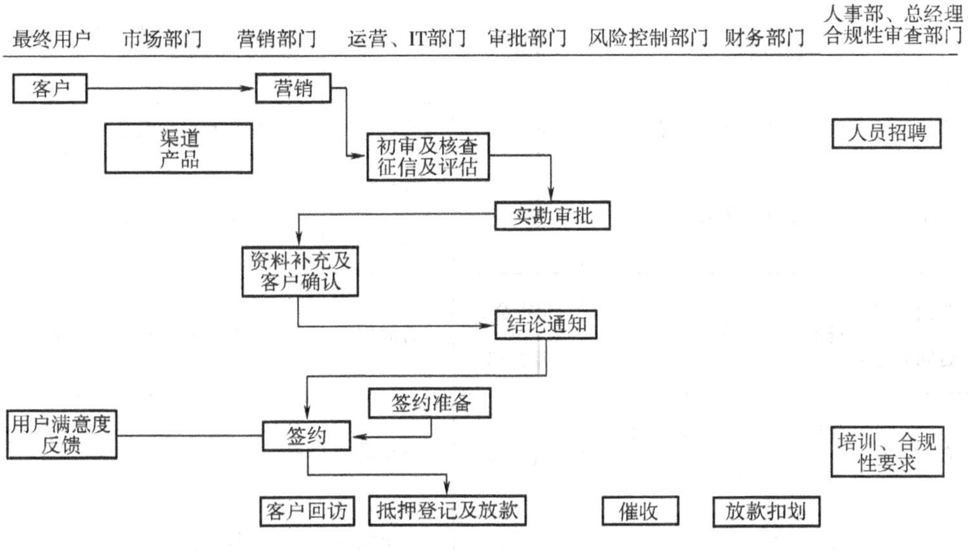

图5-2　信贷工厂式业务流程结构

表 5-1　典型的信贷工厂式业务流程分解

流程环节	前置条件	上游岗位	下游岗位	职责内容
市场调查		渠道岗	产品设计、营销	环境调查、客群调查
产品设计	完成市场调查	市场渠道岗	客户营销岗	产品设计，流程设计
客户营销	完成产品设计、渠道开发	渠道岗	客户营销岗	客户结交，需求受理
资料收集	客户提出需求	营销岗	客户营销岗	客户资料收集，客户调查
系统录入	符合准入条件资料收集完毕，调查完成	营销岗	初审岗	客户数据录入，资料电子化
资料初审	客户资料已录入和电子化	营销岗	初审岗	资料完整性和表面/真实性验证
评估征信	客户资料已录入和电子化，客户资料真实	营销岗	审批岗	办理评估和征信查询
分级审批	客户已初审过滤	初审岗	营销岗	反欺诈，实勘，额度计算、客户审批意见
客户意见	已出具初步审批意见	审批岗	审批岗	沟通客户和审批意见
审批确认	客户意见已沟通	营销岗	贷审会、合同岗	出具审批意见，请求公司决策
合同预约合同编写	贷审会已决策	贷审会、审批岗	合同岗	和客户预约签约时间和条件
合同签署	合同已填写，签约条件落实	合同岗	合规岗	签约
放款手续	合同已签署	营销岗	放款审核岗	办理抵押登记
放款审核	放款手续已办理	放款手续岗	财务岗	核实放款手续是否落实
贷后走访	已放款	营销岗	贷后岗	贷后管理，留痕
还款提醒	已放款	贷后岗	营销岗	联系客户通知还款
分级催收	已通知客户，逾期	贷后岗	贷后岗	分级催收

第二节　小额信贷流程评判标准

对比上述两种业务流程模式，信贷工厂式业务流程模式比较适合于小额信贷业务。在进入小额信贷业务以前，对效率和安全的要求可以通过作业时间来缓解。但是在小额信贷业务模式下，对效率的要求将提升到全新的高度。比如，以前一笔业务需要4天完成，一个月只有20笔业务，如果“产能”需要增加到每天处理10笔的能力，一个月处理300笔的能力，如果每个客户经理管理的客户数在以前每年30户，但是转变为小额信贷业务后人均管理的客户达到100户，如果每年还要再新增20%，在这种压力下，我们的员工“生产”能力、体系的风险控制能力是否可以相应提升呢？

要判断一家公司的业务流程是否适合小额信贷发展的内在规律，应该从哪些方面来评判？我们对小额信贷的业务流程提出新的评判标准，其核心是围绕更高层面的“效率和安全”来展开。

一、是否按业务流程设置部门和岗位

做出这项判断最关键的是看业务部门是否承担了大部分的工作任务。比如，合同编制、签署、放款手续的办理、贷后催收和预警这些不相容岗位是否由其他部门来承担，有没有专门的部门负责客户信息和资料的真实性的验证。如果这些工作仍然由业务部门来完成，就有可能存在运动员与裁判员两种身份系于一身的问题。一旦解决这个问题，对效率和信贷安全的贡献是显著的。

二、相邻环节间是否已明确服务标准

如果把相邻环节下游的岗位视为用户和市场，那么寻求用户的满足应该作为上游岗位的工作标准。具体来说，就是相邻环节间的服务应该有明确的标准。

比如，审批和初审这两个相邻环节，审批针对的是初审的下游。为了审批能顺利、有效进行，首先要求初审对资料的完整性负责，如果资料不完整导致审批的延缓，责任应由初审来负责。反过来说，审批环节需提前告知初审环节需要的资料清单，以及当某种清单不具备有效性时，是否可以用其他具体的事项来替代。这就是上下环节要有明确的服务标准。

服务标准除了规定服务条件和内容外，还需要注意服务时效要求。比如，设审批最大的延后时间不得超过 3 天。又如，审批环节的下游是说服客户接受审批意见。需要审批环节明确提出贷款额度、利率适用、贷款期限、抵押物等意见。如果需要客户补充资料，最好应明确资料可接受的形式，且在一开始就需要明言。如果出现反复让客户补充资料，而贷款决定又迟迟不能拿出，这就是审批对下游环节服务标准不明确的问题。

三、信息沟通是否扁平、平行分享

理想状态下，业务流程系统产生的信息应能同一时间传送给相关的各岗位，便于系统相关环节及时做出反应。信息在一层一层向下、向周边传递的过程中，不仅会出现效率问题，还难免发生信息丢失；解决的办法是实现信息流，平行分享。

比如，对客户申请的审批意见出来后，附加了放款条件，要求落实后才能签约。如果在传统流程中，这个信息可能只传送到业务部门，合同部门不一定能收到。如果业务部门和客户商谈后，客户接受审批的额度，在传统流程中，可能需要传送给审批部门，再由审批部门传送给合同部门。为了提高效率，可以把审批意见平行同步传送给业务部门和合同部门，合同部门也可以同时启动合同编制的准备；业务部门和客户沟通结束后，将客户接受贷款安排的信息同步传送给合同部门，在审批部门做出调整同时，合同也可以尽快达到签约状态。

四、风险控制部门与业务部门是否协同进行尽职调查

业务流程的设计需要关注风险控制部门在风险控制中以哪种方式来工作，如何与业务部门的尽职调查发挥协同效应？

实践中看，可能出现业务部门不做尽职调查，尽职调查的工作全部由风险控制部门来承担，这样做的后果是业务部门不关注风险，增加了风险控制部门过滤客户的工作量，也会导致部门间的矛盾。

如果业务部门进行尽职调查，是否风险控制部门就不需要调查了？在流程化系统中，可以运用负荷均衡的原则，让业务部门的尽职调查主要集中于客户信息本身的收集，但不强求获得客户多维度信息的全部，风险控制部门负责去证实关键信息。如何证实？可以通过向第三方收集信息，可以进行抽查式实地复核；为了防范客户提供欺诈信息，或用第三方信息或情报来验证。

总之，风险控制需要通过流程的设计，减轻业务部门的工作压力，同时风险控制部门也要把自身信息和情报收集能力在合理范围内发挥出来，实现效率与安全平衡。

五、关键岗位是否有冗余备份

为了确保业务流水线的稳定性，如果一个岗位出现缺员，为了不影响系统的运行，在平时应注意岗位间的互换，每个岗位的人员都可以学习兼任另一个岗位的工作，实现相互间“备份”。这样就不会出现一岗缺员，其余岗位无法工作的问题。

六、信息化系统建设是否发挥作用

是否具有业务流程信息系统，是信贷业务流程是否现代化的标志。信息化系统与业务实施之间结合的程度决定了业务流程的效率。我们曾经发现，

有些公司的业务流程系统只是将手工完成的业务重新再记录到电脑中，系统只是起到笔记本的作用，没有发挥出应有的行动留痕、数据大集中的作用。真正的业务系统应该使员工在其中建立与信息化系统良好的互动工作方式。

七、流程间是否相互交叉验证

各部门和全部业务环节间形成相互制约是内部控制的基本要求。通过流程的安排，可以实现上下环节间跨岗位、跨部门的复核和验证，提高业务办理的安全性。例如，业务部门如果负责合同流程，是否将合同编制和复核签署、放款手续审核等三个流程分到不同的岗位？如果没有交叉分离，很可能出现合同错误，没有落实贷审会的放款条件。在传统信贷业务流程中，业务部门负责信贷尽职调查，审批部门只是基于调查报告分析其中的风险；对于调查中是否还有重要信息未能收集和反应是无法验证的。如果在业务部门之外，再设置电话核实岗位，与尽职调查收集的信息形成交叉验证，可以提高风险控制体系的完整性和准确性。

第三节　业务流程管理的标准化

小额信贷业务流程注重“效率和安全”，其主要特征在于“标准化、专注、信息化、流程验证、平行共享信息”。其中“标准化”处于首要位置，因为专注、信息化、流程验证、平行共享等主要特征都要借助政策和业务操作的标准化来实现。

标准化主要体现在哪些方面呢？

一、申请资料的标准化

申请资料的标准化不仅包括所需要收集的客户文件种类是明确的，还要求文件的具体形式也是明确的；不仅要求客户提供的资料是明确的，还要求小额贷款公司内部的管理表单也是明确的。以个人名义申请和以企业名义申请，所需资料有差别。到底采用哪些类别的资料更合适，需要根据市场需要，还有风险控制的经验和数据最终优化确定。

（一）个人贷款需要收集的资料

（1）身份证明资料。可以接受的形式包括借款人身份证复印件或有效期内临时身份证复印件。

（2）工作证明。工薪阶层需要工作证或劳动合同，非工薪阶层需提供自办企业营业执照正、副本复印件。

（3）收入证明。通过银行代发工资的员工需提供工资卡，或单位发放的密封函工资单，或社保缴纳证明；以现金方式发放工资的工薪阶层需提供企业发放工资的薪资表。非薪资阶层需提供有效结算账户的银行流水，或进销货单，或缴税税单、出租合同、收款依据等。

（4）居住证明。借款人本人或配偶自有住房，可接受提供的房产证，或购房合同，或按揭合同；租赁住房需提供租房合同，或连续水、电费缴费单。

（5）征信情况。人民银行征信报告。

（6）提供抵押品的，需提供房产证、国土证复印件。机器设备抵押需提供机器设备购买发票、机器设备型号、机器设备评估价值。车辆抵押需提供车辆登记证、行驶证。

在确定个人客户申请资料清单时，是否种类越多越好，或者越少越好？比如，是否需要户口本？这应根据审批能够得出合理结论的需要来设计，如果该项资料对风险控制的效用较小，而且公司也很难分辨该项资料的真伪，那么不收集该项资料也无不可。

（二）企业贷款至少需要收集的资料

（1）身份证明。企业营业执照复印件、法定代表人身份证复印件、公司章程。

（2）收入证明。银行对账单、进销货单、流水账本或账户流水。

（3）经营稳定性证明。自有经营场所需提供购买合同，或房产证，或按揭合同；其他能证明经营历史或经营地址稳定性的资料。

（4）征信情况。人民银行征信报告。

（5）抵押品需提供房产证、国土证复印件。机器设备抵押需提供机器设备购买发票、机器设备型号、机器设备评估价值。车辆抵押需提供车辆登记证、行驶证。

在确定企业客户申请资料清单时，是否资料种类越多越好，或者越少越好？这应根据审批能够得出合理结论的需要来设计。资料的取得不一定需要客户准备好再提供，能够通过现场拍照取证、信息交叉验证以及第三方数据信息的读取来解决的，可以尽量通过客户以外的渠道来解决。

人们经常会问是否需要企业的财务报表。从一般意义上来看，小微信贷客户没有健全的财务体制，财务报表并不能真实反映资产价值和负债实际情况，因此，财务报表的效用比较小，反而是银行现金流比较直接、有用。但是流水反映的企业全貌有限，到底客户有多大的再融资能力？多少资产具有变现能力？可以借鉴国内已引进的德国小微信贷技术来分析，比如，IPC 等公司主要采用重构小微信贷企业的财务报表、现金流量表这一方式来反映企业的全貌。当然，它的技术难度较大，客户经理实施起来较为烦琐，不仅需要进行资产清偿重构，而且需要经过复杂的交叉验证，然后才能确定客户反映的信息是否能够正确地重建资产负债表。

在大数据金融时代，客户信息的收集正在摆脱单纯依靠资料的状况，采用现场电子采集，采用第三方大数据查询已经进入发展视野。

二、客户资料鉴定方式的标准化

流程的标准化包括对客户资料鉴定方式的标准化。客户资料鉴定包括资料完整性和真实性的鉴定。

（1）资料完整性的鉴定。主要包括各项复印件与原件核对是否一致。重要的控制点，除了资料的数量、品种是否和标准化的清单一致，还包括实质性一致。比如，提供的银行对账单均需可查看到账户名称，且账户名称需与借款人或共同借款人一致。又比如，证明客户经营能力、居住情况的合同需能查看住户姓名、地址、期限与客户提供的信息是否一致。

（2）资料真实性的鉴定。资料的真实性是更高质量的要求，它通常与反欺诈流程相衔接。常见的真实性包括：身份资料的真实性，是否与实际借款人一致；借款人实际居住情况、经营地址是否与资料一致；收入证明资料是否真实反映客户情况。真实性的鉴定涉及一些标准化的动作，如现场实勘、突击性检查、上下游的交叉验证等。这一点除了需要公司对经办人员的监督激励机制外，更多的是依靠经办人员的经验。

三、客户准入条件初步过滤的标准化

在信贷流程中，客户的准入条件筛选通常称为初审，它既可以由业务部门完成，也可以由风险控制部门完成。通常公司应该颁布明确的客户准入的黑名单，或者是客户准入的白名单。名单通常需要包括以下要素：

（1）身份资格。包括客户的年龄范围、经营时间要求、性别或户籍范围等等。

（2）工作资格。通常包括工作年限或本行业经营年限。

（3）收入资格。包括个人每月最低收入标准、企业每月最低利润标准、客户的资产负债率上限、收入负债率上限。

（4）居住资格。包括客户是否需要拥有自有房产，或者是否需要拥有自己的商业店铺，客户居住或经营的范围是否在小额贷款公司执照许可范围内，客户在本地实际连续居住的最少年限。

（5）征信资格。包括人民银行征信报告反映的最高的逾期记录次数，还包括是否有不良贷款，是否有当前逾期。

（6）抵押条件。包括抵押物所处的地域范围，抵押物的年限、抵押率；抵押物的性质，比如商业用房还是工业厂房。

上述客户的准入条件，并没有放之四海皆准的标准，往往需要根据小额贷款公司风险控制体系的有效性进行微调。比如，个人客户年龄是否可以超过60岁，最低是否低于20岁，不同公司的目标客户不同，风险控制手段不同，准入的标准也不同。业内通常的做法是，先将范围尽可能设置宽泛些，根据客户过滤和风险控制情况，再陆续调整优化。

四、客户尽职调查和核查的标准化

尽职调查和对客户的核查能力不仅反映在风险的发现上，而且反映在效率上。尽职调查和核查的重要性在整个业务流程中不言而喻。调查、核查标准化的功能不仅是为了节省调查人员的时间，而且更是为了集中精力于关键风险点上，以便为调查报告的阅读者提供更为有用的信息。

尽职调查一般分为电话调查和实地调查两种，实施的时间和方便程度不一样，由不同部门分工实施。

（一）电话调查

1. 个人贷款电话调查的核心和标准是什么？

（1）对借款人借款意愿的调查，是否本人亲自申请。

（2）相关关系人是否知晓贷款，是否愿意承担担保责任。

（3）是否清楚申请的产品、利率、贷款用途、还款额、还款日期等。

（4）借款人实际工作单位。

（5）借款人居住情况。

（6）借款人能够承担的最大意愿还款额。

（7）借款人所在单位的相关同事。

（8）借款人对自身收入实际情况的了解。

（9）借款人对自身经营实际情况的了解。

（10）借款人邻居的联系方式。

2. 企业贷款电话调查的核心和标准是什么？

（1）借款人贷款意愿调查，是否企业亲自申请。

（2）相关关系人是否知晓贷款，是否愿意承担担保责任。

（3）是否清楚申请的产品、利率、贷款用途。

（4）借款人单位实际名称。

（5）借款人经营范围。

（6）借款人在本行业从业或经营的历史和时间。

（7）借款人能够承担的最大意愿还款额。

（8）借款人单位的相关员工。

（9）借款人对自身负债情况的了解。

（10）借款人对自身经营实际情况的了解。

（11）借款人上下游的联系方式。

（12）与上下游的合作时间、合作状况（每年的进、销货额度）、结算方式。

（13）与往年比较，行业的趋势如何。

（二）实地调查

实地调查的主要目标是交叉验证电话核查收集的信息，防范欺诈风险，验证客户所提供的资料和信息是否真实，从而判断是否有欺诈、诚信风险。另外就是把握调查报告所无法反映的软性贷款信息。

1. 个人贷款实地调查的标准和核心是什么？

（1）验证客户实际居住地址。居住地址是否与申请表一致，客户在居住地居住多少年，家庭成员的构成。

（2）客户的生活和消费情况、生活习惯。

（3）客户的消费水平是否与贷款用途相一致。

（4）客户的家庭结构、婚姻稳定情况。

（5）对借款人居住地进行拍照。

（6）客户邻居对客户的实际评价。

2. 企业贷款实地调查的标准和核心是什么？

（1）验证客户真实经营场所，包括经营地址与申请表是否一致、客户是否在所宣称的地方经营、经营时间是否与申明一致。

（2）客户在上下游的口碑。

（3）客户经营的真实性与电话调查是否一致。

（4）验证客户营收能力。

（5）验证客户的存货。

（6）访问客户群落里的临近商家，判断行业的趋势是否一致。

五、审批过程的标准化

审批决定的做出，是建立在相关信息收集齐备和信息真实性验证的基础上。

（一）要做出审批决定，须有哪些标准化的前置条件

需要获取的信息资料和相关工作包括：

（1）电话调查报告和实地调查报告，对照二者是否一致，判断重要疑点能否解释；

（2）客户的征信记录经过核实确属真实；

（3）客户的现金流量分析等证明第一还款来源的资料完整、真实、有效；

（4）判断客户的担保手段，即第二还款来源是否符合要求。

（二）有无适当的方式，将收集的信息转化为具体的贷款决定

这是小额信贷方式区别于传统信贷最大的地方。传统的方式偏重于定性分析，即使有大量的数据，也未能有效综合，建立一个从逻辑上推出可以确定贷款额度的机制。小额贷款实际需要一套将上述四方面信息综合成

具体额度的信息——到底是放贷还是不放贷，用数据说话，以便得到标准化审批结论。

在小额信贷实践中，要获得上述结果，有两大途径：

（1）建立智能评分卡。这是相当复杂和系统的工作，需要依赖数理经济学和统计学等工具，将上述四方面的数据与客户还款逾期的概率进行统计分析，建立一种关联，得出一个标准化结论：什么样的客户信息可以相对安全地承担多大的贷款数额？

（2）标准化排除法。进行标准化的情景临界值分析，比如，征信数据在什么情况下，客户会被拒绝；抵押率在什么情况下，客户会被拒绝；客户的经营历史在什么情况下会被拒绝；客户的实际经营收入能力可以转化为多少还款能力。标准化排除法所需临界值的选择，也是建立于样本统计之上的。

这两种途径虽然是非经验性的，但是也需要在不断运用中去验证和修正，才能保证它的有效性。

需要强调的是，在信贷决策过程中虽然强调标准化，但是并不完全意味着非此即彼的。比如，客户 60 万元的申请被拒绝了，并非代表他不能承受 40 万元的额度。对审批决定的沟通方式也需要标准化，被拒绝并不意味着贷款没有回旋余地。如何回旋？比如降低额度，比如是否可以追加共同借款人或担保人。这是一个非程序化的过程。任何小额信贷都需要灵活性，但是这种灵活决策的做出，需要在一个相对固定的标准化框架内，以使该标准对业务部门来说具有可预见性，否则业务部门与风险控制部门可能陷入旷日持久的争论中。

六、合同及放款过程的标准化

合同及放款过程的标准化是现代小额信贷内部控制体系的基本要求。

首先是合同本身的标准化：标准化的格式、标准化的内容填写方式。

客户的情况千差万别，能否将绝大部分合同条款都标准化，只保留少量的个性化条款？即使个性化条款，也需要公司进行标准化，需要经过律师精心审核，不应该存在由业务人员自行编辑的情况。

其次是合同签署过程的标准化。合同输出尽量由信息系统输出，减少人工填写的概率，防范出错或人为修改。合同签署过程中，还需要对客户进行合同签署的预约，介绍合同条款、签约费用，减少签约环节因出现客户对合同的理解有误而产生的纠纷。

最后，放款手续审核过程是保障信贷风险控制的重要屏障，它不仅需要标准化的程序，如验证客户的真实身份，核对收款账号、还款账号是否正确并与合同一致，还需要有一套明确的办理机制，确保他项权证的领取等过程没有操作风险。

七、贷后管理过程的标准化

贷后管理工作包括：放款后定期提醒客户还款日即将到期，提醒应还款金额和还款最后期限；定期回访客户，提出预警分析报告；出现逾期后，针对客户情况实施多元化的催收策略。

以催收策略为例，标准化的催收策略是帮助催收团队管理庞大客户，提高催收有效性的重要措施。比如，将客户逾期风险分为高、中、低三类，每类的标准是什么？是否与逾期期限挂钩？是否考虑抵押率？当分类明确后，是否对不同风险类型分配不同的催收策略？比如，出现逾期时，24 小时内必须做什么？前 7 天内必须做什么？12 小时坐催适用于哪几类风险？发送律师函在什么阶段？还有，就是标准性的动作，比如，电话催收的频率是什么，一周一次还是一天一次？此外，对催收人员的授权是什么？比如，可否灵活调整还款额度？是否可以宽限几天？这些决定，是否催收员在现场就可以做出？

第四节　业务流程对业务效能的管控

对效率的追求，是业务流程的首要追求。上一节讲到的标准化，是对效率的基本要求。但是仅有标准化还不够，还需要精细化的操作指引，以及前后环节相互配合的激励机制，才能从根本上实现流程的高效、准确。

一、业务流程的精细化指引

颁布了业务流程的标准，流程再造工作是否就完结了？实践表明，答案是否定的。美国的泰罗制企业管理原理在21世纪的金融行业是否过时？绝对不会过时。泰罗制的核心是动作研究，将研究的结果作为标准化动作推荐给计件工人，节省不必要的动作。金融行业精细化管理的实质就是“动作推荐”。

业务流程的标准只是对操作结果的描述。员工的个体差异较大，小微信贷客户的情况也不同于中小型企业。面向市场生存，遇到的问题可能千差万别，所以还需要总结小微业务开展的经验，特别是传承有关公司处理业务流程相关的问题、加快业务办理的经验，以“服务流程指引”（见本章末附录5－1）的方式颁布出来，使更多员工按照经过优化的工作技巧来办理，这样才能从根本上改善流程管理问题。

“服务流程指引”需要包括哪些工作内容呢？其实这与很多公司开展的流程梳理活动有关。按照流程对岗位和岗位功能进行描述，列举该环节的常见服务漏洞、解决漏洞的措施选择、应对客户的有关服务技巧。这项专业服务指引，一旦形成就是一家小额信贷机构的无形资产。

二、业务流程的激励和效能管理

颁布了业务流程标准和精细化动作指引之后，小额信贷的流程管理还是没有结束。因为当部门之间实施不相容功能分离，有了相互制约之后，部门就会产生分歧，可能出现业务部门关注效率和客户感受、风险控制部门在乎风险识别等问题，部门之间的分歧使处理问题的延迟增加，就成为影响市场竞争力的大问题。人们常说的效率和安全的平衡是如何实现的呢？我们认为，业务流程和部门间的激励相容机制是非常重要的催化剂，要形成共同协助的思维，同时又要坚持每个环节独立的立场。这是非常难以平衡的一个矛盾。

经过对国内外企业管理经验和教训的研究，我们认为，需要建立“市场链奖励和责任追诉机制”，明确各环节的改进方向，奖励效率，奖励先进，同时也要鼓励相互扶持和提醒，形成通过互相协助降低业务差错和时间延迟的格局。

（一）流程管理要树立内部市场链观念

市场的本质是交易，为用户负责。各部门将下一环节作为自身用户，签订部门服务承诺协议，按服务标准作业；各部门根据客户感受的责任与贡献，参与奖励和追诉。在市场链观念中，每一环节都是上一环节的用户，客户对专业度的感受影响品牌发展；每一个环节都应有维护客户感受的责任，要通过流程中的相邻环节奖励和追诉机制，贯彻各部门提升服务品质的承诺。例如，风险控制和营销虽是不相容岗位，但也是客户服务的一部分，因此可以模拟市场。流程下游应主动提醒上游补充资料，上游主动为下游提供必要条件，超时有罚，省时有奖。这就是市场链流程激励的原理。

图 5 - 3 是市场链流程优化结构示意图。

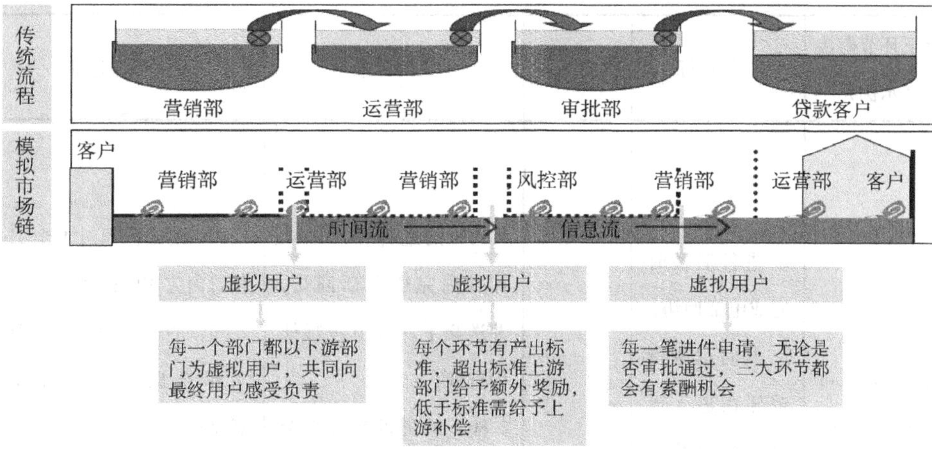

各部门以下一环节作为自身用户，按照《部门服务提升承诺协议》作业，各部门根据客户感受的责任与贡献参与奖励和追诉。

图 5－3　市场链流程优化结构

（二）市场链流程监管的机制

在市场链流程观念的运用中，需要先建立两件东西：一是终端客户满意度反馈表，二是部门间服务提升承诺协议（要求略高于 KPI 考核）。通过终端用户收集对服务的终极感受，通过流程逆向追溯机制，找到责任人和改进点。对责任人有明确的流程奖励和追诉标准，借此鼓励发扬团队精神，主动改进效率和质量。部门服务承诺协议以客户满意度这一目标为终极依据，按照比 KPI 考核更高的标准提升服务品质。市场链监控的实施应借助信息化手段降低运行成本，与业务流程 IT 系统建立紧密联系，特别要注重记录每个环节的效率，它是基础工作，同时也是责任追溯的基础。

一个有效的市场链能否改进效能，与它的奖励机制和责任追溯机制的准确性有关。奖励机制能否发挥作用，需要及时分辨上下环节的责任，需要颁布责任确认和奖励的游戏规则。这里以表 5－2 所示的流程咬合关系实例为例。

表5－2　主要流程之间的咬合关系

上下环节衔接（示例）	工作目标	常见问题	奖励标准	责任追诉标准
完成征信和电话移交审批（审批作为用户，营销作为供应方）	1. 进件后及时完成电话回访； 2. 及时提醒营销部在进入风险控制前补充某些资料； 3. 电话回访中耐心回复客户疑问，实现客户反馈中不再有疑义。		1. 80%的进件在1个工作日内完成电话回访，并送交下一环节进行征信查询； 2. 80%的进件在0.5个工作日提出资料补充意见，并通知销售； 3. 80%的征信在3个工作日内取回； 4. 从进运营部到交送审批部的平均时间下降0.5天。	1. 80%的进件超过1个工作日内完成电话回访； 2. 80%的进件超过0.5个工作日提出资料补充意见； 3. 补充资料或审批意见未能通知销售，延迟1天以上； 4. 80%的征信在3个以上工作日取回； 5. 10%以上客户反馈显示对电话回访态度不满意。
营销资料补充	1. 完成初审后，如营销部接到通知，及时和客户协商补充资料事宜； 2. 承诺在进入审批前补齐的资料需完成。		1. 接到补资料通知后，补充资料的时间平均下降0.5天； 2. 60%的进件在进入审批前完成标准资料的补齐工作。	1. 接到补充资料通知后，补充资料的时间平均未能下降0.5天； 2. 60%的进件未能在进入审批前完成标准资料的补齐工作。

续表

上下环节衔接（示例）	工作目标	常见问题	奖励标准	责任追诉标准
风险控制完成审批并移交业务团队（后者作为用户，风险控制部作为供应方）	1. 收件后及时出具是否补资料的审批意见，并通知营销部； 2. 资料齐全后及时做出终审决定，并通知营销部； 3. 如认为可以在改进后通过，及时将变通措施通知营销部。		1. 60%的进件在资料齐备后1个工作日内完成审批，或90%的进件在2个工作日内完成，并通知营销部； 2. 80%的进件提出资料补充意见，且通知营销部的时间平均下降0.5天； 3. 营销部提出额度调整申请后在0.5日内； 4. 若因营销部未能及时补充资料，或因征信未能在进件1日内获得，导致延迟2天被索赔，则再向上游追索。	1. 因漏检使得10%以上的业务放款3个月内出现逾期； 2. 60%的进件在资料齐备后1个工作日内未完成审批，或未通知营销部； 3. 80%的进件在0.5个工作日以上提出资料补充意见，并通知营销部； 4. 营销部提出额度调整申请后未能在0.5日内回复。

案例分析：

以客户满意度反馈和部门服务提升承诺协议作为奖励和追诉的依据。如果未达到服务标准，按市场链流程逐一向前回溯寻找原因，有失误者承担对上一环节的赔偿责任，超额完成后部门向下一环节寻求奖励。用季度放款额的0.05%作为基金，由三大业务部门在季度全部进件数中分配。未获审批通过的业务，各部门只要完成并达到服务标准也能获得相应奖励。每笔业务根据各流程环节的贡献，确定各部门奖励和追诉的比例。例如：季度放款8 000万元，按0.05%提取基金4万元；进件400笔，每笔业务100元。风险控制部50笔追诉（10%）和350笔正常补偿（30%），最终

分配奖励 $=350\times100\times0.3-50\times100\times0.1=1$ 万元。

（三）客户满意度调查机制的构建

有效的市场链激励机制，其起点在于采集客户对服务的感受和对流程的真实评价。很多公司都建立了客户满意度调查，但是真正有效利用它的不多，大多数都流于形式。

客户满意度调查机制的构建能够帮助企业形成有用的改进机制。如果长期坚持，可以改变市场口碑。一个有效的调查机制，需要充分体现标准化，不仅在调查内容设计上体现标准化、简洁化，在调查方法上也需要充分考虑客户心理学，考虑内部管理中立化的需要。

这里以一个外资小额贷款公司的客户满意度调查机制为例（见图 5－4）。

基础部分：

我们请您提供您的一些基本信息，这很重要，它将有助于我们更准确地进行分析。

贵司名称（　　　　　　　　）　　　　您的姓名（　　）　　　　电话（　　）

A 部分：服务满意度

请您根据对以下项目的满意程度，选择合适的反馈意见，以使我们客观了解该部门真实的服务情况，部分项目的选择相同也没关系。

大项	小项	反馈意见		改进措施（由销售部门填写）
服务效率	快速解答客户咨询提问	[ ] 很满意	[ ] 满意	[ ] 不满意
	及时提示客户申请进展	[ ] 很满意	[ ] 满意	[ ] 不满意
	及时协助客户签约放款	[ ] 很满意	[ ] 满意	[ ] 不满意
服务态度	耐心解答客户所提问题	[ ] 很满意	[ ] 满意	[ ] 不满意
	完整介绍所需申请资料	[ ] 很满意	[ ] 满意	[ ] 不满意
	耐心指导客户资料填写	[ ] 很满意	[ ] 满意	[ ] 不满意
服务能力	询问客户需求、提供方案	[ ] 很满意	[ ] 满意	[ ] 不满意
	及时提醒客户补充资料	[ ] 很满意	[ ] 满意	[ ] 不满意
	准确解释还款方式	[ ] 很满意	[ ] 满意	[ ] 不满意
服务面貌	热情有礼微笑服务	[ ] 很满意	[ ] 满意	[ ] 不满意
	遵守承诺守时守信	[ ] 很满意	[ ] 满意	[ ] 不满意
	未向客户索取额外回报	[ ] 很满意	[ ] 满意	[ ] 不满意

B 部分：改善点指出

根据您对上述服务情况的评价，您认为销售代表需要改进的项目是什么？						
项目		请选择您认为需首要改进的项目				

C 部分：后续需求

您是否要求更换客户经理　[　] 愿意　　[　] 不愿意

您是否愿意接收后续产品推荐　[　] 愿意　　[　] 不愿意　　电子邮件：

您是否愿意推荐亲友，如有请留下联系方式：

图 5－4　客户满意度调查机制

常见的影响客户满意度调查的有效性和可持续性因素主要有以下几点：

（1）最高层领导的重视程度。客户满意度需要有一定的恒心才能推行下去，如果做了两三周，觉得得罪人就放松标准，那就不能真正发挥作用。这一点取决于高层领导的态度是否坚决。

（2）调查表的设计原则。可以设计得很详细，也可以设计得很简洁。无论简洁还是详细，关键是我们的调查对象是否容易理解我们想了解的情况，并且配合我们。一般来说，用封闭式问题，即“是不是”“对不对”“满不满意”比问开放式问题“是什么”“为什么”……更好。所以我们可以把有关的答案列出来，给客户选择。提问的问题越是细节问题要比越是宏观问题好，做选择题比做问答题好。

（3）选择合适的调查人员。调查人员的选择很可能决定调查结果的可用性，最好由与被调查对象没有利益冲突的中立部门派员来实施。

（4）客户满意度调查需注意话术。调查人员需要用话术来引导客户打开心扉，提供对业务改进有价值的信息。通常客户会担心提供真实的不满意信息对贷款会有影响；尤其是要问客户对哪些环节有意见时，客户一般不愿意说出真实感受。这个时候需要运用话术，宽慰客户，保证他会得到公正的待遇。

第五节　业务流程与风险控制体制的协同

小额信贷业务流程管理实际上是全局风险管理体制的一部分。从业务流程来看，可能导致操作风险和经营风险暴露有两种情况。

一、操作风险

常见的与操作风险有关的症状包括：

（1）部门职权不平衡，个别部门权力较为集中，部门间相互制约不充分。比如，风险控制部门权力过于集中，风险控制部门不仅负责客户调查，还负责合同制定、贷后催收；或者内审岗位设置在业务部门或风险控制部门，“裁判员”和“运动员”合体，都属于权力过于集中。

上述情况对应的业务流程管理措施包括：业务流程梳理和再造，重组部门或岗位，调整岗位描述。比如，合同签署部门和决定放款的部门要分离，贷款调查和营销部门应分离，内审部门和业务、审批部门应分离。

（2）客户信息真实性无从下手验证，双人调查相互监督不够充分，信贷决策缺乏佐证信息。常见的风险点如：客户征信报告由客户提供；客户提供的身份证和印章没有审核真伪；客户的收入、流水由客户提供，无人见证在何处打印。客户的调查由一个业务部门完成，无人见证是否现场实勘，了解到的收入信息无人证实。

对应的业务流程管理措施包括：部门流程重组，客户尽职调查职责和客户相关信息现场核实职责分设在不同部门；岗位职能调整，客户经理应该亲自见证客户征信打印和流水打印；修订产品政策、审批流程，增加对客户调查的跨部门实地验证。

（3）贷后管理执行不到位，风险预警效果差，逾期还款处理缺乏手段。特别是没有定期根据贷款到期情况定期走访客户，或者走访后没有留下现场记录，或者虽然留下走访记录却无法从中归纳出对客户的预警信息和需要或可能争取的相关措施，无法形成多样性的催收策略。

针对上述情况，对应的业务流程管理措施包括：重组贷后管理业务流程和岗位设置，明确贷后管理牵头部门、监督岗位，明确贷后管理的关键实施主体，比如到底是在业务部门还是在风控部门，逾期后在什么时间段交由什么岗位来执行，是否逾期后马上移交贷后管理岗位；制定精细化的贷后管理策略，贷后管理加强提醒和事后留痕，比如业务系统上能否自动提示不同风险分类的客户该什么时候去拜访，逾期 7 天内、7—30 天、30—90 天的客户是否需要采取不同的催收策略，是否需要由不同的部门来承担。

（4）业务流程效率低，无法实时反映业务进展和缺陷部位，无法实施提醒。比如业务推进基本上靠手工操作，书面审批，大量消耗纸张，不同部门不清楚对方做到什么程度，什么时候该本部门介入，当前业务还需要客户补充什么资料，是否已补充。

对应的业务流程管理措施包括：建立业务流程管理系统，通过 IT 系统实时反映业务办理的进展查询和通知，实时记录业务完整性所需补充的情况，提醒相关岗位和环节的人员需及时处理的事项。自动分配业务负担和审批负担。

（5）业务人员进件较为随意，审批过程争议较多，业务和审批环节摩擦较大。尤其是审批环节标准化程度不清晰，有较多隐性标准，需发挥审批人员职业判断的环节较多，导致业务人员对客户的筛选无从下手。

针对上述情况，相关措施包括：调整产品政策和风险识别技术政策，在产品识别中明确客户过滤的具体标准以及核实客户标准的技术手段，加强交叉验证、内部廉洁反欺诈的机制建设，建立比较透明的确定审批额度的计算规则，并在业务办理中严格贯彻上述业务标准和规则。

二、经营风险

（1）无法及时发现客户债务状况恶化对还款能力的影响，尤其是无法应对客户突发性还贷能力崩溃。对应的业务流程管理措施包括：对计息方式进行调整，增加按月还本付息的还款方式，增加适应客户现金流规律的还款方式；每月通过扣息，测试客户还贷能力的变化，出现恶化情况及时予以介入、干预。

（2）基层员工无法完成业绩任务，难以掌握小额信贷业务开拓技巧。对应的业务流程管理措施包括：明确公司愿景，完善训练机制，指导职业规划。

三、风险排查

定期举行业务流程风险排查，是监控和降低业务流程操作风险的重要举措，特别是在小额贷款公司设立内审合规岗位的条件下，如何有效地发挥内审合规的作用？可以定期基于客户的相关资料，对在贷客户进行风险排查。坚持长期实施操作风险排查，小额信贷的现代业务流程才可能真正被企业员工接受。

将业务按照流程分为客户申请、初审、审批、合同编写、放款准备、贷后管理等阶段，提炼出常见的风险点，如表5－3所示。

表5－3　操作风险排查清单

客户姓名　　　　　　　　　　　　　　　　合同编号：

产品种类：　　　　　　期限：　　　　　　是否逾期：

环节	风险点	风险情况
客户申请	客户申请是否亲自签字	
	是否有关联客户、集团客户	
	流水是否亲陪打印	
	征信是否由我方提供	

续表

环节	风险点	风险情况
客户初审	客户流水真实性如何核实	
	押品评估是否复核	
	押品房产是否查档	
	股东会手续是否齐全	
	尽职调查是否双人签字	
风险控制审批	是否实勘验证尽职调查信息	
	审批动作清单是否完整执行	
	行业负面清单执行（是否房地产、建筑、制鞋、钢贸、机加、律师）	
	资料真实有效性是否核实	
	贷审会办公会签字是否完整	
合同编写	客户适用利率是否经审核	
	合同时间与审批时间是否倒置	
	合同手写条款是否经审定	
	合同是否附还款计划表	
	合同是否送达客户	
	合同双方签章是否正确	
	合同是否完整和清单一致	
放款前段	抵押办理是否保存回执	
	抵押权证如何验证真伪	
	放款条件审核手续是否齐全	
	抵押品他证原件保管是否完整	
贷后管理	资料是否完整，借阅是否归还	
	是否按制度规定频率贷后回访	
	贷后跟踪是否有记录	
	违约客户是否提前发出预警	
	贷后催收是否有记录	
	逾期处理动作是什么	
	是否按预警制度执行	
	是否有预警和管理记录	

第六节　传统流程向信贷工厂式流程转型的方案

一家以传统信贷为特色的小额贷款公司如果要向信贷工厂式流程转型，应该如何规划自身的转型计划呢？下面以一家传统小额贷款公司转型实践为例。

一、总体思路

以全局化转型思想为指导，按照业务流程建设与全面风险防控机制建设有机结合、协调推进的原则，推进业务流程转型工作。具体手段是“业务流程梳理和再造”，即以岗位、部门权力职责明晰为手段，以业务流程系统开发为“载体”，推进流程优化和制度优化，形成权责清晰、流程规范、运行有效、管控有力、预警及时、涵盖公司各部门各岗位的流程机制。

二、工作内容

（一）业务流程梳理

第一阶段工作是业务流程梳理，以此清理遗留问题，为流程再造和系统优化提供基础。

对原有业务流程进行梳理和风险排查，是一切转型发展的基础。通过梳理和排查才能凝聚人心，形成上下一致的认识。具体梳理和排查方案是，各部门按照现有业务实施情况，绘制流程图，分解部门、岗位的业务流程，解析到具体岗位，要点包括：①职责说明；②工作方式；③责任主体；④制度依据；⑤风险点；⑥风险建议。

所谓业务流程排查，即按照操作风险清单对历史业务办理流程进行排查，以协助发现原有业务流程的改进机会。具体操作中，要对在贷客户资料进行排查，按照排查清单和制度流程规定梳理存在的问题，最后汇总分析共性问题。操作风险排查要涉及每个客户、每个清单。

（二）业务流程优化及再造

根据第一阶段的流程梳理和排查，围绕“业务转型、效能提升、风险控制”原则对业务和管理流程进行优化，拟订流程再造方案及相关制度修订方案；绘制流程图，制订流程优化方案，全面修订合规、有效的业务操作流程，根据新的转型发展思路和环境条件创新设计更加科学、合理的流程；同时，确定与流程改进方案相配套的组织机构、人力资源配置和管理制度。

该项工作的重点包括：按流程化原则重组部门及岗位职能，强化相邻业务环节的交叉验证；根据操作风险排查情况，平衡效率和风险，推进业务流程再造；客户信息资料实现标准化、数据化，资料电子化全程通用，并行推进业务处理。

具体措施包括：

1. 客户申请资料清单化

出于标准化和简化个人判断的需要，可以列明客户申请资料的具体形式，只提供关键的、重要的资料。判断资料是否重要的标准是，是否有利于直接判断分析、与得出结论直接相关，而且，是否比较方便取得。例如，户口本是银行贷款所需的资料，是否小额贷款也需要？这需要结合目标客户的范围来判断。既然非本地户口人士也是小额贷款服务对象，户口信息就不是判断客户准入的必要资料，也不是客户营销大数据分析的必要信息，可以省略对户口的要求。同样的，对判断客户经营真实性需要，是否一定需要营业执照？营业执照和客户经营风险没有必然的关系，小微客户之经营性贷款通常以个人名义申请，反映经营可持续性的因素反而是营业执照以外的东西，比如办公地址租赁期限，水电气连续多月使用情况，收发货的单据；特别是新兴行业，比如互联网交易的商户，更难于提供营业执照。

2. 初审流程清单化

初审的主要目标是核查资料完整性和真实性。在小额信贷中，客户申请资料的欺诈比信贷风险的影响更为直接。初审一方面是为审批下一环节打基础，提高效率，另一方面也是审批前置的重要举措。初审也可以用清单化的方式来实现。比如，业务部门提供的资料，哪些是必须提交的，哪些是候补的，要明确列表，以打钩的方式清点。要列举与判断真实性有关的动作指引或线索，这样初审人员履行初审有关责任时就留下了必要的管理痕迹。

例如，对于流水完整性、真实性的判断，可以提供线索清单：

提供6个月的银行流水［　］

业务人员亲自陪同打印、亲见亲核银行流水［　］

银行流水姓名与客户一致［　］　　流水银行已盖章［　］

银行流水是否贷方、借方、余额不存在计算差异［　］

银行流水纸张是否存在疑点［　］

3. 审批流程清单化

审批流程的主要目的是根据现有资料，确保按照审批政策规定的分析环节逐步推进，确保不遗漏任何的可疑点。在小额信贷中，审批流程需要关注对客户资料信息情报的验证和分析。必要时，通过现场实勘和反欺诈调查，为审批结论的形成提供坚实基础。审批流程也可以用清单化的方式来实现，通过列举与分析判断有关的动作指引或线索，为审批部门人员履行有关责任留下必要的管理痕迹。

例如，出具结论前的工作线索清单（实际操作中根据客户类别，不限于以下）：

已验证客户身份证和申请人一致［　］

客户上下游和居住评价符合要求［　］

已验证不属负面清单［　］　　　　已验证属于正面清单［　］

征信已评估［　］　全国法院执行网已查询［　］　信用网已查询［　］

已计算客户稳定收入［　］元　　　已核定资产负债率［　］%

已核定抵押物抵押率［　］%　　　计算客户额度上限［　］

居住条件符合［　］　信用贷款抵押贷款［　］　保证贷款［　］

行业条件符合［　］　信用贷款抵押贷款［　］　保证贷款［　］

收入条件符合［　］　信用贷款抵押贷款［　］　保证贷款［　］

还款条件符合［　］　信用贷款抵押贷款［　］　保证贷款［　］

审批人签字：

4. 审批条件标准化、具体化

审批条件的具体化和标准化，要求审批条件尽量以定量的方式来设定；即使定性的指标，也尽量用定量的方式来描述。智能评分卡是审批条件标准化和具体化的体现形式，经历比较丰富的小额贷款公司一般会整理历史上发生的成千上万的客户行为数据，找出其中影响信用能力的关键因素，通过数理统计的方式建立分析模型。当这个模型定型后，再将新客户的数据放进去，就能得到新客户的评分范围。根据历史统计资料，比如50—80分的客户属于某一个安全区间，可以给予一定额度；如果低于50分，即予拒绝。人工神经网络技术成熟应用后，模型可以容纳的因素和可靠度已进一步提升。

对不具备评分卡条件的企业来说，审批条件如何标准化和具体化呢？也有简化的实施方式，比如负面清单或正面清单。这里将负面清单举例如下：

（1）禁止性行业：钢材贸易、建筑、军警、公检法、茶楼、KTV、桑拿洗浴、夜总会、按摩、网吧、茶楼、催收公司、皮鞋出口。

（2）限制类行业：律师、传媒、出口、毛皮加工、皮革、烟花、高污染高能耗、制鞋。

（3）收入负债比：不能超过月收入100%以上。

（4）客户年龄：21岁以下或65岁以上。

（5）客户家庭：多次离婚，无固定住所。

（6）客户行为：对自身经营地址及资产情况不了解。

（7）征信情况：存在当前逾期，或有60—90天逾期，或有8次以上历史逾期记录。

如果要更明细一些，可以有更详细的规定。例如，假如规定餐饮行业收入的认定标准，需实勘手工账和上座情况，并与水电气缴费一致性核对；收入确定后，利润率设定不超过15%，收入负债比分别不超过70%、80%，抵押率不超过80%。如果客户是单身，需增加同等条件的担保人。

5. 审批额度计算的表格化

审批额度计算的表格化，是审批标准化和具体化的进一步体现。一切审批结果最终都应该体现在一个确定的额度上或一定的额度范围内。如果仅仅是用定性分析揭示出风险，但是人们还是无法直观地确定该不该贷，该给予多少额度的贷款，这样的分析流程仍然是靠最终决策者的经验和直觉，这样的流程就无法批量复制，也无法授权，不利于小额贷款业务效率的提升。通常，表格化的内容需要包括：

（1）客户收入认定结果；

（2）每月还款能力认定结果；

（3）抵押物评估价值认定结果；

（4）客户当前负债认定结果，过度负债认定结果；

（5）非定量因素评估结果。

这样的额度计算表格还应该清楚地表明该客户适合哪种产品，对应什么利率档次，以及对客户实际还款能力的判断。

第七节 业务流程的信息化、前沿化

建立小额信贷工厂化流程离不开业务流程系统，而建立业务流程系统的核心意义在于提高效率，积累业务大数据，贯彻内部控制要求。随着信息技术和新的工业革命的推进，信息系统的建设正体现了金融业发展的时代脉搏，它会彻底改变手工操作的现实局面，引领风险控制和业务创新的新发展。从目前的趋势看，小额贷款信息系统的建设应该更多地利用社会化信息网络，将其作为前端渠道，与第三方征信数据、交易平台保存的数据和地理信息系统、定位系统、人的行为识别系统留有接口，在后台搭建多样化的计算环境，努力提高收集和处理大数据的能力。

鉴于上述趋势，21 世纪现代化的小额信贷业务流程的信息化改造至少需要注意以下几个关键点。

一、云计算环境的利用

业务系统的开发，建议优先考虑利用目前业已成熟的商业金融云计算平台，比如阿里巴巴金融云。这不仅是为了节省自建服务器平台的费用，满足金融数据库日常安全备份的要求，而且更重要的是，便于与互联网交易平台对接，与互联网商户对接，与第三方信用数据库对接，对公司未来 5 年的发展预留灵活性。云计算本身有利于参与构建社会征信体系，目前国内互联网金融发展的一种模式就是借助供应链、销售链，形成信用共同体，并在这样的信用信息结构基础上，演化出支付结算和资金融通功能。参与金融云计算环境，有助于介入云计算产生的金融变革机会。

此外，通过搭建云平台，为小额贷款员工提供统一的虚拟办公环境，可以实现资源的集中管理，按需分配。比如，远程调查和平行审批的实现，需要借助于云平台；与互联网商户、百货公司供应商开展完全电子化的资金信贷交易，也需要通过云平台介入企业的结算数据。

二、理顺公司内部沟通流程

公司内部沟通流程和习惯，是建立和运用业务流程系统的基础。这是一个打破传统观念的问题：为什么传统企业大量开发了办公信息化（OA）系统，但是业务处理很少通过 OA 处理？实际上，问题在于沟通流程和习惯还停留在以前的方式上。同样，如果要开发出高效的业务流程系统，离不开公司内部沟通流程的重构：是坚持口头沟通、书面签批，还是坚持平行沟通、无纸化签批；每个部门都是管理部门还是流程部门，部门之间是否会为有利于公司战略但不属于本部门职责范围内的事务共同去努力打破常规；是否体现上下游的用户思维，对下一环节负责，这不光是在信息沟通上，还包括跨部门的合作上。

一个彻底、完整的业务流程系统的改造，至少需要包括以下几个功能：

1. 内部沟通系统

这里的内部沟通系统指的是邮件系统扁平化沟通，可以实现平行抄送。

内部沟通至少需要一个邮件系统。在该系统下，客户的资料可以用电子化的方式进行平行传输。客户资料交入公司后，首要的工作就是电子化扫描，作为提交给下一环节的基础，以后各环节均以此作为作业的依据。避免多次复印客户繁多的资料，有助于相关部门同时进入业务流程处理。例如，在先后进入初审、审批时，是否可以将客户资料同步传送给内审合规部门，审批部门提供给业务部门的意见和回复也同步传送给合同环节、内审合规环节，这样做可以大大提高内部办理流程的效率。实现平行抄送，使相关部门第一时间收到资料和信息，可以较原来节省 1/2 的时间。

在信息化时代的信贷工厂流程下，内部沟通系统的重要性还体现在对岗位工作的分配和提醒。比如，在员工的手机移动端安装邮件系统和提醒功能，即使在外面办事，也可以即时查看有关的公司内部安排和客户资料。设置提醒功能，比如当一件客户资料进入审批环节时，可以提出补充客户资料的具体要求，客户经理实时接到通知，可以及时给客户提出补充建议，或征求客户对降低额度的想法。如果通知发出后，经过 24 小时仍未得到客户响应，或者当已将客户意见反馈给审批环节，需要提醒审批环节及时予以处理时，这种邮件系统和提醒功能可以确保对客户申请的总体处理时限限定在合理期间内。有了这样的沟通流程，在客户满意度反馈机制的配合下，可以大大提高综合效率。

2. 内部管理功能

内部管理主要包括计息、审批内部控制、合同生成、放款内部控制、贷后管理、资产组合等功能。在内部管理功能模块中，最首要最基础的功能是计息模块、审批内部控制模块、贷后管理模块。如果要建立业务流程系统，首推先期开发这三个模块。

（1）自动计息模块。其主要功能是自动化管理不同计息日的贷款，在规定时间内加计利息；如果涉及按月还本付息，提出还款付息扣款清单。如果出现逾期；自动计算逾期罚息。

当在贷客户数量超过 500 户时，计息模块的作用会显得格外重要。比如，每月计息 1 次，每个客户年计息扣息 12 次，公司的计算负担会达到 6 000 次；依靠业务系统计息，可以大大降低误差率。当一家小额贷款公司为了提高自身经营的灵活性时，同样的产品可能可以选择的还款方式较多，比如到期还本、按月还本、不定额还本、按日还本、按月还本等，要有效地管理好如此多样的计息方式和结果，就更加需要自动化的计息功能。

（2）审批内部控制模块。其主要功能是落实业务流程。在手工业务模式中，常发现的问题是公司有制度和流程的规定，但实际操作中会跳过，或者因人为的程序导致跳过。通过使用流程管理系统，给每个员工分配独立的操作权限，在上一程序完结前，业务人员不可能发起或操作下一个程序。

比如签约问题，它需要审批结论出具后才签订贷款合同，待附加放款条件达成后才放款。这样的流程系统设计可以和岗位设置相配合，在没有专人审核放款条件是否达成前，可以限制放款的发生。

又例如，不同的员工有不同的权限，通过系统，可以限定不同岗位可以操作的步骤。授权审批5万元的工作人员，如果想审批10万元的，就没有办法实现。内部控制模块还可以随机向审批人员分配审批业务，防范利害关系人接触关联贷款。

（3）贷后管理模块。其主要功能是痕迹管理和自动分配催收策略。由于小微客户数量繁多，客户情况千差万别，如何有效地管理贷后走访和客户逾期催收难题？理想状态下，不同的客户什么时候需要回访，可以定期提醒贷后管理人员；回访后的情况也需要及时记录，系统可以根据回访情况发起预警信号。已经逾期的客户，不同的时间段、不同的情况，应该采用不同的催收策略，比如电话催收、上门坐催、起诉等。在客户总规模较小的情况下，贷后管理靠手工尚可应付，但当客户存量规模达到500户以上时，上述问题的规划和解决就会提上议程。

三、运营数据挖掘

运营数据挖掘的主要功能包括流程效率监控、实时进展查询、客户关系管理系统。它首先体现在对业务实时进展和所用时间、所经历环节的监控，这需要与客户满意度等反馈机制相衔接。任何时候，管理人员都可以看到某笔业务处于哪一个阶段，该阶段还需要完成哪些工序，如果能实时反映这样的状态，可以大大提高业务的效率和措施的针对性。

除了流程监控外，业务系统更大的数据运用在于客户关系管理。客户关系管理早已不仅仅局限于将客户的信息输入系统，便于下一个环节使用。在大数据金融时代，客户关系管理已经渗透到客户购买行为特征、不同产品设计的市场验证、客户未来信贷习惯的转移趋势、影响客户信贷决策的因素、不同市场细分的特点和有效性。典型的客户关系管理的数据挖掘，可以用百度和宝洁公司合作的消费者自画像为例。通过消费者的细分、市场现状分析，洞察关键字背后的客户兴趣点、网络媒体接触点、消费者地域行为差异、品牌认知和客户的信用习惯。我们认为，客户关系管理与数据挖掘的结合，是现代化小额信贷业务系统最具创新潜力的功能模块。

附录 5 –1

小额贷款专业化服务流程指引

表 5 –4　小额贷款专业化服务流程指引

<table>
<tr><th>流程</th><th>工作目标描述</th><th>常见服务漏洞</th><th>解决问题措施指引</th><th>对应问题有关服务技巧</th></tr>
<tr><td rowspan="3">寻找客户</td><td rowspan="3">1. 了解行业需求特点。
2. 把握客户特定需求。
3. 搜寻潜在意愿客户。
4. 扩大市场影响。</td><td rowspan="3">1. 不了解客户经营特点。
2. 不了解行业资金需求特点。
3. 未留意身边偶然机会。
4. 未提醒合作方拒绝可能。
5. 未能引导渠道合理介绍。
6. 不清楚什么客户属于立即拒绝类。</td><td>1. 制订周密的寻找计划，搜集区域内行业信息，明确主攻方向，以便与客户沟通。</td><td>1.1 通过网络、管理方、商家、协会搜集与客户便于交流的信息：市场规模、行业淡旺季、繁忙时间、上下游情况，市场内其他竞争对手、本地商家多少。
1.2 留意身边报刊、通过网络的线索，收索行业信息，把握行业采购旺季信息。</td></tr>
<tr><td>2. 市场部/营销部增加收集行业信息、业务机会的工作，定期出具市场简报，各行业淡旺季，周边有什么展会，有何可以利用的市场机会等。</td><td>2.1 多走访交易市场商会，建立相互信任，寻求业务线索，把握各行业交易淡旺季。
2.2 各交易市场准备一些宣传品如遮阳伞送管理方，设置宣传点。</td></tr>
<tr><td>3. 确定每日需完成的首次联系客户的任务目标，有目的有计划开展每日拜访计划，每日下班前检查计划实施准确性、完整性，对组员营销工作进行总结。</td><td>3.1 制订拜访计划：淡旺季/繁忙时间/线路拟定/每日拜访数量，务必做好拜访计划
3.2 不要轻易放弃潜在客户，如果客户有疑问和异议因记录下来，认真反馈，在例会上探讨寻找解决客户问题的办法。
3.3 潜在客户特征：愿意交流，愿意告诉周边信息，寻找日后信息来源。积极建立朋友关系。</td></tr>
</table>

续表

流程	工作目标描述	常见服务漏洞	解决问题措施指引	对应问题有关服务技巧
寻找客户	1. 了解行业需求特点。 2. 把握客户特定需求。 3. 搜寻潜在意愿客户。 4. 扩大市场影响。	1. 不了解客户经营特点。 2. 不了解行业资金需求特点。 3. 未留意身边偶然机会。 4. 未提醒合作方拒绝可能。 5. 未能引导渠道合理介绍。 6. 不清楚什么客户属于可以立即拒绝。	4. 积极首次联系客户作为展业的基本手段，早期过滤不合格客户。潜在意向客户及时填入 CRMS。	4.1 树立积极自信的心态，对首次联系客户有正确的定位，不是打骚扰电话，是来帮客户，不是推销，是为客户排忧解难，是认识朋友。 4.2 目标客户特征：态度、人品、能力、财产。 4.3 识别可拒绝客户的线索，会被拒绝的审批条件（评估/征信/收入）。
			5. 每周回访现有渠道，了解渠道的反馈，及时发现问题予以解决。	加强与渠道的沟通深度，使渠道了解符合我司条件的客户要求，制作合作方向的书面资料，提炼我们的卖点，清晰提示合作结合点。
拜访客户	1. 打消客户疑虑抵制。 2. 确定拜访客户时间。 3. 完整介绍产品特点。 4. 准确介绍计息方式。 5. 引发客户强烈需求。 6. 快速解答客户咨询。	1. 无法吸引客户重视。 2. 初次预约被拒后放弃。 3. 无法消除客户疑问。 4. 外出着装较为随意。 5. 见客未出示工作证。 6. 缺乏连贯专业有影响力介绍。 7. 不加分辨接受客户申请。 8. 未能快速为客户解答疑问。	1. 首次见面提前准备好心态和语言表达准备，清晰、自信（需专门话术培训）。	保持积极自信的心态，对首次见面客户有正确的定位，是来帮客户，是为客户排忧解难。
			2. 精心准备拜访着装、营销资料、整理心态（通过内部培训予以提升）。	2.1 仪容仪表大方，规范商务装为主。 2.2 准备有关展业资料（公司 DM、名片、政府批文、新闻、产品速算、征信、文字资料）。 2.3 精神状态饱满，正面阳光活泼的形象（先关心客户再关心自己）。
			3. 礼貌的问候，介绍自己和公司，留下深刻的印象，体现自信、专业、大方、得体，打开局面（通过内部培训予以提升）。	3.1 简单的问候，留下亲和力和礼貌的印象。 3.2 刚开始介绍不宜过长，引起客户兴趣是首要，告知客户自己是为片区客户提供服务，平时会常来，有需要可以咨询和帮忙。 3.3 自我介绍后请教客户姓名，便于对方记忆自己。

续表

流程	工作目标描述	常见服务漏洞	解决问题措施指引	对应问题有关服务技巧
拜访客户	1. 打消客户疑虑抵制。 2. 确定拜访客户时间。 3. 完整介绍产品特点。 4. 准确介绍计息方式。 5. 引发客户强烈需求。 6. 快速解答客户咨询。	1. 无法吸引客户重视。 2. 初次预约被拒后放弃。 3. 无法消除客户疑问。 4. 外出着装较为随意。 5. 见客未出示工作证。 6. 缺乏连贯专业有影响力介绍。 7. 不加分辨接受客户申请。 8. 未能快速为客户解答疑问。	4. 介绍拜访目的，打消客户对高利贷公司的警惕，明确不是推销贷款。	4.1 客户最大疑虑的是公司合法性，对公司介绍应有明细和诚恳的态度，让客户产生信任（可提及公司地址及周围参照物，新闻报告、参加评选、出示公司资料）。 4.2 可以提供更好更灵活的融资渠道，希望对市场客户进行一个了解，可争取客户认可，只占用少量时间，请教几个问题，便于未来提供服务。 4.3 不需要贷款没关系，可以留一份资料，说不定周围亲友有需要的，可以帮我们介绍。 4.4 市场管理方推荐我们对商户进行了解，看看我们从融资角度怎样更好帮助你们。
			5. 判断可接触客户，可对客户排序，定制下一步沟通计划，可接触客户应登入 CRMS 系统，根据优先顺序再次回访。对客户在这一阶段提出的异议应积极拓善处理（通过内部培训予以提升）。	5.1 对以下客户按顺序关注：优先跟进符合准入条件，需求明确的客户；其次关注对产品感兴趣，把我们的产品与金融机构反复比较的客户；再次关注愿意与客户交流，能把市场和行业信息透露的客户；客户关系网广的客户；最后表示暂时没有需求，以后有需求来联系的客户。 5.2 好的客户通常会先说不，保持镇静和专业，通过分析客户可能的心理，巧妙地应对，才能争取到客户。在处理异议时鼓励客户有任何问题都可以提出，和客户一起分析，表示认同有问题，坚持自己是在帮助客户，表达同感，提供解决方式。

续表

流程	工作目标描述	常见服务漏洞	解决问题措施指引	对应问题有关服务技巧
拜访客户	1. 打消客户疑虑抵制。 2. 确定拜访客户时间。 3. 完整介绍产品特点。 4. 准确介绍计息方式。 5. 引发客户强烈需求。 6. 快速解答客户咨询。	1. 无法吸引客户重视。 2. 初次预约被拒后放弃。 3. 无法消除客户疑问。 4. 外出着装较为随意。 5. 见客未出示工作证。 6. 缺乏连贯专业有影响力介绍。 7. 不加分辨接受客户申请。 8. 未能快速为客户解答疑问。	6. 通过积极寻找沟通话题，找话题拉近与客户距离，筛选可重点关注客户。	6.1 拜访前需要电话预约提高拜访效率。 6.2 自然随和的交流，避免交流变成一问一答式，找到一个可以切入的话题，现场的任何细节都可以成为共鸣。例如家庭、小孩、同乡、爱好、生意、店面。 6.3 交谈中不时出示公司物证介绍，增强说服力，提示公司案例，资料逐步给客户，让客户感受关注和尊重。穿插对客户从业经历船业等的认同，请教一些经验，分享客户感受。
			7. 陌生拜访后留下专业形象的资料。	7.1 发放一个标注企业文化的小礼品。 7.2 发放标准化的产品 DM 单。
			8. 对于不符合公司准入条件的客户，及时拒绝不要抱有希望，避免浪费时间。	可将客户纳入后续跟踪。
			9. 积极回复客户提出的疑难异议问题，统一解答	9.1 尊重客户提问，不要急于求成，避免争论，不要否定客户，赞赏客户，寻找疑问的原因，告知客户有价值信息。 9.2 清楚自己的优势，对自己的产品有信心，语气自信温和，不容置疑，利用案例，告知客户不使用的危害，自己贴身经验。

续表

流程	工作目标描述	常见服务漏洞	解决问题措施指引	对应问题有关服务技巧
服务推荐	1. 明确目标客户。 2. 完整介绍产品特点。 3. 引发客户强烈需求。 4. 有效解答客户异议。	1. 介绍服务信息不完整。 2. 未介绍担保人条件。 3. 不能及时准确回答客户提问。 4. 无法打动客户。 5. 未能成功鼓励客户购买。	1. 了解客户在经营中各种问题、机遇、不满、困难，有意识挖掘客户可能资金需求，作为服务推荐出发点。从行业入手交流沟通，聊熟知话题，逐步使客户知晓我司产品要素，引导发现客户潜在贷款需求，与我司产品结合。	1.1 发现客户季节性资金需求。 1.2 零售和批发业扩充经营场所的资金需求。 1.3 零售和批发业缴纳租赁费和保证金的资金需求。 1.4 批发类客户由于供应账期变化，应收变化的需求。 1.5 零售和批发类客户投资运输工具车辆的资金需求。 1.6 加工业担心原材料涨价的资金需求。 1.7 加工业客户扩大产能后新增流动资金的需求。 1.8 销售回款减慢占用资金引起的资金需求。
			2. 核实客户信息，确认客户为目标客户。信贷是一门艺术，对有瑕疵的客户积极设法予以处理。	2.1 根据授信政策，不符合硬条件的客户暂停推荐，存在一定弹性的客户可以争取。 2.2 明确告知客户，为更好提出信贷方案，需了解生意情况，请配合，可能会问得比较细。 2.3 了解贷款用途。 2.4 提前介绍配偶担保要求，担保人及配偶要求。
			3. 分析引导客户需求，推荐服务方案，积极主动化解客户的异议。	3.1 分析需求合理性。 3.2 引导客户的潜在需求，变为现实需求。 3.3 通过勇敢和热情增加客户的信心，积极建议客户尝试使用，鼓励客户明智选择。 3.4 将相关可出示资料陈列于一个文件夹中，以专业风貌向客户协助讲解。

续表

流程	工作目标描述	常见服务漏洞	解决问题措施指引	对应问题有关服务技巧
服务推荐	1. 明确目标客户。 2. 完整介绍产品特点。 3. 引发客户强烈需求。 4. 有效解答客户异议。	1. 介绍服务信息不完整。 2. 未介绍担保人条件。 3. 不能及时准确回答客户提问。 4. 无法打动客户。 5. 未能成功鼓励客户购买。	4. 确认客户的融资要求和意愿，客户有意愿后介绍相关费用，注意介绍的步骤。	务请提前按照工作底稿要求，将业务申请中涉及有关问题提高预告，需听到客户明确无异议表态。
指导申请	1. 完整介绍申请流程。 2. 完整介绍所需资料。 3. 预见所需补充条件。 4. 协助客户准确填表。 5. 信用卡申请表填写。	1. 客户经理不清楚流程。 2. 未向客户介绍流程。 3. 未介绍注意事项。 4. 承诺明确期限和额度。 5. 客户信用卡表填写不全。	1. 协助客户准备资料，向客户详细解释所需资料，了解客户所能提供的资料，找到反映还款能力有关的文件（务必考虑全面一次性解释到）。	1.1 常见文件资料准备的瑕疵。 1.2 出示各种表格填写的示例模板。 1.3 客户填写后及时检查，提醒完善，一次性完成。
			2. 提前介绍产品业务流程，再次提醒客户后期需配合事项。	2.1 参照工作底稿的有关指引内容。 2.2 提醒客户评估费、公证、抵押收费，评估费可以签约现场支付。
			3. 管理客户的预期，对于可能引起客户额度缩减的因素，提前予以注意和处理，比如补充资料，切忌嫌麻烦勉强进件。	3.1 根据授信政策培训有关内容。 3.2 预见告诉客户可能需要补担保人条件（授信培训）。 3.3 充分提示影响额度、评估的因素，提醒国土证有利于评估结果。 3.4 提前给客户打预防针（根据你的情况，时间可能有点长、金额不一定全批下来，但我们积极争取，可能让你补点资料，可能让你增加抵押物）。

续表

流程	工作目标描述	常见服务漏洞	解决问题措施指引	对应问题有关服务技巧
指导申请	1. 完整介绍申请流程。 2. 完整介绍所需资料。 3. 预见所需补充条件。 4. 协助客户准确填表。 5. 信用卡申请表填写。	1. 客户经理不清楚流程。 2. 未向客户介绍流程。 3. 未介绍注意事项。 4. 承诺明确期限和额度。 5. 客户信用卡表填写不全。	4. 认真对待客户提出的材料准备的异议，尽量解决完成，避免反复，防范客户嫌麻烦在其他地方申请。	通过话术的发挥管理客户对麻烦程序的感觉。
			5. 对办理时间的回答尽量保留灵活性，同时让客户知道我们会尽力。	5.1 资料填写结束时的话术。 5.2 给客户打预防针，抓住客户的缺陷或期望管理客户预期。
进件交单	1. 提醒客户补充资料。 2. 尽快取得补充资料。 3. 争取客户支持补充资料。 4. 确保资料完整正确。 5. 及时交进后续程序。	1. 反复让客户补资料。 2. 未能快速为客户提供解答。 3. 未站在信审角度考虑文件补充需求。 4. 向客户承诺信贷金额。 5. 未发现进件资料的明显缺漏。	1. 对于存在瑕疵或额度要求高的客户，可提醒客户多准备资料，预收有关资料，先交常规资料，以后再补，用不了退客户。	1.1 进件话术：遇到很多客户相同情况，可以先提交，中间可能需增加资料，我们会尽量避免。 1.2 按客户常见问题标准解答手册回复常见问题。 1.3 提前了解客户影响签约放款的因素，清单预交。
			2. 销售整理后交给TL，在CRMS中提交申请。	
			3. 正确整理文件资料，明确TL进件业务资料检查有关要求。	流程及资料填写培训中具体要求。
			4. 短信提醒客户已受理，请等待回访实勘。	
			5. 每日主动查询业务进展，超出时间或问题主动与相关部门沟通。	

续表

流程	工作目标描述	常见服务漏洞	解决问题措施指引	对应问题有关服务技巧
协助审批	1. 及时启动口评预评。 2. 协调客户配合评估。 3. 协调信贷方案接受。 4. 协调客户配合实勘。 5. 稳定合作伙伴信心。	1. 未提前介绍评估费用。 2. 评估不支持仍在进件。 3. 预评估结果出具较晚。 4. 未沟通合作伙伴担保函。	1. 评估前提前协助预约客户，注意礼貌预约，积极处理客户异议。	1.1 实勘前与审批评估沟通，使实堪、评估更有效率。 1.2 电话协调预约客户，现场陪同实堪，向客户多做解释，礼貌的介绍，不要让客户感到陌生和不舒服。 1.3 将实勘变成交流沟通机会，而不是审查，注意气氛调节。 1.4 提前了解申请额较大的客户抵押房产价值，出现预评差异积极沟通。
			2. 评估48小时无结果，审批后未送到，立即协调。	
			3. 与风险控制衔接实勘安排，实勘提前两天预约。	
			4. 及时跟进审批结果出来后，关注运营部客户申请处理情况清单。	
			5. 出结果前，就评估实勘结果与客户及时沟通，根据有关不足及时降低客户期望值。如果能采取有关措施请客户配合增加担保人和或资料，应积极建议准备。	5.1 审批结果前有关疑义处理。 5.2 提前给客户打预防针（根据你的情况，时间可能有点长、金额不一定全批下来，但我们积极争取，可能让你补点资料，可能让你增加抵押物）。 5.3 抓住客户不足，管理客户期望值：客户资质上的不足和瑕疵可能造成我们审批时间较长，审批金额未达到客户申请额度，抵押成数未达到最高。

续表

流程	工作目标描述	常见服务漏洞	解决问题措施指引	对应问题有关服务技巧
结论通知	1. 协调客户配合签约。 2. 完整通知所需资料。	1. 通知客户额度结果有误。 2. 运营部清单出具拖延。 3. 客户不知我司联系电话。 4. 未能快速解答客户异议。 5. 低于客户预期的处理。	1. 接到审批结果书面通知后，第一时间通知客户。	
			2. 积极处理客户对结果有关异议，减轻客户的抱怨期望落空，用灵活的方式，说服客户暂时接受审批结果。	异议处理的专题培训。
			3. 正式通知后，落实客户签约意愿。	如有放款附加条件，需提前与客户沟通好。
签约办理	1. 提前预约公证处。 2. 签约后成功扣费。 3. 完整介绍合同条款。 4. 办理好抵押委托。	1. 扣划保证金不成功。 2. 未及时提醒客户存费。 3. 短信通知不规范。 4. 还款计划介绍不完整。 5. 违约金介绍不完整。 6. 提前还款介绍不完整。 7. 客户配偶无法到场。 8. 合同名字卡号不一致。	1. 提前时间以短信电话通知客户签约。	1.1 提醒签约流程及资料填写培训中具体要求。 1.2 提醒客户签约资料常见问题：(培训) 时间、地点、账户、公司公章、股东决议等前期未提供的原件。 1.3 提取和银行确认收款银行，与财务部衔接付款银行是否在银联名单中。 1.4 审批出具后，提醒客户房产老证更换。
			2. 签约前查看客户合同是否有缺陷。	检查内容、签约培训。
			3. 签约中客户义务提醒，提示客户签约后收到款的时间。	3.1 提醒客户预扣保证金、扣费。 3.2 提醒客户注意合同金额期限和时间，确定保担保人到场，核对收款账号、卡号。 3.3 提醒客户看清提前还款条款。
			4. 有关客户费用的代收的管理。	

续表

流程	工作目标描述	常见服务漏洞	解决问题措施指引	对应问题有关服务技巧
抵押放款	1. 签约后及时办抵押。 2. 及时取回抵押回执。	1. 房产证老证没有换。 2. 抵押回执没及时收回。 3. 抵押中介无人可派。	1. 确保签约后次日办理抵押，如果中介无人可派，由运营部配合业务经理办理。	放款后的恭祝电话（话术），提醒客户以后会享受专业化服务，只有通过审批的优质客户才能享受，如果日后回款计划、业务、生活中有什么问题，请不要忘记打一个电话；恭祝客户生意兴隆。
			2. 在抵押后24小时内协调抵押中介取得送回抵押回执，如未取回不得发放提成。	
			3. 及时索取转介绍。	第一笔成交后是新一轮营销的开始，立刻跟进转介绍是最佳时机。
贷后管理	1. 取得客户配合。 2. 获取客户转介绍。 3. 获知客户后续需求。 4. 客户提前偿还办理。	1. 未按时定期回访客户。 2. 回访客户面貌和界面不足。	1. 按计划定期拜访客户，了解用款和经营情况，发现二次资金需求，解答客户异议和疑问。	1.1 关注贷后客户经营情况的变化，是否有新增需求。 1.2 社群化金融服务希望客户在遇到任何困难和麻烦都能想起和通知自己的客户经理。客户经理请用承担的心态来对待客户。
			2. 亲自送合同（签合同时销售主动提及送合同时间，文员分发合同时，发送提醒表给部门经理，确保按时督促送达合同）。	
			3. 还款提醒，及提醒客户准备贷后用款凭证，及时收回。	您好！我是×××，近来怎么样，我今天给您打电话是想提醒一下，您的还款日是，请记得将钱存在账户上，如果因为您太忙忘记，会使您的信用系统评级受影响，请记得，就不打扰您了。

附录 5－2

业务系统数据挖掘在风险控制中的运用潜力

业务系统在风险控制方面的运用也具有较大的创新潜力，其主要功能包括客户反欺诈、征信分析、评分卡、五级分类。

例如，传统小额贷款业务对征信的利用主要是静态逾期数据的使用，比如客户征信报告上 12 个月内有多少次逾期，24 个月内有多少次逾期，如果存在连续 3 个月以上的逾期，或者有当前逾期，是否予以拒绝？但事实上，不同特征的客户类型，单凭以往的征信报告，难以确定是否发生上述静态违约事故就需要拒绝，或者降低额度。而通过积攒足够多的历史客户数据，就可以验证在公司现有产品和风险控制策略下，不同客户类型的逾期风险或者随时间转移的风险是多大（见表 5－5，列表分析个人产品不同类型客户的逾期率）。

表 5－5　例 1：个人产品不同类型客户的逾期率

客户类型	居住	行业	经营年限	收入负债率	婚姻状况	逾期概率
个人	租赁	贸易	2 年	4 倍	未婚	10%
个人	自有	非贸易	10 年	2 倍	已婚	5%
个人	自有	贸易	5 年	1 倍	已婚	2%

如果将上述对客户的逾期率分析与客户的五级分类标准加以结合，就可以验证信贷五级分类的有效性，分析信贷五级分类逾期风险的转移规律，还可以验证不同催收手段对不同客户的有效性。

例 2 是个人客户五级分类的转移概率（见表 5－6）。

表 5－6 的分析主要是反映不同客户在不同的五级分类下风险演进的规律。一旦积累足够数据、分析得出该内容，可以将其作为客户贷后管理

的工具，借以调整产品政策中的客户准入条件，将高风险客户的额度和期限降下来，或者调整客户的催收策略或方式，提高不同种类客户所需催收工具的差异。

表 5－6　例 2：个人客户五级分类的转移概率（一年）

	转移率	正常	关注	可疑	次级	损失
个人客户、××市（地区）户口、贸易行业	正常	10%	40%	10%	20%	10%
	关注	5%	30%	20%	20%	25%
	可疑	3%	1%	30%	46%	20%
	次级	0%	1%	1%	40%	58%
	损失	0%	0%	0%	10%	90%

例 3 是不同催收方式下的风险演进概率（见表 5－7）。

表 5－7　例 3：不同催收方式下的风险演进概率（一年）

	转移率	正常	关注	可疑	次级	损失
个人客户、××市（地区）户口、贸易行业 逾期 30 天内，采取电话催收	正常	90%	10%	0%	0%	0%
	关注	70%	20%	10%	0%	0%
	可疑	20%	50%	20%	10%	0%
	次级	0%	20%	40%	30%	10%
	损失	0%	0%	0%	0%	0%

第六章 全程风险管控之贷前

导 言

提到风险控制，人们通常认为信贷审批部门是小额贷款公司风险控制的核心部门。但是风险控制并不是起始于信贷审批部门，也不是终止于信贷审批部门。客户来源管理与尽职调查、审批技术和流程、贷后管理，是风险控制的三驾马车，构成了前中后的全过程信贷风险管理。

风险管理政策环环相扣，需要不断更新优化，与时俱进，方可有效控制风险。在搭建整个风险管理框架时，要考虑不同风险管理措施及预期效果，并要全面覆盖贷前、贷中、贷后风险。不能仅仅寄希望于贷前把所有风险一网打尽，因为即使能一网打尽，业务发展可能也没有了出路。客户信用风险的释放，往往需要和贷中、贷后违约成本的判断相结合。即便一个还款能力良好的客户，如果违约成本低，也可能成为不良客户——在客户的心理上，对过于容易获得的贷款往往较为轻视。

第一节 小额信贷风险溯源

提到小额信贷的风险控制，首先需要从风险的种类说起。

一、信用风险

信用风险通常是大家最先想到的风险，主要指向客户的信用能力和信用意愿能否满足贷款偿还的需要。信用风险并不直接等同于贷款损失，风险是出现损失的不确定性——由于风险调查和评估技术实现方式的差异，不可能完美、精确地评判是否发生损失，这就是不确定性。这种不确定性客观存在，无法消除，但是可以选择是否接受以及如何控制。理论上，每一个人都有发生信贷风险的可能性，关键是发放信贷者的风险偏好是什么。

对信用风险应有的态度是：有信用风险，并不意味着绝对不能发放贷款；客户的信用能力和信用意愿不是静止不变的，而是随着环境在改变；控制信用风险，关键要看客户在什么额度范围内、在什么违约代价范围内会坚守他的信用意愿；信用能力会不会受破坏，未来的逾期概率是否较小，我们的终极损失可否控制。

以下是两个案例，可供讨论。

（1）案例一。是否对货运行业的司机一定不能发放贷款？比如，银行提供20万元左右的贷款，可能逾期比率会达到10%；如果小额贷款公司来做，只提供3万元左右的贷款，逾期比率是否会降至2%以下？

（2）案例二。某家具行业客户，同时向银行和小额贷款公司申请贷款，银行可以批30万元，小额贷款公司只批10万元。有人问小额贷款公司：你的风险控制是否过严？比银行严格，只批10万元，是否有存在的价值？有人这样回答：既然客户可以在小额贷款公司和银行都拿到贷款，说明他是有再融资的信用能力的，他还可以在更多机构拿到贷款；既然无法控制过度负债的信用风险，也就是未来的经营和负债情况无法判断，那应该认为过度负债风险是他短期最大风险：如果现在贷10万元，控制时间在6个月、分期还本付息，可以在银行贷款到期前全部收回本金。如果现在和银行攀比，贷40万元，客户还款能力无法承受。可见，在这种博弈环境下，对风险持保守态度的小额贷款公司会选择接受10万元的方案。

二、操作风险

在小额贷款公司的业务实践中，危害最大的风险来源往往不是信用风险，而是操作风险。即使最出色的小额贷款公司，其对客户未来信用风险即还款能力和还款意愿准确地判断、分析，也不会超过未来6个月——所有的风险规律、风险分析主要是基于过去，而且假设过去的环境能够延续。但是这个假设是有漏洞的，在经济环境处于下行阶段尤其如此。

成熟的小额贷款公司最常见的风险来自于是否继续按风险控制制度和业务流程来操作。目前，小额贷款公司的制度和流程基本上都是按照风险保守的原则来设计。这些设计大多基于谨慎性原则和重要性原则，能够过滤掉行业大部分常见风险。但是如果不坚持执行制度和流程，就会出现低级错误。

比如，我们反复讨论：为了提高业务处理效率，是否需要坚持做公证？是否需要坚持和客户面谈、面签？是否需要坚持在放款前验证客户的身份？

改变一项对操作风险的控制，需要基于业务模式综合考虑。在很多情况下，尽管贷款审批时我们认为客户有还款能力，但是对其还款意愿，我们还做不到外推6个月以上进行精确评判。如果仓促放弃面谈、面签，放弃客户身份验证，需要综合考虑客户群违约率的上升，尤其是为了应对欺诈风险的大规模上升，需要用更高的利率水平来覆盖欺诈损失，这就涉及业务模式的改变。当然，如果我们认为自己的风险控制模式可以准确判断短期的还款意愿风险，比如3个月以内的，那么对于3个月以内借款的客户不做客户身份的验证和管控也可行。

要再次强调，成熟的小额贷款公司关注的主要风险不是信贷风险，而是操作风险。一个成功的小额贷款公司一定是靠体系和体制来管理风险，而不是把企业的未来和希望仅仅寄托在审批技术和审批团队上。经过经验的积累，作业体系和制度已经比较成熟，风险识别和控制从理论上说是定型了的，最终是否有效，取决于能否坚决地执行。

第二节　风险控制模式的演化趋势：IPC 模式和信贷工厂的融合

近几年来，快速发展的移动信息技术、大数据技术、互联网技术，使得小额信贷技术发生了崭新的变革。如果把移动终端监控技术、机器学习的大数据模型技术、互联网信息技术、小微企业信贷技术（IPC）、信贷工厂技术加以整合，将大大提高风险控制的有效性和业务系统的效能。

目前小额信贷机构如果要实现可持续发展，就应当顺应经济结构和金融环境变化，将 IPC 技术与信贷工厂的特点整合起来，取长补短，形成“混合控制模式”。

这种新模式将业务人员的尽职调查与评分卡的大数据分析能力相结合，指导业务团队精准调查，能够体现重要性原则。鼓励业务人员发挥销售功能，将客户信息交叉验证分散到业务人员尽职调查和风险控制人员的评价与数据分析中，给业务人员减负。同样是对信贷流程进行分段，强调交叉制约，通过实现信息采集标准化，形成集中的客户数据收集和分析能力，强调流程的并行，使得风险控制由数据系统、业务团队、审批团队、贷后催收团队、后台服务人员共同承担，他们之间相互制约，进而使风险控制摆脱对业务人员素质和调查能力的单纯依赖。

在这种融合模式下，可以充分利用信息技术。信贷员可以在现场用移动信息化工具直接录入现场尽职调查数据，当然，这些数据要尽量按照满足交叉验证的需要来进行收集；同时，完成身份验证和征信查询，发挥后台数据库的辅助作用，尽量减少对客户纸质资料的收集。审批员可以实时查看贷款调查情况，完成交叉验证，即借助系统的帮助完成主要的评判工作。审批完成后，客户签约通过自动化在线身份认证在线签约实现。贷后管理也通过信息系统来深入筹划，实现对客户的分类管理，不同客户分配不同的贷后管理方式，并自动提醒业务人员采用不同贷后管理的频率和方式。

第三节　全程风险控制的控制要点

如果单问小额信贷有哪些风险控制的经验和技巧，大多数人可能会提到客户还不还款取决于两大因素：还款能力与还款意愿。让不对称信息最大限度地对称，解决的是还款能力问题；其重点是财务信息，让软信息最大限度地真实还原，解决的是还款意愿问题。抵押品永远不是贷款的最佳选择，靠客户的收入来还款才是最佳选择。要在风险可控的前提下扩大业务量，将易逾期行业纳入负面清单进行过滤。要关注易逾期客户的地域特点，增强对其申请贷款时行为特点的认识，不要因为是老客户就放松审核。要关注借款人的不良习惯，对赌博、博采等不良嗜好者要有过滤。

但是，如果想要把一家小额贷款公司年度新增信贷的不良率控制在2%以内，那就不是只靠某个人掌握了上述审批技术和经验并严加管理就能实现的。需要靠制度、体系和流程，即全程风险管理的体制（参见图6－1）。

完整的风险控制体系和流程，是从产品设计，从客户营销、客户来源开始，到客户调查，到业务经理的廉洁管理，进而到进件的筛选方式，再到合同签订、放款，最后终结于贷后管理和催收。这个体系的每一个环

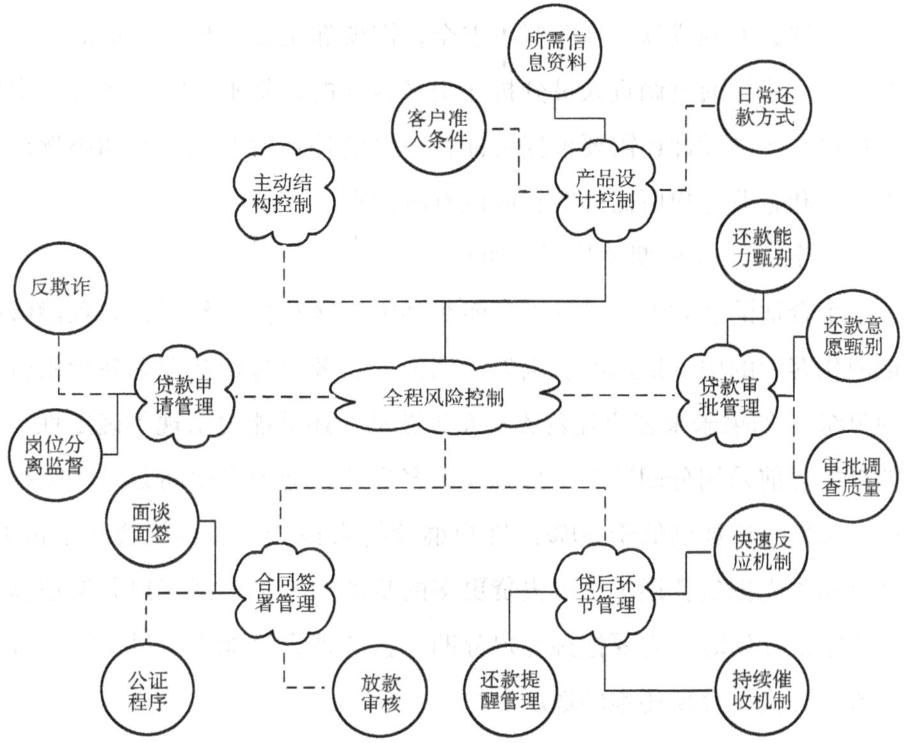

图 6－1　全程风险控制结构

节、每一个细节都有可能给客户传达不同的信息，从而影响客户出现逾期的概率。

一、产品设计环节

1. 准入条件（正面清单和负面清单）

小额信贷产品需要有明确的负面清单、正面清单。根据经验，负面清单通常需要包括征信条件、客户居住条件、工作或经营稳定性条件、收入条件、其他软信息。

2. 所需资料

小额信贷产品需要有明确的申请必备资料、可选资料。必备资料是基本需要，必须提供；如果不能满足，可以果断拒绝进件。在设计所需资料时，切忌像做大额贷款一样对资料求全，需要抓主要矛盾，平衡效率和风险的要求。能够通过调查人员分析和交叉验证的，就不一定需要客户提供书面资料。产品设计还需要根据目标客户群的特点而变化，比如小额信贷个人客户和企业客户所需的资料应该有所差别。

3. 还款方式（分期还是不分期）

一个合适的还款方式设计不仅能起到吸引客户群的作用，而且能够有效地消化客户的中长期风险。例如，抵押贷款客户起始抵押率高于银行要求的70%，如果未来客户经营收益发生波动，还款能力出现不确定性，这时如果能提前采用分期还本付息方式，客户还款能力出现问题时可能抵押率已经很低，比如已低于50%。客户继续持有该贷款变得机会成本很大，他就有动力先把贷款还了，再去贷更多的贷款。为了控制客户分期还款风险，在审批评估时，需要把握客户分期还款的现金流能力，尽量根据客户现金流能力安排分期还本的额度。

4. 客户来源结构

小额、分散是小微信贷风险管理的精髓。如何在产品管理中具体体现，通常有几种管理维度，其中之一是担保手段的结构管理。比如，对抵押、信用类客户，其担保等的结构比例分配要有一个标准；客户来源的行业结构、类型结构需要分散，也应该有一个占比的管理标准，如建筑行业占比是多少，制造行业占比是多少等等；产品组合结构也需要结构化管理，如我们为某行业协会或渠道专门开发的产品，客户占比是多少；就贷款期限来说，短期客户和中长期客户也应该有结构化的管理。

如果超过结构占比能否控制住？是拒还是做？从上一轮金融风暴来看，客户过于集中是大多数逾期贷款的共性，越是客户分散的机构，在经济波动特别是经济下行周期中受到的冲击越少。

二、贷款申请环节

1. 初步过滤，反欺诈

根据小额信贷的统计，单笔20万元以下的贷款，影响到期偿还的第一位因素已经不是还款能力，而是还款意愿。因为即使客户第一还款来源或抵押物不济，也可以寻求从亲戚、朋友或从银行临时拆借来解决还本问题。从现在中国家庭的财产实力看，聚集20万元不会有多大问题。起决定因素的，是客户是否一开始就不想还。所以使用反欺诈手段识别客户的还款意愿就变得相当重要。一般来说，反欺诈环节需要对客户身份的真实性、居住和联系方式的真实性以及申请资料的真实性进行验证，一般通过技术措施，如征信查询、电话核查、现场实勘、交叉验证来实现。

2. 岗位分离，流程监督

岗位分离的目的是形成交叉制约，防范一个岗位干预大部分业务的风险控制。通常涉及岗位分离、交叉制约的事项包括：

（1）信贷调查和信贷审核分离；

（2）信贷调查和客户信息反欺诈调查分离；

（3）信贷调查和合同签署分离；

（4）信贷调查与放款条件审核分离；

（5）合同草拟与合同签署分离；

（6）放款审核与资金支付分离。

三、贷款审批环节

1. 还款意愿甄别

一般通过客户软信息反欺诈分析和征信查询系统了解客户的过度负债情况；通过现场实勘交流，了解客户对自身业务的熟悉情况，验证客户提供的信息的真实性，即是否有造假的可能性；此外，还可以通过第三方数据来源、客户的上下游企业和街坊、邻居了解客户的信用口碑。根据统计和经验分析，具有还款意愿风险的客户通常表现为：

（1）提供假身份证；

（2）提供假银行流水；

（3）提供虚假的工作或居住信息，在交叉验证中不一致；

（4）恶意隐瞒贷款真实用途，特别是将资金用于放贷或偿还民间借贷；

（5）恶意隐瞒现有负债信息，特别是有民间高利贷记录；

（6）提供虚假的联系电话，或频繁更换联系电话；

（7）贷款后首期即出现逾期；

（8）刻意隐瞒家庭婚姻信息，特别是否认已婚配偶；

（9）有吸毒或赌博情节；

（10）高危人群，主要是房贷逾期记录较多（或3个月以上逾期记录较多，或当前逾期记录较多），或当前诉讼缠身；

（11）查询第三方数据，比如在信用网、法院执行网、工商局网站上有可疑信息，或被列入黑名单；

（12）查询第三方数据，近期在P2P网络金融平台具有大量借款记录；

（13）沟通能力强的人，善于和政府、银行打交道的人，认为自己无所不能的人；

（14）特别想出名、好面子、头衔多的人，多元化发展尤其是经营不相关联产业多的人。

2. 还款能力甄别

还款能力分为第一还款来源和第二还款来源。

（1）第一还款来源分析居首要地位。分析的直接目标是要得到客户实际的毛收入、净收入和日常开支，最终得到可用于还款的可支配现金流数据。

要得到上述结果，需要从分析客户收入的稳定性入手。在 IPC 技术中，比较关注客户财务报表的重构和还原。在计算可支配收入时，成本的核定比较关键，复杂的企业客户还需清点资产，以重构客户的运营支出和资本投资支出。

需注意核定客户的运营资本缺口。判断额度合理性，避免资金挪用。信贷工厂流水线分析技术比较关注对银行流水的采集和分析，通过对用电、用水、人工成本、开工能力的交叉验证，核定银行流水的稳定性，核定净利润率。

（2）第二还款来源分析居补充地位。债务人的第二还款能力可以起到担保作用，其中包含抵押物的价值和再融资能力两点。静态的抵押物价值并不能完全说明担保能力，而应该将债务本金当前现值与抵押物剩余价值相比较。统计发现，如果动态抵押率能够随时间推移不断下降，就可以起到较好的担保作用，也会提升客户的违约成本。

再融资能力分析通常容易被忽略。统计发现，它对小额贷款客户具有重要的危机管理作用。在清偿能力紧张时，能否从第三方融资方得到支持，决定了是否有助于平缓还款期的流动性风险。再融资能力可以从征信逾期次数、收入稳定性、过度负债情况的分析入手。

对过度负债情况的分析，人们通常关注度也不够。目前小额贷款行业客户的逾期，较多是由于过度负债而导致现金流崩溃。如果要关注相关迹象，建议关注征信报告中贷款查询次数、信用卡额度提取率、名下抵押物类型、住宅第二顺位抵押数量、机器设备等固定或流动资产抵押情况。

3. 审批技术的质量管理

从传统贷款的调查审批到小额贷款的调查审批，存在一个思想上的鸿沟。我们经常面临的困境是：一项 5 万元的小额贷款调查和审批，与 100 万元的小型贷款的调查差别有多大？经常是调查报告下来，发现总有这样或那样的不确定性，能通过吗？小额贷款的发展必须突破这个思维困境，调查、审批的方式和内容、结构上要服从于业务效率和风险控制平衡的需要，需要抓住重点：

第一，要摆脱传统大额贷款的调查、审批方式，杜绝简单地堆砌调查信息和数据，而要把某种类型的客户或产品的风险浓缩到几个重要的分析维度上，抓住主要矛盾和风险的主要方面。最终，要综合成一个可以量化的指标，比如净收入的本息覆盖率、过度负债倾向、经营稳定性、再融资弹性、居住稳定性等。

第二，审批的重点不再集中于审核调查报告，各项数据是否真实地交叉验证或为工作重点之一。比如，尽职调查中收集的客户收入数据是否能被生产流水线等资产组合的最大产能、用工规模、存货规模、物流规模等非收入信息所佐证，客户的经营稳定性是否能被用电、用工、用水、上下游口碑等信息所支撑，客户的再融资能力能否被抵押物剩余程度、征信和第三方信用数据、机器设备抵押情况等支撑，客户诚信程度能否被其朋友、同事、配偶提供的信息验证一致。总之，交叉验证和反欺诈技术是小额信贷审批的核心技术之一，财务数据仅仅是需要关注的一个方面；甚至可以不依赖财务分析，通过交叉验证识别客户欺诈，防范还款意愿风险。

第三，审批不与客户见面，审批的考核不与放款额挂钩。这是在利益上切断审批岗位和客户之间的直接联系，也是质量控制的重要手段。

此外，审批技术还包括清单化管理，把对审批要求的技术细节和控制环节通过清单整理呈现出来。审批人员每完成一项环节，就书面标注下来，通过这个方式实现内部控制制度的贯彻执行和精细化管理。

四、合同签署环节

风险控制绝不能仅仅中止于贷款审批。

审批结论出具后，还有较多环节可以协助控制风险，比如现场签约，配偶到场，做足公证，实施客户满意度调查，监控客户对合同条款的理解情况，都能在一定程度上增强客户对公司的尊重和敬畏。一般情况下，如果客户不愿意配合我们的签约要求和细节，就不会尊重我们的还款计划，这一点是有统计显著性的。合同签署环节有以下风险控制点：

（1）面谈面签。要求客户亲自到公司来签合同，最好配偶或担保人同时到场，以验证身份的真实性。不宜为了满足客户的方便，轻易答应上门签约。面谈、面签也是提高客户违约成本的方法，客户亲自上门后，公司能够过滤具有欺诈倾向的客户，检验客户信贷的意愿是否真实，促进客户思考能否承担信贷责任。

（2）合同审核。合同审核主要是控制操作风险，比如，合同种类的使用是否符合要求，合同的填写是否与信贷决策一致，合同的临时条款是否符合法律规定。

（3）放款审核。放款审核主要控制这几项：双方签章是否完整；签约所需出场的借款人及其配偶、担保人签章是否齐全（如果是企业信贷，还涉及股东会决议的审核）；抵押登记是否完成，他项权证是否明确，抵押登记是否有效；放款条件是否全部具备，金额是否正确，收款人账户是否准确。

（4）客户满意度。客户满意度主要是考察客户对合同的接受程度。我方签约人员是否向客户完整介绍了合同还款计息的条款并确保没有争议？特别是，是否详细介绍了违约条款？如果有条件，还可以单独进行信用教育，提高客户违约的心理壁垒。

五、贷后管理环节

（1）还款提醒。每月还款前 5 天，要短信提醒客户及时存款。有时候逾期不一定是因为客户不愿意还，而是因为忙，忘记了还款金额和数量。特别是在采用分期还本付息的方式下，特别需要有还款提醒机制。可以采用短信提醒，也可以电话通知，条件许可时还可以微信提醒、邮件提醒。扣款当天无论是否成功扣款，都最好用短信或其他通信方式告知客户。

（2）逾期7天内快速处理。逾期的第一个7天是黄金期，安排销售人员和风险控制人员一起尽快联系客户，督促还款。一定要快速反应。对有特殊原因的客户，可以给予5天宽限期，不收罚息。

（3）逾期7天以上的处理。逾期7天以上、反复联系客户两次以上仍未成功收回利息或本金的，应按照合同升级处置措施，比如计收罚息，记入征信。有时可能对客户心软，经不起客户哀求，但是坚持处理原则，有利于业务团队和客户都树立逾期红线不可轻易触碰的观念，有利于对逾期客户的控制。

第四节 客户来源管理靠什么实现

客户来源管理是风险控制的第一关。

从2013—2015年四川省的区域金融环境来看，逾期集中在100万元以上的贷款，贷款期限在3个月以上，以建筑和房地产、制鞋、钢贸等行业最为突出。相当多的问题行业和问题企业实际上有规律，事发前就有信号。如最近半年贷款征信查询次数较多，银行和较多小额贷款公司同时在为其提供服务，全行业供给过剩、抵押率较高，等等。但是我们那么多的小额贷款公司为什么仍然前赴后继地支持这些行业呢？其实，银行信贷资金对这些行业也是重仓配置，正是大量资金流入催生了行业过度负债；财务杠杆管理缺乏，一旦经济下滑，高财务杠杆也就轰然折断。还有些小额贷款公司业务长期来源于金融中介公司、投资公司，后者中有个别企业为客户提供经过包装的融资服务，而小额贷款公司无法识别，时间一长必然出问题。

一、客户来源管理的手段构成

上面反映的这些问题，其核心集中在小额信贷机构需要什么样的客户，如何在业务前端加强客户进口的管理。小额信贷业务的终极信条是小额分散，如何体现分散？这就需要积极的客户来源管理。通常包括以下三个层面：

（一）正、负面清单

正面清单是积极的客户特征的归纳，是鼓励发展的客户。负面清单是消极的、高风险客户特征的归纳，是限制发展或需要过滤的客户。正、负面清单的要素通常包括：客户所属行业，客户的居住特征（比如本地自有房产或经营场所），客户的征信条件，客户的当前负债占收入的比例，客户的年龄或企业的经营期限，客户涉诉情况，客户社群口碑，等等。

正、负面清单应结合贷款的品种来设计，体现特殊性。比如，抵押贷款和信用贷款的正、负面清单对不同行业的松紧程度就不同。

（二）结构政策

结构政策服务于客户过滤和客户来源管理，需要有明确的资产组合结构。比如，抵押贷款与信用贷款的占比结构，短期贷款（3 个月以下）与中期贷款（6—12 个月）、长期贷款（12 个月以上）的占比结构，按月还本付息贷款和到期还本付息贷款的占比结构，不同行业的占比结构，不同客户渠道的占比结构，不同单户金额的占比结构（比如 20 万元以下、20 万—50 万元、50 万—200 万元、200 万元以上）。

鸡蛋不能放在一个篮子里，结构政策也是重要的风险控制手段。如果超过结构政策限额，应积极加以监控。

（三）展业方式

小额信贷行业里对客户的开发有一些不成文的惯例，所以对业务团队的展业方式应该有选择和有指引，画出一个边界。展业方式如何与风险过滤相关联？比如：

（1）客户还款能力情况较好但不愿意提供真实信息，不见得比还款能力差的客户好；

（2）分散营销的客户比过于依赖渠道介绍的客户好（如10%以上都来自于一家）；

（3）主动拓展的客户和自己找上门来要求贷款的客户相比，前者的风险相对小；

（4）互联网上主动提交申请的客户，风险控制难度大于通过电话营销取得的客户；

（5）不在乎利率的客户比对利率挑剔的客户风险更大；

（6）自己陌生拜访拓展的客户比金融中介介绍的客户好；

（7）通过自主营销得来的客户比渠道介绍的客户风险更低。

这些都是客户拓展中的一些风险控制经验之谈，往往能收到出其不意过滤风险的效果。

二、员工观念管理

（1）道德建设方面。道德建设的核心是廉洁从业、三严三实。对公司忠诚，做事踏实，个人干净，严于律已，敢于担当，谋事创业。道德建设背后聚焦着执行力的建设，只有做到将个人利益与公司利益捆绑一致的团队，才敢于尽力而为，才有可能实现公司的发展目标。小额贷款公司需要加强职业道德建设，注意发现和重用廉洁干净、有担当、有忧患意识、愿意持久用力、愿意在自己的领域里争当第一的骨干员工。

（2）意志建设方面。这主要体现在面对失败和拒绝，总结正面经验的能力，为达目标不抛弃不放弃的能力。意志力对一个人的职场成败具有重要的影响，其核心是“选择”和“坚持”。如何结合岗位需要来加强意志建设？实际上，小微信贷行业最成功的客户经理是聪明的老黄牛，其次是老黄牛，最后才是聪明人。

（3）能力建设方面。这包括总结正面经验和反面教训的能力，尽力而为、想方设法主动解决问题的能力。请注意，尽力而为是手段，想方设法和主动想方设法是尽力而为的表现，解决问题是最终目的。如何结合岗位要求来提升能力呢？

比如，业务岗位要有积极营销的能力，其要点：一是正确看待客户拒绝的心理承受力，二是熟悉并掌握与客户沟通时的心理，三是善于处理客户的异议。这包括如何正确认识客户经理的工作模式和定位，需要我们多向老同事学习，多向同行学习交流，多通过实践验证各种做法。

再比如，风险控制岗位需要进一步训练的能力包括：过度负债的识别能力，反欺诈的调查能力，软信息交叉验证能力。要努力积累在公司以外能够帮助自己做好审批业务的各种信息资源和人脉资源。

个人能力提升，一方面需要公司培训；另一方面，自己主动学习和收集信息也很重要，成功的人总是主动地思考。总之，要主动思考和学习当前金融领域最新的成果和技术，为公司所用。

第五节　重要性原则及谨慎性原则

小额信贷审批技术和大额项目的审批技术的差别，在于审批只是全面风险控制中的一个环节而已，不是风险控制的全部。反映在一些关键环节上的控制，体现的是重要性原则、相关性原则和谨慎性原则，不一定需要体现全面性原则；即对小微客户全面的深入的调查并不能有效管理风险和成本，应追求合理的“风险管理费效比”目标。小额信贷风险管理的核心理念是：风险控制重点分摊到不同的环节，形成流水线分工，提高整体的客户管理能力和业务效率。

一、重要性原则

按照这样的理念，构成审批技术的关键环节只需要几个重要的审批控制点：对客户信息的收集是否真实，是否突出了重点；对客户收入稳定性的识别；对客户过度负债风险的识别；对客户还款方式的控制（到期还本还是按月分期还本），对客户违约成本的把控。具体细节如下。

（一）尽职调查环节要抓重点

信息的验证、筛选需体现有用性原则和真实性原则，首先是客户经理能否按照规定对客户进行详细准确的数据收集，数据收集的深度是否符合使用要求。如果调查数据不完整，不能正确反映客户信息，就会误导审批人员。

常用的分析手段是反欺诈和交叉验证。对于小额贷款来说，单笔50万元以下如有抵押，绝大部分客户不会冒着自己的征信风险去违约。如果客户一开始就逾期，大部分是客户一开始就有骗贷倾向。这就是所谓的反欺诈的用力方向。对于小额贷款，客户欺诈风险的危害比信用风险更厉害，因为客户一开始就没想还款。客户欺诈常见的有：假冒身份，假冒职业信息，假冒经营地址，假冒居住地址，假冒还款账号，假冒收款账号，假冒合同签约人，假冒合同印章，假冒股东会决议。

审批的重要功能之一就是过滤客户欺诈风险。放款后前3个月对防范客户欺诈风险具有重要的窗口指导意义；如果前3个月还款正常，欺诈风险就得到了缓解，剩下的就是贷后管理的有效性问题。

（二）识别收入稳定性

我们一直在思考，审批调查到底关注哪些客户信息？这对控制逾期风险具有重要的指向作用。通过对逾期客户的逆向分析，发现客户的共同点是第一还款来源比抵押更重要，收入不稳定是逾期的显著性因素。收入不稳定导致计算还款能力所依据的经济能力信息只能反映过去某一段特殊时期的客户还款能力。这里所指的收入是客户可用于还款的净收入而非客户经营的毛收入，是毛收入扣减生活成本、经营成本、带息负债之后余下的部分。出于谨慎性考虑，在上述收入后需要再扣减一个风险折扣，比如20%，可以作为客户还款能力波动的缓冲。如果未能考虑这一点，无论采用哪种还款方式——到期还本或按月还本，都有逾期的可能性。

反映收入稳定性的因素包括，客户所在的行业、客户经营的历史、本公司本职位工作时间的长短，客户是靠工资薪金还是靠经营收入，是偶然性收入还是经常性收入，客户的收入是有现金流证据的收入还是账面收入。客户的收入未来是否会减少，如果处于收入上升趋势中，对于其收入稳定性会有正面评价。客户的收入稳定性还与下游行业的稳定性有关，与下游客户的集中度有关；基于关联关系的收入及过于依赖少量客户的情况，是负面因素。

（三）识别过度负债

为什么很多客户在短期贷款中逾期风险较小，但中长期贷款比如6—12个月却反映出来较高的逾期风险？为什么很多客户在审批当期具有稳定的还款能力，但是6个月后却出现逾期风险？单独靠财务指标，比如资产负债率，只能反映过去的经营能力和还款风险。如何让贷款所依据的持续经营假设更加具有可靠性？我们对50多位具有历史逾期记录的客户进行分析后发现，过度负债的倾向具有重要的指向性；特别是小微企业，盲目扩张，盲目负债，当经济环境出现波动时，过多的负债便成为沉重负担，如果可以融资，雪球会越滚越大，很容易被最后一根稻草压垮。

过度负债是有迹象可循的：

（1）关注客户现金流，是否有来历不明的借款和每月还款记录，且未记录于征信报告；

（2）查询第三方信息平台，了解客户是否有在P2P平台或民间融资平台交易的数据，且达到较多次数以上；

（3）客户是否名下有较多房产，且大部分已抵押或二次抵押；

（4）客户征信报告最近 3 个月内的贷款征信查询记录是否超过 6 次以上。

（四）用征信和还款方式、担保方式构建客户的违约成本

风险防控一定要设法构造一种机制，即客户违约概率增加时违约成本也会增加。运用好征信和还款方式的设计，有利于增加其违约成本。最常见的违约成本就是征信，但是征信增加逾期记录能在多大程度上增加违约成本？这需要具体分析。如果客户近期要从银行融资，如果征信逾期记录会阻碍其融资的达成，这项违约成本就会有效形成；如果客户不会再融资，或者客户的征信本来已经很差了，再增加逾期记录危害也不会显著增加，那么我们对客户的威胁就形成不了。这就是为什么我们需要对连续征信逾期记录者保持警惕和过滤的原因。

在抵押贷款中，采用分期还款方式显然比到期还款方式更有利于形成对客户构成威胁的违约成本，因为随着本金的减少，客户的抵押率越来越低，恰好形成了在未来客户逾期概率增加的同时，违约成本在加速上升。因此，中长期贷款更适合采用分期还本付息方式。

二、谨慎性原则

（一）反欺诈调查

客户欺诈风险包括：客户假冒合法身份申请贷款；假冒电话和住址以逃避贷后管理；假冒经营地址或企业主体以逃废债务；客户提供虚假的申请资料，误导信贷审批额度；客户通过抵押贷款套现或洗钱；客户虚报贷款用途，用于不合法目的。

在小额贷款中，通过分期还款和调查审批，已经足以确保借款人在经济上具有偿还能力。但是，如果对偿还意愿仍仅仅靠征信控制手段，还是略显单薄。对于客户一开始就具有骗贷倾向的问题，需要有专门的机制来防范，这就是反欺诈调查。

1. 身份反欺诈

个人借款需要对客户身份的真实性进行锁定。客户申请时，就需要对身份证、工作证等资料是否真实进行验证；签约时，也需要对申请人和签约人身份的一致性和真实性进行校验。企业借款需要对营业执照、组织机构代码证的真实性进行验证，代表企业签约的人应具有企业合法授权资料，董事会或股东会应该按章程出具借款决议。上述这些资料本身，都需要防范其造假，并要注意其代表的有效性。

身份验证常用的方式包括：电话核查相关联系人，实施交叉验证；实地勘察，向左邻右舍验证；还可以查询第三方公开信息记录，比如信用网、征信报告、身份识别仪器等。

2. 地址反欺诈

这是为了便于进行有效的贷后管理。信贷的原则就是贷款后可以找到借款人。如果客户提供虚假电话号码，伪造企业经营地址或实际居住地址，则有可能让客户认为逾期后贷出方无法催收。这一点对于违约成本低的信用贷款来说影响较为明显。

地址反欺诈的方式包括：借款前后拨打客户电话，确保可正常接通；突击走访、上门考察客户实际居住地址或经营办公地址；了解相关联系人，证实客户实际居住和日常生活、工作规律。也可以通过相关第三方信息资料验证客户真实居住地址或办公地址，通过物业管理单位开具的水、电、气单据等足以佐证的资料来验证客户地址等信息。

3. 资料反欺诈

资料的真实性需要经过验证。具有验证必要性的资料包括：客户打印的银行账户流水，客户提供的房屋产权证、票据等重要凭证，客户提供的工作证明或收入证明，客户提供的业务合同，客户提供的手工账，客户提供的股东会决议，客户提供的婚姻证明，客户提供的物业管理水、电、气证明，等等。

对客户提供的资料的反欺诈验证方式包括：留下联络电话，以备向第三方提供者证实；了解银行流水账单等资料的识别特征；要求提供客户上下游联系方式，以备证实合同的真假；请客户在其提供的资料上签名，向其提示提供虚假信息所需承担的欺诈法律责任。

4. 用途反欺诈

经营类贷款用途的反欺诈主要针对对客户还款能力具有显著影响的贷款挪用场所。如果金额较大，未来用途所产生的现金流会成为还款能力的一部分，需要慎重考虑贷款用途。用途反欺诈最好与过度负债、征信数据分析相结合。具有不良信用记录的借款人不应假设其会按宣称贷款用途使用贷款。

在消费类贷款中，用途反欺诈的作用主要体现在套现风险的防控。比如，明明是手机分期消费，却在套取分期后将手机对外销售，完成现金套取。具有套现倾向的客户大多数没有还款的打算，是消费类贷款的重要风险源。通常识别这类欺诈的手段包括：维持正常的申请流程，因为正常的申请流程用时较长；要求提供首付，这样可以过滤部分风险客户，还可以在申请过程中关注客户是否在意产品的性能、功能，是否反复关注贷款成本，是否认真在比较和选择产品型号。

欺诈的类型很多，比如：是否内部欺诈，即有内部员工参与，如属实必须严惩。其他欺诈，包括信息、文件、交易、身份作假等，亦要小心处理。重要的是，要分析这些欺诈常发生于哪个阶段、哪个环节，我们是否仍具有充足的防御能力，如何防范类似欺诈的发生。

当发现一笔问题贷款时，可能已经有其他贷款也同样出现问题。有组织的欺诈可以对企业造成极大的损失。建议对每一个欺诈都内部立案，认真处理。

（二）交叉验证

交叉验证主要是为了解决信贷调查和信贷审批分离后信息不对称和失

真的问题。解决信息失真问题，是所有信贷业务风险控制所面临的核心问题。交叉验证就是通过不同信息来相互佐证的机制、纠错的机制。

信息失真主要存在于三个层面：一是客户与调查人员之间的信息不对称，二是业务调查人员与审批人员之间的信息不对称，三是信贷决策人员与审批参与人员之间的信息不对称。其中，第一、二个层面中，信息失真是关键风险。

交叉验证就是在小额信贷贷款调查前、调查中和调查报告制作及贷后检查管理过程中，通过不同信息来源途径、同一信息来源途径的钩稽关系，证实客户信息的真实性、准确性。

1. 交叉验证的操作要点

（1）口头提供的信息是否与书面信息、与实际状况一致，如：是否和原始单据、发票、银行对账单、经营记录等相一致；或者把客户所说利润、信贷员估算利润与客户生活水平相比较，看看是否匹配，把经营记录与实物相比较。

（2）客户提供的不同时间的数据是否互相矛盾。如每天的营业收入累计是否与按每月营业收入大致折算的大体相同；启动资金加上每年的利润、减去每年的非商业支出，是否与实有权益大体相同。

（3）客户提供的信息是否与当地该行业的平均水平大体相当。如注意营业额、营业费用、利润、员工工资水平与当地平均水平的差别。

（4）不同的人对同一问题的回答是否基本一致。如客户家庭成员对贷款目的说法是否一致，客户的合伙人及客户对营业额、利润等的说法是否一致。

（5）客户提供的不同数据、不同信息之间的关系是否合理。如销售额、淡旺季、市场需求状况与申请贷款的时间、额度是否匹配，营业额与应收账款的关系是否合理，营业额与库存水平之间的关系是否合理。

（6）客户管理的企业，其投入与产出之间的关系是否合理。例如，员工数量与营业额，固定资产与营业额，每月电耗与月营业收入，等等。

交叉验证要考察客户提供的信息是否互相矛盾，但更重要的是基于对当地不同行业的经营特点、经营方式、投入品价格、出售商品价格的深入了解来做出可靠判断；而这些因素又是不断变化的，所以只有通过系统的总结、积累和相互交流，才能进行有效的交叉验证。

交叉检验的依据来自于信息支持性文件（如收据、发货单等），还有同各个与需要检验信息相关的第三方的信息交流（如家庭成员对企业经营、贷款用途的描述，供应商和交易者对交易的描述等）。

对不同行业客户的交叉验证不一定只关注银行流水，应以寻找逻辑矛盾为突破口。比如：将银行流水和客户手工账对比；通过旁证，如做餐饮的收入与用多少天然气做对比，收入、产出与员工提成做对比，与水电费进行对比等等。客户经常说前三年赚了很多的钱，需要核查赚的钱都用在了什么地方。

2. 交叉验证的内容

（1）客户的身份特征（年龄、姓名）。

（2）客户的职业。声称的职业与客户有哪些从业经验？对目前所经营的业务有多少经验？是从哪里获得这些经验或诀窍的？业务是如何组织的？哪些是主要雇员，是谁，在干什么？雇员们都有多长时间的经验？平均每个雇员的营业额是多少？

（3）客户的位置特征。如果客户不能清楚地描述居住的门牌号，或者不同来源收集的门牌号不一致，说明客户平日生活和工作较为马虎，风险较大；如果客户是有意的，说明具有欺诈倾向，不适合提供贷款。

（4）客户收入的稳定性。需要搜集以下信息来分析：收入记录与受教育水平、第三方评价、其他收入来源；经营历史，为什么经营当前的生意；未来的经营计划是什么？了解客户是否是个“企业家”，了解他对于现在经营业务的专门知识和从事该业务的动机。客户有特定的供应商吗？

和供应商合作的历史有多长？合作条件如何？主要的供应商是谁？谁是我们的客户的客户？有多少？作为客户有多长时间？在什么样的条件下，我们的客户和其客户进行生意往来？了解客户组织、现金流和对某些客户及供应商的依赖程度，了解供应商与客户的关系，进而间接判断我们的客户管理和经营的质量。

（5）客户的负债水平。客户的负债水平不仅需要利用数据计算具体资产负债率，还需要关注大的方面，看是否具有过度负债倾向。通常采用负债占月销售收入的比重来衡量，通常不宜超过 4 倍。如果客户除房地产外，还在大量使用机器设备抵押，或工业土地二次抵押，就反映了其过度负债的倾向。

（6）客户的还款意愿。可以通过征信中的逾期次数来反映，也可以通过客户是否愿意签订承诺、真实暴露负债记录来反映。客户的家庭情况也会暴露其还款意愿。通常抚养子女的父母，相对于单身或离婚者而言，具有较高的还款意愿。

（7）客户的还款能力。还款能力不宜停留在主观的感觉阶段，应该定量化，将还款能力的计算和贷款的拟发放额度挂钩。通常可以根据月收入负债比去倒算还款能力，或通过年度收入带息负债倍数去计算还款能力。此外，还可以根据对征信报告中客户历史还款能力的计算，推算客户的日常还款能力。应急贷款融资能力也应作为还款能力之一。征信逾期次数越多，显然越不利于证明其有还款能力。

（8）贷款用途的合理性。客户需要多少资金来实现其商业计划？客户对其经营业务的认真程度和经营状况的现实程度如何？每笔贷款必须查明贷款用途，虚假的贷款用途可能暗示骗贷风险。对于贷款金额与真实资金缺口不匹配的，应多加关注，以防范信贷风险发生。

第六节　审批风险控制政策的系统化

一个成熟的风险控制政策体系应当与内部管理数据的分析和运用挂钩；可以从贷前客户筛选、借款人还款能力、信用记录、还款意愿、负债与收入情况、工作及居住的稳定性推算其逾期的概率（Possibility of Default），并指导我们调整风险控制政策系统的决策细节。这才是一个现代化的审批风险控制体系。

系统化的风险控制政策通常应与信贷流程管理结合在一起，并通过信贷流程来体现和表达风险控制政策的要求。在信息化时代，信贷流程管理是信息化和多元化的，综合了系统控制及人工的判断。只有其中每一个流程相互影响、环环相扣，才能发挥应有作用。流程管理就是要细致深入到整个流程的每一环节，当有事故发生时，可以马上判断问题出在哪一环节，以便我们更快、更有效地去处理问题。

例如，当发生客户欺诈的情况时，流程管理能最快、最有效地找出问题以及解决问题的方法。要判断欺诈贷款在申请流程能否被发现，通过什么方法可堵塞漏洞。流程管理也可以帮助我们有效地调节贷款质量。比如，发现贷款质量有转坏的倾向时，除了可以收紧准入条件和审批政策外，亦可以通过调节评分卡临界分数令不符合条件的客户增加，甚至可以综合采用各种可行方法。需要注意的是，在提高门槛时，也可能会把一些优质客户拒绝在门外，当中的平衡要很有分寸，以免顾此失彼。另外，通过细分流程，可以有效地计算及控制成本，提高效益或生产力；而不断更新、优化流程，更可以节约成本，保持公司营运的流畅。

2017 年之后风险控制和业务流程的信息化系统应充分考虑人工智能和大数据技术的利用。尤其是具有大量历史放贷和逾期数据样本的企业，应积极利用人工智能技术，建立机器识别的评分卡，减少部分需要人为判断的环节。

一、审批系统的架构应包含的模块

在考虑审批风险控制架构时，首先要考虑的是风险控制系统的完善。没有系统的支持，会增加繁琐的工序；另外，人工判断的结果会因人而异，主观且容易出现偏差。风险系统的应用可以突出逻辑分析，还可以制定反欺诈的硬性规则，形成风险规避罗盘，防范相关风险的发生。

这里以某银行的审批系统的界面为例。它通常包括以下分析规则：

（1）系统内设置的逻辑性验证；

（2）系统内设置的硬性规则；

（3）评分卡功能；

（4）风险类别界定；

（5）外部征信报告调查；

（6）还款能力甄别；

（7）贷款用途的真实性验证；

（8）人工判断，电话、文件、信息核查；

（9）实地考察；

（10）综合判断是否授信。

每一笔贷款都必须按以上流程运作。其中，有系统支援，也有人工判断。审批系统记录着每一界面的结果，如果不合乎系统的要求，贷款审批会转为由人工判断。整个信贷流程和决策是连贯的，由系统自行根据各环节运作条件推进。

二、审批系统中必备的重要分析规则

（一）信息交叉验证规则

交叉验证功能是在小额贷款业务系统中占据重要位置，特别是针对客户无正规可信的财务报表，需要通过逻辑分析协助判断可疑风险点。只有经过逻辑分析的财务信息，才能作为财务依据提供给贷审会。交叉验证的理论基础是：信息之间有逻辑关联，我们可以利用信息之间的这些逻辑关联表面一致性、常识一致性来验证客户提供的信息是否准确。交叉验证分析是做给自己看的，是检验从客户方面获取的财务及相关软信息真实合理性的“尺子”。

例如，客户身份证号码所显示的性别与客户提供的不符，或者客户提供的资料将其父亲作为联系人，但客户贷款申请表填写的父亲的年龄比客户小。又或者客户提供的职业信息与他们的消费水平有矛盾，或从交叉验证中发现其他信息不对称，与常识不符等，这些都可以被设定的交叉验证硬性规则所排除。

（二）反欺诈规则

审批系统内除了上述交叉验证硬性规则外，更重要的就是反欺诈硬性规则。例如，客户是否重复申请贷款，客户提供的单位、电话号码、地址等信息是否与库存逾期客户、黑名单等信息相同。

为了防范团伙的金融诈骗，需要将大量资源投放在反欺诈功能上。例如，当输入客户个人信息后，系统以根据客户任职的单位名称，查看到该工作单位历史上曾产生过多少贷款申请，申请的通过情况和还款记录，以防止欺诈团伙以同一公司或同一 IP 地址作掩护大量申请贷款，造成系统性风险。

当发现客户触碰到交叉验证或反欺诈规则时，系统将转至人工判断。在进行人工判断时，除了对客户基本问题提问外，要加入反欺诈“陷阱”，而这些述语是事先随机安排在系统内并且经常更新的。系统中记录了客户的回复后，将情况汇报给审批经理；审批经理要小心分析，判定是否涉及欺诈行为。如有怀疑，要立即向上级汇报，彻底调查。

反欺诈“陷阱”要预先设定，且经常更新，以免欺诈团伙找出破绽，造成系统性风险。为避免审批员泄露内容，可以使陷阱在系统中实现随机显示，操作员按电脑显示问题提问、记录客户回答。

如何设计反欺诈陷阱？这要从犯罪心理学的角度去研究。欺诈团伙一般会有分工合作：有些人申请贷款，有些人冒充贷款者的咨询人、朋友、家属等。贷款人把贷款申请表副本交予同伙，当放款机构的人来电查询时，同伙便代为回答。有些金融机构为了实现快速审批，便会忽略风险甚至酿成系统性风险。在制作反欺诈述语时，要避免一些过于简单的问题。这里有些技巧可以分享，例如，共有 6 个问题，其中第 2 及第 6 个问题其实是相同的，这正是为了测试对方答案是否一致；又如，客户职业信息是在电信公司做客户经理，提问时，故意错说客户为电子公司的操作员，看对方是否立时反应，借以判断是否可能存在欺诈；又如，问一些与客户工作相关的问题，看其回答是否有破绽，通过逻辑推测降低欺诈风险。

（三）还款能力甄别规则

还款能力会直接影响贷款质量。首先要考虑的是客户第一还贷来源：稳定收入，如工资、租金才算可靠；佣金、兼职收入等除非在半年的银行流水账中有稳定体现，否则不应视为收入。如客户为贷款提供抵押物，这只能代表终极风险可以降低；但同时要考虑处置抵押物时的时间成本、法律风险及费用以及抵押物贬值的可能性。依法律途径拍卖抵押物时，因流拍被迫降低卖价造成资产不足以抵销债务，继而产生差额。另外，每月债项与薪金比例越高，信贷风险越会增加。这些都必须审慎考虑。

（四）贷款用途甄别规则

贷款用途往往会被忽略，有些金融机构甚至不需要客户提供相关信息，又或者明知贷款用途虚假或用途违规，仍继续放贷。

例如：一个租房住、低收入的人来贷款，要用几万元买高级音响组合，这时必须小心处理，因为贷款金额超出了贷款人的还款能力，贷款人的社会地位和职业与其消费行为不匹配，存在着虚假或套现的可能性。又如，在实地调查中，客户对你说贷款用途为补充货源，但在巡视货仓时发现库存充足，按销售行情及行业情况看可维持数年，而生产该货品只需一至两个月。对于异于常识的可疑情形有合理的怀疑，并要求客户做出合理解释。

（五）客户资料真假鉴别

贷款文件辨伪是一门硬功夫，要积累相当经验才有成效。国内银行众多，单说流水账就类型繁多，仅靠个人能力不可能全部了解真伪，但可以通过第三方交叉验证，例如让客户当面登录银行网页验证，或致电银行客户中心核对。另外，有些文件如身份证等，是可以通过仪器识别、第三方大数据机构鉴定真伪的。

（六）实地考察，眼见为实

审批系统需要记录和展示考察过程和结果。实地考察可以针对客户住址或工作单位，可细分为明访和暗访，两者目的不同。

明访是预先跟客户沟通好，再到现场去了解。其好处是可以详细提问，全盘了解财务及经营状况；坏处是经营者为求得贷款，可能会预备假账目，隐瞒真实情况。曾有不法贷款中介串通客户合谋骗贷，由于中介熟悉信贷流程，遂令贷款机构蒙受损失。曾有调查团队预约实地考察客户经营场所，首次上门时看到公司业务正常，在访期间生意好像很好，不停有客户进出。中间间隔三小时后再次上门，发现客户办公场所已撤离。原来第一次上门看到的假象是经过客户预先悉心安排的。

相对于明访，暗访是在客户不知情的情况下进行，通常可以看到真实情况。有时为了进一步了解，可以向邻居、物业管理处调查目标客户情况，看看是否与客户提供的信息相符合。

对于住址的考察一般着重于居住的稳定性。如租房的客户与自置物业的客户相比，容易搬迁，稳定性低；独居、丧偶和离异者比已婚或已婚并有子女的容易搬迁。在访问住址时，要留意家中是否有居住痕迹，可以通过观察相册、奖状、门前水电催收单等判断谁在居住，通过家居用品及设施，牙膏、牙刷、毛巾、纸巾、米粮、食油、床、衣柜、电视机、冰箱等是否齐备来判断是否当前正在此居住。

实地考察必须与交叉验证和反欺诈验证相结合，才能确保信息的可信度。实地考察和交叉验证分析的具体内容清单请参考本章附录6－2。

附录6－1

贷前风险控制案例

案例一　客户提供的信息必须要实地交叉验证

客户许某申请一笔30万元的抵押贷款，抵押物为本次实勘地成都某汽配城内店铺。据客户提供的资料和实勘时对其访谈了解到，客户许某在成都某汽配城从事汽车配件销售已有3年，客户本人在成都从事此行业已超过10年，与其店铺合作者大部分为汽车修理厂，合作稳定；上游采购为现款现货，下游结算账期为1个月，但从来没有出现过拖欠行为；其店铺的月均销售额为100万元左右，净利润率为20%；目前租房住，月租金1 200元；在成都除抵押物外，未购置任何房产，也未在老家购置任何房产；一年前为拓展业务购置了一辆小车，市场指导价在8万元左右，首付30%，其余为汽车金融公司贷款，贷款期限3年。

客户申请此笔贷款，主要用于采购汽车配件，提供给新签订合同的汽车修理厂。在实勘时发现，客户所在的汽车配件城商铺大部分未营业，汽配城内的人气非常冷清，客户所在的店铺装修成色较新但有蛛网，店铺内的挂锁锈迹斑斑，店内仅有少量货物堆放，在店铺内除客户外，没有其他工作人员（称店铺内有一个内勤人员，他由于请假，今天没在店铺；还有3名业务人员在外面跑市场，很少到公司）。其提供的近一年的销售单据和合同较新（销售单据没有经常翻动的痕迹）。

我们走访了汽配城的物业管理处及邻近商店，侧面了解到许某的经营状况。其实许某公司生意萎缩严重，正面临崩溃；另外，物业管理处及附近地产中介反映，该处物业买卖疏落，有价无市。

综上所述，认定客户许某贷款用途不明，存在严重的造假行为，贷款人还款能力薄弱，抵押物变现能力弱，故决定拒绝本次贷款。

在此个案中，首先是怀疑其第一还款来源明显较弱，其次是该抵押物变现能力低，而客户又多次隐瞒实际情况，贷后管理困难，所以贷款不予通过。我们两个月后个案跟踪复查时，发现该公司已倒闭，之前所说的抵押物已被汽车金融公司查封。

案例二　现场实勘也需要交叉验证

（一）项目背景

某自然人A夫妇申请金额为18万元，期限为12个月的贷款。借款人本次借款是用于B经营部采购净水器，准备新店开张，还款来源为其新店和老店的经营收入。此次是借款人第二次向我司申请贷款，之前合作良好，能正常付息与还款；该笔贷款，申请人资产抵押物充足，流水亲见打印。最终风险管理部根据客户提供的资料，通过反欺诈手段调查、交叉逻辑验证、清单化审批和实勘，认定客户过度负债倾向较大，因此予以拒绝。

关于该笔借款，A夫妇的资产情况为：两套拆迁房，两个商铺，一辆价值37万元的轿车，家庭总资产约251.5万元；家庭负债为房贷32万元，信用卡已使用额度26.7万元；借款人家庭净资产合计约192.53万元。

该笔贷款申请的抵押担保情况：第三方保证——B电器经营部；资产线索留置——A夫妇购买的29.46平方米商铺的合同原件与支付票据留置，用名下商铺办理顺位抵押。

（二）潜在风险点审核过程

1. 客户资料准入条件验证

检查客户提供的资料是否符合进件标准，并检验其资产负债情况、征信逾期情况是否符合我司信贷政策，所提供的营业执照、组织机构代码是否真实可查；通过全国企业信用信息查询网查询其资料的有效性，看该客户B经营部是否存在异常经营信息，是否存在动产质押等情况，并通过全国法院被执行人信息查询系统查询A夫妇及B经营都是否涉诉。分析结果显示，项目必附资料完整合规，客户经营无异常。

2. 反欺诈及过度负债分析

（1）查询A夫妇征信情况。查询显示，借款人夫妻双方没有银行逾期还贷记录，但征信记录显示家庭成员C名下的信用卡最近6个月已用额度为26.7万元，信用卡使用率占信用卡授信总额度超过80%红线，与日常消费规律不匹配，不排除存在过度负债或套现的可能。

（2）查核A夫妇不良软信息。通过国政通中的户籍系统查询、比对照片，户籍地址等信息排除了客户身份伪冒欺诈（即排除了通过非法渠道获取身份信息，并把身份信息用于相关业务申请，从而获得信用额度的欺诈方式）。同时，查询户籍系统中是否存在吸毒、在逃、历史在逃、涉嫌刑事案件等不良信用信息，查询显示，A夫妇不存在不良软信息。

（3）对A夫妇和B经营部进行互联网反欺诈搜索。在“中国反欺诈网”中站内搜索客户可能存在的违规经营、虚假经营等经营异常信息，查询显示客户及经营部均无异常信息。

3. 尽职调查和审批交叉验证，寻找客户可疑点

清单化尽职调查和审批，将资产负债结构、可支配收入计算等事项列表进行逐项审核；在排除潜在的遗漏的风险点的同时，对项目的整体逻辑进行验证分析。当分析到该项目借款用途时，贷审员发现项目经理提供的照片中新店规模较小，进而核算进货成本和装修成本，发现资金需求远远小于客户申请的额度。

结合前面反欺诈手段调查中获知的客户信用卡最近6个月平均使用额度26.7万元，分析得出：客户申请的资金与实际用途不匹配，客户口述与实际情况有逻辑矛盾。

4. 电话反欺诈核查和实勘验证

通过前面的交叉验证手段后，发现有可疑风险点。贷审员采取了两项措施：

（1）电话核查。拨通了B经营部营业员D的电话，和他聊B经营部有关经营情况、A夫妇近期生意情况以及客户的信用等情况。在交谈中，营业员透露C最近参加了一个商务培训班，主要是关于理财等方面的，继而深挖客户涉及的理财领域，营业员D突然意识到这些信息可能对申请这笔贷款不利，转而挂断电话。挂断电话后，贷审员立马接通了C的电话，交谈方向向理财方面进行引导，C始终未透露任何涉嫌民间借贷等信息，也无法解释信用卡高达26.7万元的使用问题；C后来表示最近有好几家金融机构与其沟通过关于融资的事情，且对资金需求表现很强烈。

（2）实勘验证。贷审员要求项目经理再次进行现场实勘，对客户的周边信息进行了解。项目经理再次走访后发现，客户的新铺面的不远处有个铺面，铺面广告牌同新铺面广告牌上名字一致，均为某某电器经销部，但门牌上方用布遮住（无法看到布背后的内容），布下面的小字拼音显示有“touzi”字样，项目经理立马警觉这两家铺面可能为同一人所有。项目经理通过与周边商户交谈了解到，C平时有股票咨询等理财业务，除此之外，C和他的同学还组织了商会，彼此之间进行小额资金周转；C近年来因经营不善，现金流减小，但当商会成员有融资需求时，碍于情面，选择从我司贷款，继而借给其商会成员。

（三）审批结论

该项目中资产、收入、借款用途表面符合公司产品对用户要求，经过准入条件过滤、交叉验证寻找可疑点，再经过电话核查和实勘等一系列流程深度挖掘后，发现客户资金用途与实际情况有逻辑矛盾，若依靠表面的经营收入，难以按时归还本息，应予以拒绝。

附录 6－2

客户实地调查和交叉验证指引

在开展客户实地调查和交叉验证工作前有一系列准备工作。

告知客户融资现场调查的时间及基本审批流程；请求客户配合，提供必要的资料和经营数据信息；与客户确认现场考察的时间，以及客户或其配偶在其他银行是否有经营性贷款，如有，是否可以提前准备好相关贷款合同和还款凭证、流水等资料。具体调查内容可从以下方面有选择性地着手。

（一）客户经营情况调查和交叉验证

参见图 6－2。

客户的经营是调查最基础的内容，小额信贷客户经营调查此财务调查更重要。

1. 经营背景信息

需了解客户的业务是什么时候开始的？初始投资情况？经营利润积累情况如何？是否有其他业务收入？以前从事什么的？以前从事的业务是否与现在的业务有关联？是什么机会从事目前的业务？客户选择这一行有什么优势？家族成员或朋友是否有从事相关行业的？是否独立经营？是否实际经营者？是否有合伙人（实际的也算）？合伙人是否同意作为共同借款人？配偶是否同意作为共同借款人？

查看客户的营业执照。

查看租赁合同或自有办公场所的产权证明。

查看采购、销售和生意往来银行流水等能证明生意权属的单据、账户。

这一部分资料查看的目标是佐证客户是否真实从事该营业，并有相关

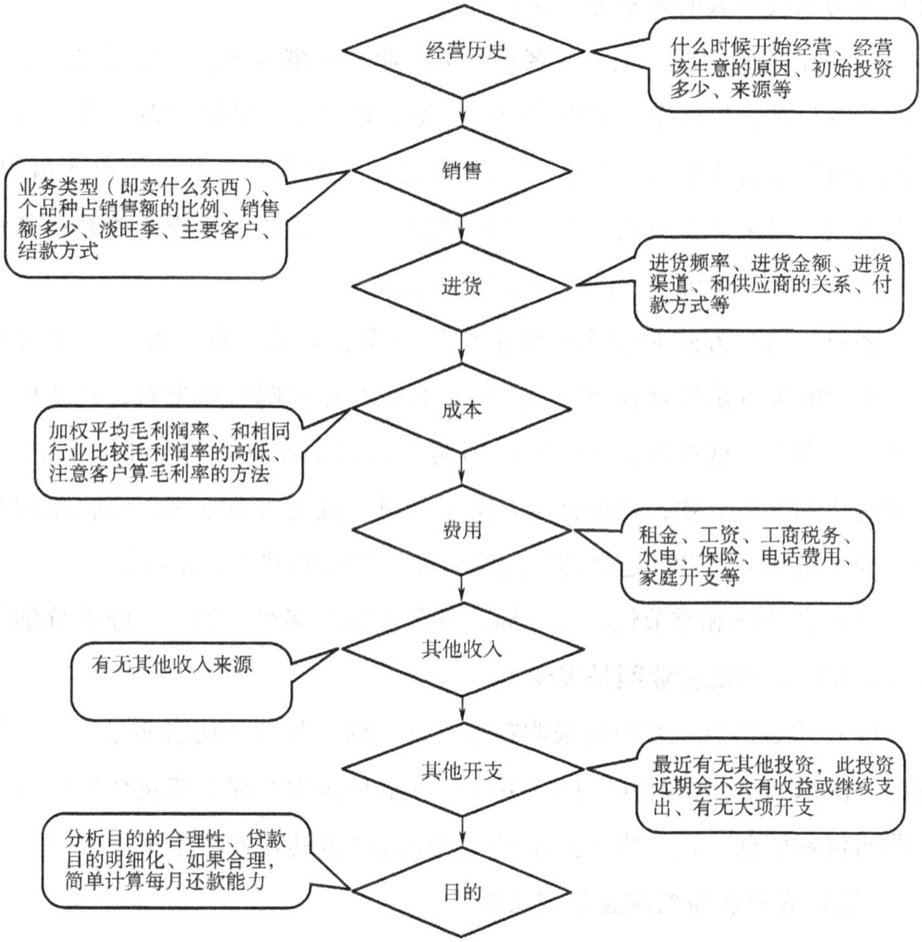

图6－2　客户生意经营的交叉验证

经营经验。

了解客户现在的资金流量情况，了解客户资金是否紧缺，导致没有足够的资金进行商业活动。

2. 当前的经营信息

（1）生意的组织结构、经营模式。企业有哪些部门？哪些岗位？核心员工是什么？这些员工有多少年经验？员工的流动率有多高？了解其专业程度，依赖某个关键人物的可能性；非直接的信息，可以了解企业氛围和客户作为老板给人的印象怎么样。

（2）上下游情况：上下游客户名称，业务贡献占比，交易历史，结算方式。客户是否仅同单一的供货商打交道？谁是主要的供货商？客户与这些供货商已经合作多久了？客户的买方是谁？怎么交易？了解业务组织、现金流量，对某个供应商、客户的依赖度，与供货商、客户的关系；非直接的信息，可以验证客户的经营管理能力和领导能力。

客户的结算方式是什么？现金交易占多少比重？谁是客户的主要客户？客户的买方是否是有规律的支付？有应收账款吗？如果有，自从什么时候，欠多少？这些款项什么时候到期？和主要客户的关系和往来记录。如果得不到这笔贷款，是否有能力偿还？现金流是否有规则，应收账款及时全额支付的可能性，这是客户的经营能力和经营状况的指示。

（3）营业额和季节性。日、周、月营业额是多少？淡季、旺季分别是什么时候？相应的营业额是多少？

（4）采购信息。客户的采购频率？日、周、月的平均采购量多大？最近的一次采购是什么时候？付款条件？成本是多少？现金流量数据是否与采购与付款信息一致，从而验证客户的经营是否具有可循环性。

（二）客户收益的调查和交叉验证

1. 营业额的交叉检验方法

不同行业营业收入计算方式不同，以贸易行业（包括零售及批发行业）为例。

按时间计算销售额（每日的、每周的、每月的、每年的）……

按类型计算销售额结构，零售及批发占比，前提是知道零售或批发的具体营业额。

按产品计算销售结构：各类产品的占比，前提是知道某一产品某段时间的具体营业额。

通过进货额检验，反向验证固定期间的收入规模。

通过固定期间现金检验，反向验证固定期间的收入规模，需参考收现比重及淡旺季。

2. 经营成本数据的收集

使用口述数据方式完成业务产值额或销售数据的收集。如果有账本手账数据，可用来做交叉检验，确定加权毛利率，推算成本构成。

（1）可变成本信息：

产品的采购成本和销售成本价格是多少？得出毛利率，交叉检验成本构成和利润水平。

不同行业成本不同，例如：旅游行业不同于制造业，成本主要是旅行社与上游的航空运输政策所定的返点、采购折价。制造业的成本可能包括原料成本、机器折旧，仓储成本、加工费用等。根据销售收入和成本推算产品加权毛利率。

要求客户口述一个加权毛利率。客户口述的加权毛利率，可用来确定可变成本结构。

将根据成本结构计算出的加权毛利率与客户口述的毛利率进行逻辑检验，验证客户提供的成本信息是否完整准确，从而判断客户的真实收益率。

（2）客户营业成本信息（管理费用）：

在销售和制造成本之外，一定要了解客户的营业费用，这是客户容易隐藏的开支。主要包括：工资、租金、设施、运输、业务招待费、其他等。这部分每月是多少，什么时候支付？与营业额相比？占比是否符合行业通常情况？客户缴纳哪些税？是否能抵扣，什么时候支付？客户有无其他的成本或收入（不直接和经常活动相关的比如存货、减值损失、捐赠、坏账准备等）？是否经营性支付？这些信息可用于判断真正可用的“自由”现金流或利润。其他固定支出，尽量询问开放性的问题，得到客户支出情况。

家庭支出。小孩上学费用，家庭成员保险费用，日常支出，赡养费用。

如有其他家庭收入例如房屋出租、专利费收入等，需要落实或检验。

3. 月净利润的交叉检验方法

贸易类行业利用出货单，销售手工账等计算大部分已售出的商品的加权平均收入，将计算出来的毛利率和客户口述的毛利率进行对比。计算获得客户毛收、毛利润，扣减管理费用。

将按产品不同种类得到的加权毛利率和客户口述的毛利率对比。

将计算得出的净利润与客户口述的净利润比较，选取保守值。

把客户的价格与其他相似客户的价格进行比较，即同行业比较。

生产类型的客户，通过分析加工过程得到毛利。再扣减营业成本和管理费用。

（三）资产负债情况的收集和交叉验证

1. 现金

现金数额？客户有现金或现金等价物吗？现金来源是什么，能否反映利润水平，保留现金的规模是否符合经营规律。进行客户计划、营业额和利润的交叉检验。

2. 银行存款

银行存款数额是什么水平？客户有其他存款吗？如有，银行存款规模是否符合经营规律。利用银行存款增减与利润对应关系，进行客户计划、营业额和利润的交叉检验。

3. 应收账款

重点是调查 6 个月或以上的应收账款。分清去年与今年的余额。今年的余额要与今年的销售额相比较。分析去年与今年的变化，应收尾款是否增加或递减了？检查与下游客户结算的方式，判断应收账款是否合理。与之前和客户交流生意经营模式时获得的信息建立起联系，分析前后有无矛盾或有无不合理的地方。应收账款的回收是否附加了其他对客户本身不利的条件，如有，评估该条件的风险。能否经过对客户经营中产生的应收账款的管理，分析、理解客户对待生意的态度。

4. 存货

分清客户所处的行业。与服务性行业、IT 行业、新经济有关的行业不同，传统的制造或外贸行业，一般主营业务中有存货，客户有其他的经营业务可能涉及存货。对于有存货的行业进行下面的分析。

客户存货采购价是多少？存货是由什么组成的？

存货权属所有权归谁？有无质量问题？是否为市场公认的有问题产品？存货变现快还是滞销？注意当年存货的期初数与期末数，可以与本年进货数相联系。倒推存货的销量。该计算的销量可以与客户口述的销量和收入交叉验证。

5. 固定资产折旧

应作为利润计算的验证因素，利润与现金流入之间的缺口，能否用折旧来解释。

6. 应付账款

结合与上游供货商结算方式和工资发放方法等进行检查，判断是否合理及与行业惯例是否一致。

记录客户去年和今年的应付账款余额，分析趋势变化。对 6 个月或以上的应付账款还没付的要了解具体原因，没有合理解释或理由不充分的放表外单独注明。结合与上游供货商结算方式、与加工点的结算约定和工资发放方法等进行检查，判断是否合理及与行业惯例是否一致。

了解应付账款是否附加了对客户不利的条件（例如有标的物的质押、抵押行为）。

7. 或有负债信息

有任何形式的其他或有债务吗？如果有，欠多少？从什么时候开始？

什么时候可能需支付？

如果是担保，额度是多少？什么时候产生的？支付义务产生的条件是否具备？了解客户的责任，了解现金流，了解企业的组织结构，了解贷款用途，侧面了解客户经营管理和组织能力。

8. 其他投资

客户在最近做了什么值得注意的商业或投资？交叉检验利润的使用、可能“隐藏”的贷款和将来贷款，间接了解客户对待产业经营的态度。

9. 固定资产、个人资产

客户的轿车、住房、土地、设备价值是多少？归属权是谁？对任何固定资产或者对房屋的投资原始成本是多少？了解这些投资或资产是遗产所得还是客户经营利润积累的财富，交叉验证客户的盈利能力。

（四）客户资本权益情况的收集和交叉验证

1. 资本权益计算的公式

应有权益＝初始权益＋期间利润＋期间生意外注资－期间生意外提款＋资产升值－资产贬值比较

实际权益＝资产负债表中权益＋表外项目

2. 权益的交叉检验

选定期间后，确定期间内经营外的注资及经营外的支出情况。

以下的交易行为，哪些改变了客户的资本权益？

购买生意用设备（现金，借款购买）。

借钱、还钱。

买入产品，生产产品。

生意内部的挪用资金。

生意外的资金流出或流入。

生意中的固定资产折旧、损失、价值重估时的增值或贬值。

生意内的盈利或亏损。

生意外的亏损。

经营场所的装修，等等。

（1）若应有资本权益 < 实际资本权益：

损益表中的利润算少了？

有其他未知的收入？

客户有负债但没有调查出来，如应付账款、民间借贷等。

供货商有铺货情况，等等。

可能有部分资产不是客户自己的，如合伙情况等。

若出现差异，需要寻求对差异的解释。

（2）若应有权益 > 实际权益：

利润算高了，支出算少了（月可支配收入被高估）？

有部分资产没有调查出来，或者客户有其他投资。

初始权益中有部分负债没有调查出来。

客户借款后的还款行为没有调查出来。

忘记了放在表外的资产。

若出现差异，需要寻求对差异的解释。

（五）客户其他信息的收集和交叉验证

通过走访客户的上下游客户，询问企业经营者、股东等渠道，搜集并据以判断、分析各种非财务信息。可利用的线索包括但不限于以下方面：

大量有关客户的品德、行为、社会声誉等非量化信息，它们难以量化和传递，具有强烈的人格化特征，是包含了影响贷款未来发展趋势的主客观两方面的信息。比如：客户的年龄、教育水平、社会地位，他人对客户的评价，婚姻状况、性格特征，是否有不良嗜好、违法犯罪记录，是否还有其他收入或其他支出，等等。

相对容易破产的人的特征包括：沟通能力强的人，善于和政府、银行打交道的人，特别想出名的人，好面子的人，头衔多的人，多元化发展尤其是不相关联产业多的人。

相对不容易破产的人：相对木讷的人，被妻子管住的人，作息、生活规律的人，胆小的人，怕出名的人，企业和产品专一的人。

上述特征线索，需要与其他风险控制因素综合考察，才能得到较为合理的结论。

检验上述线索是否真实、有效的机制，就是大数据统计分析，寻找与逾期不良率相关性较大的因素。

如果能够获得国内贷款客户黑名单，是否可以用于控制风险？如果只是简单地运用，答案是否定的，不足以识别风险客户的，因为无法预见新发生的逾期客户。如果通过客户黑名单的分析，能够从中找到逾期率集中的客户特征，比如与年龄、行业、经营、征信等指标有相关关系的信息，进而倒推出一个风险模型，对小额信贷行业会是一个有效的利用方式。

附录6－3

小额贷款审批时需关注的风险信号

（1）老板不接电话，包括不接别人电话。

（2）工资发放异常。

（3）存货量持续下降，流动资金短缺。

（4）连续的水电费、电话等通信费欠缴。

（5）账户资金枯竭。

（6）能抵押的土地、房屋、资产全部抵押。

（7）老板异常消费、资金异常转走等。

（8）员工突然减少，核心人员变化或离职，等等。

（9）客户信用等级、贷款风险分类下降。

（10）政府调整了行业政策或修改了相关法律，严重影响客户的生产经营。

（11）借款人的主要股东、关联企业、母子公司或担保单位等发生了重大的经营管理变化，如改制、频繁且复杂地进行关联交易或有重大关联交易等。

（12）股本结构重大变化，资本金大幅减少；大量对外投资，投资项目与自身主营业务关联不大。

（13）挪用或变相挪用信贷资金或其他信用；对金融机构及其他债权人出现拖欠或违约行为，金融机构被动展期或借新还旧。

（14）逃废金融机构债务。

（15）高管人员卷入经济或刑事案件。

（16）客户涉及重大不利诉讼。

（17）客户大宗资金被诈骗、损失。

（18）资产负债表结构发生重大变化，资产负债比率过高，流动资产占总资产比例下降，固定资产变动异常，无形资产激增。

（19）短期债务异常增加，长期债务大量增加。

（20）经营活动发生显著变化，开工不足，处于停产、半停产或经营停止状态。

（21）丧失主要产品系列、特许经营权、分销权或供应来源。

（22）建设项目的可行性存在偏差，或计划执行出现较大的调整，如基建项目的工期延长或处于停缓状态。

（23）拖欠税款、工程款、员工工资、利息。

（24）出售、变卖主要的生产经营性固定资产。

（25）抵押、质押物品所有权发生争议，客户擅自处理抵（质）押物。

（26）抵押物品实际占有人管理不善，抵押、质押物价值下降或金融机构对抵押物失去有效控制。

（27）行业急剧衰退，或地区经济状况严重恶化。

（28）企业千方百计到各家金融机构申请贷款；只要能够得到贷款，可以承受许多苛刻条件，如高利率等。

（29）借款人向其他金融机构的信贷申请被拒绝，其他金融机构降低其信用限额。

（30）客户态度发生改变，尤其是缺乏合作诚意，还款意愿差，多种还款来源不落实，拖延支付贷款本金、利息或费用，拒绝金融机构与其注册会计师等相关人员接触。

（31）提供虚假的财务报表或其他信息、资料。

（32）与同一金融机构贷款客户有互保、连环保关系。

（33）借款人违反与其他金融机构或债权人的协议，不能偿还其他对外债务。

（34）受到其他金融机构的资信调查。

（35）借款人采取欺诈手段骗取贷款，或套取贷款用于牟取非法收入。

（36）担保人保证能力显著下降。

（37）遇到台风、洪涝、火灾、地震等严重灾难，损失惨重。

（38）股东通过借款抽逃资本金。

（39）金融机构结算账户往来资金与现金流量表出入较大，或与销售收入不匹配。

（40）缺乏健全的财务管理制度，财务管理混乱。

（41）坏账准备金大量增加。

（42）对一些供应商过分依赖，供应商停止供货或减少信用额度。

（43）企业经常签发空头支票。

（44）贷款档案不齐全，重要文件遗失，对贷款偿还有实质性的影响。

（45）贷款的使用、偿还等受到行政干预。

（46）发生劳资纠纷。

（47）对贷款缺乏有效的监督，不了解贷款的实际使用情况和还款来源。

第七章　全程风险管控之贷后

导　　言

小额贷款全程风险管控分为贷前风险控制、贷后风险控制。不能把风险管控的全部希望寄托于审批，因为审批并非万能，而且风险会在客户贷后经营过程中不断演进。贷后风险控制的核心是提升客户的违约成本。以前小额贷款行业认为贷后管理和催收管理是同一个问题，在做小、做微的精细化管理模式下，贷后管理的第一要务是管理正常客户，防范短期逾期客户转变为中长期逾期客户，它所用的手段和思路与不良催收管理有所不同的。在当前，贷后大数据的收集和应用对贷后管理具有重要作用。贷后管理的第二项重要任务是收集、发现营销尽职调查和审批中的经验与失误，归纳和分析逾期客户的原因，指导以后的尽职调查和审批，验证产品设计和客户来源管理，为快速精准审批积累经验。

第一节　重新定位和定义贷后管理

贷后管理是从贷款发放直到贷款完全收回的全过程。它既是有效回款的过程，又是一个良好的营销机会。在小微信贷风险管理体系中，贷后管理是不可或缺的重要环节，其重要性不低于信贷审批。在很多情况下，审批阶段觉得风险可控，但是贷后管理跟不上，30 天以内的逾期客户控制不住，客户便形成习惯性逾期，演化为 90 天以上的逾期，最终成为不良贷款。

一、贷后管理的基本原则

为了推动小额贷款企业不断总结贷后管理经验，持续推进全程风险管理效果提升，贷后管理工作要明确两个基本原则：

第一，防范客户脱离小额贷款公司管理视线。贷后管理的核心是不能让客户在你的视野中消失，包括失去联系、永久性脱离原居住地，公司不知晓。只要客户不会消失，贷款就不会全部损失。只要企业不破产，家庭不崩溃，客户就不会消失，贷款就不会全部损失。

第二，最大限度降低30天以内逾期的比例。30天以上的逾期是真正的逾期，这是催收管理阶段的问题。在分期还款的情况下，客户可能由于各种各样的原因晚几天还本付息，本质上还有还款意愿，而且有可能是在试探小额贷款公司贷后管理是否坚决。在这一阶段，贷后管理的根本原则除了不能让客户在视野中消失，持续提醒客户履约还款，还需要确保对客户逾期快速反应，坚决催收，控制7—30天的逾期发生和发展。客户只要有逾期倾向，就应该迅速介入，扑灭客户逾期及心存侥幸的苗头。

二、贷后管理的工作流程

一套合理规范的工作流程可以使贷后风险管理工作事半功倍。30元以内的逾期控制工作是主要工作内容，强调流程的重要性。初步把30元以内的逾期控制分为三个时间段，每个时间段之间紧密联系，前一时间段的工作落实不到位，会严重影响后续的各项工作的成效：还款日前五天发送提示短信；还款日当天电话提示客户，逾期第一天开始电话催收（若客户承诺付款，承诺付款日不超过三天）；若所有电话都已停机或失效，立即联系担保人、联络人，若担保人、联络人也无法确认客户行踪，立即前往营业场所、居住地址了解情况。

（一）通知还款

通知还款是贷后风险控制的基础性工作，主要是通过电话提前通知客户，确保委托划款账户有足够的余额，以便成功扣款。在通知客户还款时，沟通时间的选择较为重要，最好选择午休后，上午有时联系不到客户。当然，小额信贷公司须因时因地具体情况不同，可区别对待。

具体操作要点：

确保还款日前五天通知到客户，告知明确的扣划金额；要确定还款方式，账户是否有钱，是否足额。通知过程中需注意，客户电话已变更的，立即通过联系人询问新的联系方式；电话关机或无人接听的，务必通过短信通知送达。客户要求改变扣款账号的，需本人上门填写新的扣款委托书。

（二）回款跟踪

回款跟踪主要是对公司通知客户还款的结果检验，判断客户有无骗、拖、赖、推、躲等想法。可选择客户还款期间的最后一天跟踪客户回款情况，如：查看银联扣款情况，如果扣款失败，需立即取得沟通，视情况采取相应策略。如扣款失败，可当场建议客户还现，维护良好的还款记录；对于客户额度不足，应积极打消客户拖延思想，威胁采取相应催收措施。

（三）短期逾期信用修复

客户超过了合同约定的还款日未还款，将会出现在30天以内逾期报表上。1—30天这个时间段的催收工作非常重要，简称短期信修，要通过合理运用各种催收技巧，针对不同的逾期客户有效地进行催收，打消逾期客户拖、赖、推、躲等念头，引导客户按期正常还款。

（四）短期逾期原因反向分析

这是指及时分析逾期原因，持续改进调查、审批和贷后管理。对于出现短期逾期的客户，小额贷款公司需要高度重视寻找产生逾期的原因。对于每一个逾期的客户，都应该做“反向分析”：可以选择7天以上的逾期项目介入，也可以选择15天、30天的项目介入。反向分析报告最好要和前后台相关部门分享和分析，并列入问题改进清单。

通常需要在反向分析中重点关注的问题包括哪些方面?

1. 客户方面的原因

客户借款后的次月开始等额等息逐月还款，在此过程中经常会出现逾期现象，主要有以下方面的原因：

（1）客户没有高度重视自己的个人信用。

（2）客户受应收货款拖累，或客户还款日与发薪日重合。

（3）客户在外地出差，委托划款账户余额不足使关联扣款失败。

2. 公司自身的原因

在放款后，公司往往认为该笔业务已经完成，放松与客户的交流，思想上产生松懈，会造成收款工作上的一些失误或细节上的工作疏忽，导致借款客户逾期。这方面的细节工作主要有：

（1）是否在客户到期还款日前通知到借款客户本人；

（2）是否将还款通知的事情向客户准确地表达清楚，通知全部被收悉；

（3）是否细心跟踪收款回盘，做好二次通知准备；

（4）是否让客户重视个人信用的重要性，坚决快速扭转客户对还款的拖、赖思想。

第二节 贷后资产组合管理

资产组合管理应成为贷后管理中防范未来逾期增加的重要手段，应成为重点监控的对象。当小额信贷公司面对十亿甚至过百亿元的信贷资产时，它们当中就可能既有抵押贷款、担保贷款，又有信用贷款、透支性贷款等资产。要从实际利弊、市场需求、公司策略、风险平衡等角度去评判资源投放和资产分布是否合理。

资产组合管理是银行业通常需要考虑的问题，对小额贷款行业同样也具有意义。

一、贷后资产组合需要关注的要素

贷后资产组合需要关注哪些要素呢?

1. 贷款产品和客户来源的有关组合

不同的贷款产品，对客户的风险控制能力不同。比如，信用贷款、抵押贷款客户的违约成本不同，威慑作用自然不同。不同的客户来源亦有不同风险，需要分类加以管理，控制高风险客户的占比。例如，对过度负债倾向不同的客户，还有对自主营销的客户和中介渠道介绍的客户，都应该分隔管理，设置额度控制。

2. 逾期客户或与产品有关的风险构成

比如，用逾期账龄区分，五级分类等典型的资产组合管理手段，来标识与产品或客户有关的资产结构:

(1) 逾期1—90天、91—180天、181—270天、271—360天、360天以上的占比和分布。

(2) 用每一阶段的迁徙率来预测坏账，这是反映贷款资产组合质量的动态指标。

上述两种方法目前已经追不上金融市场对贷款质量监控的需要。这里提供另一参考方法把资产按风险级别情况来管理，以便更有效掌控所管理的资产。

二、积极的资产组合风险分类

可预先设定多项风险指标，把这些指标与活跃客户做比较，多方位监察，看看有多少客户超越相关红线。触碰红线越多，代表贷款风险越大。透过定期监控，可以全面掌握贷款质量趋势；通过进一步详细分析，甚至可以预测日后逾期及坏账情况。

举例：某公司在信用贷款逾期客户中发现了以下三个共通点：

（1）工作在两年以内；

（2）月收入在 3 000 元以下；

（3）年龄在 25 岁以下。

假设我们把活跃信用贷款客户都放在以下的图 7－1 中分析。图 7－1 中外围的大圆圈就是风险范围，而每一小圆圈代表不同的风险情况，重叠的地方说明该批客户同时触犯了两个甚至三个风险指标。图中处于 4 的区间代表客户未触犯任何风险指标，理论上应该是最优质的客户；3 区域代表客户触犯了一条风险指标；2 区域表示客户同时触犯了两条风险指标；1 区域则代表客户同时触犯三条风险指标，理论上来说应该是风险最高的。

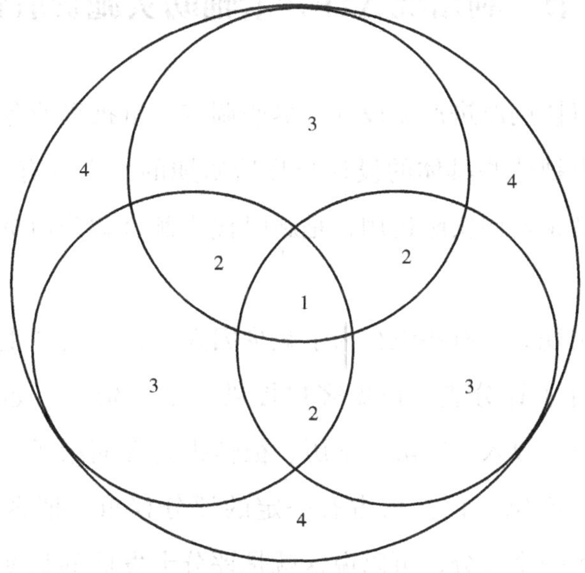

图 7－1　贷后客户分类管理矩阵

除了可以设定不同风险指标，以便把库存活跃账户以不同风险程度区分，形成风险组别，协助进行更有效的组合管理外，还可以通过不同风险程度配合不同贷后管理和催收策略，去控制贷款的质量。例如，区域 4 的客户由于没触犯任何风险线，每月定期通一次电话便可；相反，区域 1 客户同时触犯了三条风险线，除了定期电话联系外，可能更需要定期回访甚至要做贷后征信报告复查。把客户群进行风险分类，其中一个目的就是对应不同风险进行不同的管理。

以上只是一个例子。它说明，我们可以设置多于三个的风险指标去区分客户，将其设为不同风险组别。本例中，我们是把客户群成功分为 4 个不同风险组别。需要留意的是，设置风险指标时，要参考逾期客户的特征共通点，另外要定期检测。例如，没有触犯风险指标的客户，逾期及坏账情况是否真的比高风险组别的客户多？如果实际情况与此相反，应注意修改风险指标——与时俱进至为重要。

第三节　利用现代评分卡辅助实施贷后管理

评分卡可以协助改进产品设计、尽职调查、审批等业务流程中的有关细节的设计，审视这些具体的设计与贷后逾期的产生具有多少相关关系。评分卡从统计理论走向实际运用，是新时代小额贷款公司贷后管理一项令人兴奋的发展。

评分卡未出现时，有些银行为了减少因人工判断而产生的人为错误或主观因素而设计了评分表，根据客户提供的信息资料，如客户年龄、性别、职业、职位、收入、工龄、学历、征信报告等而给予一定评分，这些统称为评分项。而每一评分项占有一定的评分权重，把客户的信息放进去，会计算得到一个评分，可以说这就是评分卡发展的初期。后来结合现今的电脑科技、统计学及数学技术，便产生了今天的评分卡。

评分卡的好处是快速应对、客观及减少了人工判断，适合批量处理，借以节约人力成本。它对于金额细小的贷款产品至为有用，对于金额较大的其他金融产品也有辅助参考作用。

当前评分卡的功用主要有以下几方面：

（1）客户分类和风险定价。通过评分，其实也可以把客户分为不同风险层次类别。这样，可以用贷前风险定价，根据客户所处的风险组相应确定其所需支付的贷款利息和费用——高风险的客户自然要负担更高的贷款成本。

（2）客户分类和贷款审批。可参考上文提及的对应不同风险程度组别以不同手法处理。除此之外，掌握好整个风险罗盘，包括风险系统、大数据、评分卡加上征信报告等重要信息，从贷款申请进件起，把客户归类至不同风险组别，可以根据风险程度，运行不同的审批流程——风险越低流程便越简单，风险越高流程便更详细——甚至人工判断，这样可以帮助公司节约营运成本，提高审批效率，且不会影响贷款质量。

（3）客户分类和催收管理。除了可作为贷前的工具，有些机构已经研发出催收的评分卡。把客户群按其风险情况、客户还款记录等情况分为不同逾期风险组别，按发生逾期的概率对应不同的催收策略。这样可以更有效、更灵活地善用资源，降低人力成本，控制贷款质量。例如有些经常逾期的客户尽管习惯性逾期，但他们每月月底都会主动还款，对于这类习惯性逾期客户，建议可放在风险的中至低类别，待月底仍未收到其还款后才催收，这样可以大大减少催收成本。

制作评分卡时需要考虑提取哪些客户信息作为评分项？每一客户信息的评分比重如何？这些都是评分卡好坏的决定性因素。有人认为把所有客户信息都放在评分卡内，信息收集越多评分卡越有效。这观点是错的，因为太多信息会导致日后无法管理，当那时看到客户群评分有大幅变动，又无法了解是哪些客户信息改变而引致。所以，建议只收集约 8 至 10 个评分项，这样会更容易也更有效地做日后维护。在选择评分项时，建议多选择可验证的、客观的信息。例如从征信报告中获得的负债情况、还款记录。这些信息是由第三方提供，相对可靠。

评分卡的最终形成，需要事先设定好评分标准，将打分结果与贷后管理中的是否逾期、是否正常进行统计分析和对比，才能验证评分卡的好坏。评分卡是重要的审核工具，把握得好，结合大数据和风险系统，可以为公司创造财富，成为公司的重要资产。评分卡应加以保护，其设计内容更要注意保密，并建议3至4年更换一次，确保其成效。试想一下，如果诈骗团伙了解到了你的评分卡内容，他们便可以制造假信息骗贷，这样你的评分卡便失效了。

第四节　利用外部和内部大数据，辅助实施贷后管理

大数据是当今最新的市场思维和概念之一，同时也是小额信贷重要的发展趋势。它像钥匙般开启着时代的转型。我们都生活在数据里，同时也成为大数据的一部分。

举个例子。某数据分析公司做市场调查，了解吸烟者的比例。无论你的答案抽烟与否，甚至你选择不回答不置评，你的行动信息最终都会回到大数据公司做分析研究。当代的大数据利用还处于开始阶段，需要时间令其发展成熟。因为大数据成效取决于质和量，而以往在大数据年代前，很多银行及金融机构根本不重视客户提供的资料是否属实，造成大量的信息不对称问题。随着银行及金融业的觉醒以及人们对个人信息注重度的提高，再加上征信报告的普及，估计未来几年大数据的预测能力会大大提高，善用大数据的金融企业必定会获得竞争优势。

在目前的小额贷款发展趋势下，减少客户前期提供的相关资料，简化程序并尽快放款，已成为小额贷款公司在市场中得以生存的必要前提。这些信息的重点是方便快捷，客户所提供文件极少，一般只要求客户随身备带钱包内的文件及基本信息，如身份证明、银行卡和实名登记的手机号即可申请。在金融行业信贷审批相对贷后管理来说，大数据的利用程度较高。

一、外部大数据用于贷后管理的形式

1. 满足科学、快速确定贷后管理策略的要求

客户只提供少量文件，其他信息全依赖大数据公司提供或验证（如客户实际居住位置，客户的实际收入，客户的联系方式）。大数据公司会根据客户提供的手机号码，通过电信公司进行电子验证，判断是否与身份信息一致。根据客户银行卡号码与相关银行身份信息、住址电话信息是否吻合以及用户手机、住址、工作单位更换频率，判断客户的稳定性，并进行学历等信息的核查。如果发现客户提供的信息有可疑，可以在信贷审批时就确定贷后管理的频率方式和程度。

事实上，有些大数据公司会针对客户的联系人的信用情况而判断客户是否可信，大数据公司所持的理由是个人还款行为直接受到朋辈影响，并且成正相关关系、互相影响的关系；朋友圈内信用差的人越多，则代表着该客户逾期的机会也越大。有些大数据公司会依据客户风险评分而进行风险定价、决定贷款利率和费用，高风险客户自然要付较高利率，而这政策刚好可以把风险覆盖了；对于低风险客户，其享受低利息的优惠不受影响。这被认为是科学的且公平、公正的客户管理标准。

2. 满足贷后发现风险信号的要求

大数据可用客户消费模式去预测其逾期概率。以个贷对例，大数据提取的信息来自客户银行卡及信用卡消费记录、模式和规律，手机上网情况，联系人的关联记录。加上通过征信报告上的信息，可以了解到当事人的生活圈子及负债比例、信用情况，可以做贷后评分，甚至推算其支付能力及逾期概率。比如手机是否经常欠费，是否深夜上网且经常浏览涉赌、涉黄网站；从银行及金融机构的黑名单以及从网上法庭审理获知与被告人信息是否匹配。

客户提供的工资收入信息对个人贷款贷后管理来说无疑是最重要的，

因为这代表着客户的还贷能力。其他重要信息如居住地址等，都可以用征信报告、银行记录交叉验证。那么，在大数据时代，如何验证客户的收入呢？这当然就是通过客户的银行卡记录，然后通过客户授权了解到每月流水账，这是最直接的方法。但需要留意，如果只要求客户提供已开户及启用半年以上的银行卡，而不要求其提供发工资的银行卡，其后续还款能力恐怕还是难以监控。

有些公司利用海量数据建立风险识别模型（参见表7-1），将此类信息作为风控手段的补充。只要客户提供了城市、地区、行业、职位、工龄、学历、银行卡等信息，便可以透过矩阵（Matrix）算法去推算客户身份是否真实，是否具有欺诈风险，还款能力是否充足。贷后管理中，也可以结合客户消费信息、用卡信息推算出客户偿还能力变化的信息。例如在物流行业工作了四年的大学本科毕业的财务经理，其月收入中位数为若干，

表7-1 大数据分析功能表

<table>
<tr><td rowspan="12">反欺诈</td><td rowspan="3">身份验证</td><td>身份验证</td><td>签约验证，申请真实身份验证</td></tr>
<tr><td>手机实名验证</td><td>验证手机号与身份信息是否匹配</td></tr>
<tr><td>银行卡实名验证</td><td>验证银行卡与身份信息是否匹配</td></tr>
<tr><td rowspan="5">申请信息核实</td><td>座机号码核实</td><td>申请核实用户座机号信息一致性</td></tr>
<tr><td>地址信息核实</td><td>申请核实用户信息与用户地址信息一致性</td></tr>
<tr><td>手机用途核实</td><td>申请用户手机号码活跃度、上网时间、接触的网站、流量等信息的核实</td></tr>
<tr><td>学位信息核实</td><td>申请核实用户学位信息一致性</td></tr>
<tr><td>企业信息核对</td><td>申请核实用户企业信息注册资金、营业范围及当前状态等</td></tr>
<tr><td>团伙欺诈防范</td><td>重复申请</td><td>核查历史申请记录</td></tr>
<tr><td rowspan="2">负面信息</td><td>黑名单查询</td><td>包括银行及非银行机构的黑名单查询</td></tr>
<tr><td>部分法庭查询</td><td>部分法庭诉讼，被告人名单</td></tr>
</table>

续表

信用评估	还款意愿	银联消费评估	商品及服务消费行为的统计评估
		媒体阅览评估	媒体阅览行为的统计评估
	还款能力	收支等级评估	用户银行卡收支比例
		支付消费评估	用户银行卡消费统计评估
	稳定性	个体稳定性评估	用户地址、手机变更率评估
		社交稳定性评估	用户社交关系稳定性评估
	信用评分	信贷评分	根据指定评分项及权重推算评分
		信用卡申请评分	针对银行信用卡客户群的申请评分
		消费信贷申请评分	针对消费信贷客户群的申请评分

都可以通过矩阵推算出来，然后与客户贷后提供的工资数据做比较，差距大于15%这一设定限制的会转为人工关注。

二、内部大数据用于贷后管理的分析

需要强调的是，大数据不仅仅指来源于第三方的各种客户数据，也包括小额贷款公司内部可以收集和分析的大数据。内部与贷后管理有关的大数据包括：客户逾期数据，逾期后公司贷后管理策略实施情况，催收人员落实贷后管理措施情况，不同贷后管理措施实施后客户的反馈情况，不同时间段内客户短期信用修复的情况。上述数据如果能够获取，并加以深度分析，可以用于以下功能：

1. 判断贷后管理制度是否被合理执行

贷后管理事务较为繁琐，如果防范“重贷前放款审批、轻贷后管理”的现象反复出现，可以要求将公司各位员工贷后管理需要做的事务全部清单化、数据化，记录于贷后管理系统中。例如，电话核查的通话记录留存于系统，实地上门查看和沟通发现的问题留存于系统，现场发现的可疑迹象拍照片上传。上述贷后管理行为形成的留痕数据，可以和客户风险情况、逾期情况集中进行分析，评判贷后管理人员实施制度要求行为的及时性、有效性，并可被用于分析贷后管理行为的执行在何种程度上与客户风险的发展存在关联。

2. 判断策略执行效率对贷后风控影响

通过分析不同贷后管理策略、措施启动时间、实施时间、结束时间，与最终逾期情况发生概率的关系，可以评判不同的客户群逾期风险以及适合采用何种催收策略。例如，查看不同行业代表客户的电话核查的通话时间，7 天以内、15 天以内、30 天以内实施实地上门催收、发送催收函、发送律师函、发送起诉函的时间。发现某些规律，7 天以内上门催收的逾期客户信用修复的成功率达到 90%，7—15 天采用上门催收的客户，信用修复成功率达到 80%，30—45 天上门催收的客户，信用修复的成功率只有 60%。其中还款期数在 12 期以内的客户，上述信用修复成功率比 12 期以上的客户更高。

三、合理、灵活利用大数据

大数据贷后管理的运用，最重要的还不是数据分析，而在于大数据的运用。为了在激烈竞争的环境下生存，大数据必须要提供多元化服务，其服务范围会涵盖贷前的风险管理、审批至贷后审查、催收，甚至坏账处理，并会因应银行、金融机构的风险偏好而量身订造，建立不同的风险识别模式，并将其融入风险管理政策之内。

如果我们发现某因素与逾期风险有可靠的关联关系，就可以帮助我们推测未来，这正如第一件事情发生后，第二件关联事情亦会发生。那么，当第一件事情发生时，部署对第二件事情发生的应对方法，就成了大数据的运用场景。例如，从大数据里得知某行业的客户贷款逾期率在上升，那么便可在新的贷款申请中，针对这一客户群做较审慎的处理，以防范相关风险。

如何从内外部的大数据中挖掘和计算出更多我们可能需要的规律？这

就是运用大数据的分析功能。大数据的最重大的运用在于预测，与人工智能密切相关。而这些预测系统是建立在海量的庞大数据库的基础上，最重要的是要找到数据中的相关关系。大数据运用成功与否取决于公司背后数据库内数据的质和量，以及相关管理能力和维护更新数据的能力。

但要留意的是，大数据发展同时带来了私隐问题、滥用问题，及人类过于依赖大数据而忽略其他因素的负面影响。如何平衡信息获取人和当事人利益，是十分重要的事。但无论如何，大数据被广泛应用是势在必行的，它代表着时代的进步和科技的成就。人类社会的进步，对于现今的互联网金融上，大数据提供的不一定是最后的答案，也不是最好的答案，而是最具参考价值的方案。

第五节　贷后管理的重要工具

一、贷后抽样复审（或内审）

适用于对一般客户的维护和管理，建议针对通过、拒绝及通过后客户不接受贷款三类客户群做抽样贷后审查。对于有风险疑点的客户，可以提升贷后关注级别。

1. 对于通过的个案，贷后抽查所具有的意义

（1）复查审批员批核时是否依据现行信贷政策而行，跟现有信贷政策是否有所偏离。

（2）各审批员批核标准是否一致，有无出现过于宽松或过于严谨的主观因素。

（3）复核通过的个案里有没有欺诈迹象。

2. 对于拒绝的个案，贷后抽查其原因

（1）复查审批员是否按现行信贷政策拒绝个案。

（2）复查拒绝原因并归类，参照现行信贷政策提出反馈意见。

（3）复核通过的个案里有没有欺诈迹象。

3. 对于通过后客户取消的个案，贷后抽查其理由

（1）复查审批员是否按现行信贷政策处理个案。

（2）寻找客户取消的原因。是否批出金额太少未能满足客户要求，又或是客户对利率、期限、费用条约内容等有异议，需要寻找可改善地方。

二、贷后分级、分类回访客户

除贷后复查以外，回访客户也很重要。回访客户分为电话回访和实地回访两种。需要明确这两种方式的触发条件、频率和对回访内容质量的管理方式。

1. 电话回访

一般回访电话会在放款后一周内进行。内容方面，一方面体现为关心客户，建立与客户日常沟通途径，为日后交叉营销开辟新路，继续为公司创造财富。另一方面要确定放款后客户的联系信息仍然有效，确保将来贷后管理甚至催收都有更大的保障。假如遇到在回访电话中出现异常状态，如客户失联或客户否认曾经贷款等，应该立即严肃处理，深入调查，判断是否存在欺诈行为。

2. 实地回访

实地回访是极为常见、有效的贷后管理措施。通常会认为，贷后回访是了解客户用款和运营情况，维护客户关系，寻找客户转介绍机会——这是从业务营销的角度解释实地回访。需要强调的是，贷后实地回访应该持续有效，实质重于形式，这样能给客户形成强烈的心理暗示：债权人密切关注和掌握着他的近况。这对于维护债务人偿还意愿具有强烈的正向刺激作用。

另一方面，通过实地回访，能够验证电话回访了解的信息的真实性，

发现客户目前的处境，并有助于发现影响贷款偿还的潜在风险。

我们反复强调：小微贷款的风险管理起于尽职调查，经过审批又绝对不是止于审批，这不仅因为审批的有效性需要经过对贷后管理和实际逾期结果的不断总结和优化来检验，而且贷后管理对逾期率的管控也具有实质影响。因为有效的贷后管控能让小微信贷获得较低的实际逾期率和较好的催收效果，这一点可以说丝毫不夸张。

（1）实地回访需要注意的因素：

了解融资客户的资信和声誉的变化情况，这主要是反欺诈的延续；

了解融资客户后续负债增减情况，是否有过度负债的风险；

了解融资客户担保物的变化，比如抵押顺位变化、担保物出租或其他使用；

了解融资客户主要和其他还款来源的稳定性及收入变化；

了解其他影响客户还款意愿和经营稳定性的情况变化。

回访过程中应把握流程，适时引导，不要偏离主题。要根据考察提纲，全面地了解企业信息，不要因为某一突发事件或特殊情况而偏离考察主线。要注意分析客户的表述，并尽量通过事实来验证。为了解经营稳定性，可以再次查看企业经营场地是否具有开展业务的条件，包括经营场地是否稳定、业务能否覆盖相关区域、办公装修环境、设备与人员配置等情况是否能满足开展业务的需要。在现场拍摄企业周边的道路状况、道路名称，附近的交通站点、门牌号，主要经营场地正门、厂牌、经营场所，主要经营管理部门、员工工作情况，较贵重的生产设施，负责人的车辆，必要时可拍摄简短的视频录像。拍摄时要注意不能影响客户企业的正常工作和运营。实地考察客户的办公场所、生产场地等，关注客户的办公环境、生产设备使用状况、工作景气和现场管理情况，并尽量现场拍摄相关图片，了解客户的生产经营情况、日产量和员工的精神面貌及工作状态。与客户的法定代表人、总经理及管理班子主要负责人、财务负责人面谈，并随机与其他层面工作人员交谈，了解客户存在的问题，判断客户领导层经营管理能力及对企业的掌控能力，验证所调查情况的可靠性。

回访时，需要注意客户有关情况与贷款审批时是否发生较大情况的改变，了解客户主要合作产品、交易金额、合作年限、交易历史数据、结算方式、平均账期等信息或重要指标是否较以前有所改善。

（2）实地回访应注意按计划或按时间频率。实地回访的落实应列入考核和监督。对客户提供的信息，不可盲目听信，须客观、公正地开展回访，保证授信调查的独立性、客观性、科学性。尽量获取第一手资料，不能仅凭客户提供的资料完成所需的回访。必要时，通过向客户往来企业或知情人、银行同业、中介机构、政府管理部门、专家等咨询，或通过公开信息（如新闻媒体、网站等）搜集、考察，核实所获取信息的真实性。

（3）实地回访应注意数据整理和记录。需要高度重视良好的实地回访管控机制建设。要注意回访数据的记录和整理，并以适当的方式形成数据，为下一步风险项目预警，或者归纳和验证客户管理制度、审批制度的有效性提供基础。每一个客户都应该有一张贷后回访信息清单，既可以作为贷后实地回访的指导清单，也用来记录寻找到的可疑点，并计算、分析该客户可疑点变化趋势。如表7－2所示。

表7－2　客户贷后回访疑点明细表

一、是否出现逾期	明细项目
	本金
	利息
	本金及利息
二、其他预警信号	明细项目
1. 客户的个人状况	
	多次闭门不见、不接电话
	客户的主要经营管理人员及亲属出现重大经济问题
	客户重病或受伤

续表

二、其他预警信号	明细项目
	客户出现不良嗜好（吸毒、赌博）
	其他______________________________
2. 客户经营情况	
	存货是否不正常增加或减少
	借款人的雇员人数减少
	转让店面或正在转让中
	现在是否拒绝贷后管理和拜访
	客户的其他店铺情况有无异常
	是否有核心员工离职
	其他______________________________
3. 客户的财务指标	
	贷款是否没有用于承诺的用途
	客户是否对外提供大额担保，接近或超过自身的承受力
	是否向其他民营融资机构或非正规金融机构申请贷款
	客户表示无法按时还贷
	客户表示将不能按时归还其他金融机构的借款
	客户的上下游企业存在较大经营风险或出现预警信号
	客户的上下游企业反映客户信誉不良
	客户是否存在其他债权人催款或搬货的情况
	是否出现拖欠工资的情况，拖欠时间长短
	其他______________________________
4. 其他情况	
	行业预警信号
	其他行政执法机构对客户处罚、警告、通报
	借款人转移资产
	公开信息查询有无异常（百度查询预警信号）
	公开信息查询有无异常（全国法院被执行人信息查询涉诉案件）
	公开信息查询有无异常（全国企业信用信息公示系统查询）
	登记信息
	备案信息

续表

二、其他预警信号	明细项目
	动产抵押信息
	股权出质登记信息
	行政处罚信息
	经营异常信息
	严重违法信息
	抽查检查信息
	抵押物状态查询有无异常（出现查封状态）
	征信查询有无异常
	新增较多负债
	出现关注类贷款
	出现当前逾期
	出现不良贷款
	近期征信查询记录异常
	电话监管有无异常
	第三方数据查询有无异常
	其他________________________________

3. 贷后管理分类、分级

对于每年服务成百上千客户的小额贷款机构，如果每个客户都采用同样的方式和频率进行贷后管理，难免有漏网之鱼，或让业务团队疲于奔命。需要一种管理和判断机制，让低风险的客户的贷后管理尽量频率低一些、手续简便一些；对于风险高的客户，贷后管理频率高一些、内容和手续多样化一些。同时，将客户逾期情况与前期贷后管理收集到的情况相互挂钩和关联，以便动态调整贷后管理的方式。如果要做到这一点，需要在IT信息系统支持下，实现分类、分级管理。

（1）分级贷后管理的机制。充分考虑信贷产品和客户个体差异，按产品和客户不同特性及逾期风险情况，进行差异化的贷后管理。通过清单化收集信息，按公司时间节点要求实时录入，做到动态化跟踪管理。信息搜集不局限于文字，也可以包括照片、视频文件，注意实时录入系统。本息逾期自动预警，由 IT 系统自动调整相应贷后管理级别。客户偿还后，根据正常还款持续性，重新调整贷后级别。

（2）分级贷后管理的差异化。表 7－3 为分级贷后管理表示意。

表 7－3　分级贷后管理表

贷后分级管理	分级贷后管理内容及频率																				
	基本项																				特殊项
	公开信息查询频率				抵押物状态查询频率				征信查询频率				电话监管频率				实地回访频率				第三方数据查询
	周	月	季	半年	周	月	季	半年	周	月	季	半年	周	月	季	半年	周	月	季	半年	半年
一级			√				√							√						√	
二级			√				√					√		√					√		√
三级		√				√						√		√					√		
四级		√				√				√			√					√			
五级	√				√					√			√				√				

三、贷后管理的信息挖掘及快速干预

1. 根据贷后管理数据形成预警信号

贷后管理的风险预警不同于催收。对于尚未发生逾期或者逾期时间较短（未超过 7 天）的，需要有不同于催收手段的介入干预机制。这一阶段的活动主要由业务团队采取，主要依赖贷后管理收集的信息做出判断。

早期预警活动把电话回访和客户回访变成了一种系统化行为，结合公司内部相关部门的信息反馈、产业及行业政策及经营环境的变化，以及客户上下游和其他金融机构的反馈还有其他信息来源，用以形成对客户潜在风险的认识，并指导相关措施的采用。

预警信号主要分两类：本金或利息出现逾期，或其他预警信号。一旦出现本金或利息逾期超过5天，贷后监管级别自动上升；其他预警信号视情况将贷后监管级别提升。

其他预警信号表现为：

（1）客户的个人状况。比如：多次闭门不见，不接电话；客户的主要经营管理人员及亲属出现重大经济问题；客户重病或受伤；客户出现不良嗜好（吸毒、赌博）。

（2）客户经营情况。比如：存货不正常增加或减少，借款人的雇员人数减少，店面已转让或正在转让中；开始拒绝贷后管理和拜访；客户的其他店铺情况异常；核心员工离职。

（3）客户的财务指标。比如：贷款没有用于承诺的用途；客户对外提供大额担保，接近或超过自身的承受力；向其他民营融资机构或非正规金融机构申请贷款；客户表示无法按时还贷；客户表示过“还款晚几天不是大事情”；客户表示将不能按时归还其他金融机构的借款；客户的上下游企业存在较大经营风险或出现预警信号，或反映客户信誉不良；客户存在其他债权人催款或搬货的情况；客户出现拖欠工资的情况，注意拖欠时间的长短。

（4）其他情况。比如：第三方对客户进行法律诉讼，或者其他行政执法机构对客户予以处罚、警告或通报；借款人转移资产；行业预警。

2. 根据预警信号，采取相应干预措施

要特别注意了解客户的还款能力和还款意愿。应该对客户进行下述分类：有意愿有能力，有意愿无能力，无意愿有能力，无意愿无能力。并应在贷后记录上做出拟采取的措施的建议。通常的措施建议如下：

（1）意愿、能力良好的。因特殊原因没能按时还款，给予谅解，今后避免。这种情况是偶然性的，不经常碰到。

（2）有意愿无能力的。贷后管理工作中经常遇到此类客户，必须通过现场调查了解客户的真实信息（存货、生意、店铺等），并加强关注，设法改善其财务状况，同时追加担保等措施。如遇到天灾人祸等，可以调整还款计划。

（3）有能力无意愿的。这种人属于恶意逃债，应重点打击，绝不手软。对恶意逃债，就算是为了净化社会风气，净化市场，也必须坚决打击。可以启动催收程序，通过催收人员持续进行电话和上门催收，联系周边联络人或亲友等，施加道德和舆论压力，使其被动提高还款意愿，从而进行还款。若以上措施不能取得明显效果，就要考虑是否积极采取律师函催收、诉讼保全、强制执行等强有力的措施进行有效催收，必要时可多种措施并用。

（4）无意愿无能力的。发现这类客户除立即启动催收机制外，需加强内部反省。不怕业务人员业务不好，也不怕我们的产品不好，这些都可以调整。就怕内部出现道德风险，如果不果断处理，必将后患无穷。启动内审，审查自己公司的业务人员是否存在内外勾结的道德风险，同时采取综合措施减少损失，能挽救多少是多少。一般先通过法律手段强制处置抵押物，对抵押物处置后仍不足偿还的部分，通过内外催收措施催收。通过施加道德和舆论压力，使其被动“提供”还款。可以将律师函催收、诉讼保全、强制执行多种措施并用。

第八章　精细化催收管理

导　言

在精细化管理模式下，需要建立一支具有市场竞争力的催收团队。为强化催收策略的针对性，提高单个催收员管理更多客户的能力，催收管理的核心显然应该是分类管理不良客户，提高催收体系运营效率和不良客户管理规模。为提高不良客户催收的有效性，应区分不同程度，分设催收策略，明确不同催收手段的运用条件，并对催收手段的有效性设立管控标准。需要适度利用催收外包力量。此外，催收应建立在信息化系统基础上，要加强留痕管理和效能监督。

第一节　催收管理需训练催收团队

本章是本书的收篇之作。如果谈到小额贷款公司转型发展最核心的措施，除了前面几章提到的业务流程再造、全面控制体系建设之外，最重要的就是组建一支“具有市场竞争力”的催收团队。

一、为什么需要一支具有竞争力的催收团队

催收的工作是整个信贷业务流程循环的最后端。如果把小额贷款公司比喻为一支足球队，业务部门是球队前锋，营运部门是中锋协调攻击，那么催收团队便是守门员。好的防守可以减少及防止失球，成功的催收可以

有效减少公司损失。当然我们不能把所有压力都放在守门员或催收岗上。球队前锋、中锋、后防要协调上下，注重的是团队精神。小额信贷行业也是一样，每个岗位、每个工作都是环环相扣，相互支持。

但是不可否认，催收团队的工作在当代小额贷款公司的可持续发展中，扮演着“能否画上圆满句号”的重要角色。特别是在信贷工厂模式下，全程风险控制理念里，风险管控功能已经分散到了产品设计、客户开发、业务流程、信贷审批、客户签约、放款扣收、还款提醒、贷后管理、不良催收等每一个环节。不良贷款催收如果迟迟不见成效，积压的不良贷款项目催不回来，新逾期项目继续堆积，无法逐步压降逾期贷款数额绝对值，不仅公司要在催收关口消耗大量的精力和时间，信贷审批流程的闸门也不得不收紧，前端业务开发能用的产品和渠道、人员也会出现梗阻。在严格的行业监管政策下，企业能否长期持续经营就会成为问题。可见，催收团队的工作在小额贷款公司具有牵一发而动全身的效果。

需要强调的是，小额贷款公司所需的“有市场竞争力的催收”，绝对不是社会上想象的“暴力催收”，靠吓唬催收逾期客户或采用伤害性手段解决问题，而是掌握“智慧型催收”“结构型催收”“信息化催收”三大技能的团队催收。

（一）智慧型催收

催收工作的成败取决于快速反应、合理决策。催收团队需要高度科技化的团队，该团队要拥有科学的头脑，懂得综合利用大数据分析、统计规律和催收评分卡，并基于客户历史还贷行为制订差异化催收方法，确立最佳的催收策略。催收团队不仅要善用自身资源，而且要会结合内部催收工具、法律追讨及委托外部进行的外包催收，这样才能发挥最大的功能。催收团队不能采用“暴力催收”，但是在客户面前却需要不卑不亢，敢于说话，善于说话，善于运用强势沟通和博弈的技巧，不断找到客户的软肋，最终解决问题。即使运用委托外部催收手段，也不能以为有了催收公司，便可一了百了，把催收这重担子放下。催收团队对于委托外部催收公司需要进行管理，处理好相互关系，作为合作伙伴，彼此要相互支持。除了把个案委托处理外，最重要还是专业指导，防范催收公司的短期行为损害公司利益；要精心跟进每一个个案的进度，从旁协助，并给予富有智慧的意见，务求尽快把欠款收回，这样才可以与催收公司维持长久的合作关系。

（二）结构型催收

催收团队的工作是高度机制化和结构化的工作，需要按照既定制度和策略流程办理，目的是提高效率。例如，公司规定对逾期 30 天、90 天、180 天的客户应该采取的不同手段，一定要按时实施到位。这不仅涉及催收乃至诉讼时效问题，而且每个阶段使用的策略都是经过成百上千数据总结分析的结果，如果不及时部署到位，就有可能错失良机。特别是客户数量成千上万的小额贷款公司，催收手段的机制化和结构化运用的作用较为突出。

例如，在催收过程中发现了欺诈的个案，又或逾期客户集中在某一渠道、某一信贷产品或某一类客户群，催收团队应按照既定预案，立即向催收系统反馈，使公司立即通过信贷产品调整、强化审批等措施来堵塞漏洞。另外，催收部门要准确订立定期预警流程，根据历史逾期客户群，从逾期账龄低至严重逾期甚至坏账的情况来评估未来不良损失的数量与金额，这些重要信息除了可帮助节约催收的人力成本之外，还是公司计算坏账损失及利润评估的因素，同时也关联到核销政策、最终损失及拨备政策。上述工作必须按部就班地完成。

（三）信息化催收

信贷行业越发达，对催收工作的要求越严格，没有科学工具是很难管理成千上万逾期账户的。传统催收技巧单以台账记录、账龄、账期、产品类型分析进行催收，只能用于小规模的小额贷款公司。随着金融业发展，现代催收团队要结合公司坏账情况以及风险评分分类去快速处理海量账户，需要利用评分卡云计算系统、自动化流程、人工神经网络预测工具还有多因素边界分析、模糊聚类等统计学工具。每一个阶段的任务都是在完备的信息化系统协助下实现，由系统自动分配给相关阶段的作业人员，实现流水线、流程化管理的。

例如，在信息系统协助下，可以从传统标准催收方法逐步转换为根据客户不同的还款行为采用相应的信息化催收方法。通过群类分析来识别相似的客户群，并且要把库存的客户进行风险评分，可以从个人性别、账龄、以往还贷记录、过去的支付承诺、逾期次数及天数、过去未兑现的承诺等，以及金额、贷款类别等设定评分项目，然后设定每个项目在评分卡中的权重比例。这便是催收评分卡的信息化模型。接下来，对每个账户的自动转为正常、逾期、注销级别进行风险评估，不同评分等级的客户分别配对不同程序、不同催收策略，由不同催收组分门别类加以处理。另外，在首期还款到期日前，通过自动化的密集短信提醒，或者以人工智能电话等手段通知客户，可以使首次还款逾期率大大减少。还要根据每月客户还贷数据校对，不断优化评分系统才可以有效控制坏账。还可以利用自动化催收评分卡，帮助行业应对海量客户，集中控制高风险账户，节省成本，有效利用资源。

二、如何训练一支有竞争力的催收团队

要组建一支符合小额贷款公司不良催收文化的团队，需要有一套固定的训练机制，所需涵盖的内容包括以下方面：

1. 训练催收团队的坚强心态。

催欠难，这是公认的事实。因为难，不少销售人员见了客户一副讨好的样子，以乞求对方理解、支持，一开口说话便羞羞答答，吞吞吐吐，好像理亏的不是欠款户，而是自己。让客户觉得“好欺负”，从而故意刁难或拒绝付款。

互动训练是转变心态的重要方式。

催收团队的训练首先要转变或调整催收人员的心态，这可以通过心理学和行为学的拓展训练自己摆正自己的心态。

2. 训练催收团队掌握催收话术，降低恐惧。

比如，通常应当强调："是公司支持了你，而且公司付出了代价，一定要有回报。""天下没有无本生意可做。""为你的贷款，我没少费口舌，你不还，反而我要被罚款。"对于逾期客户，不必跟他寒暄，在他向你诉苦之前，直截了当地告诉他；你来的目的是他该付自己的欠款，使他打消掉任何拖、赖、推、躲的思想，不能给对方任何机会让他处于主动地位，不能让他在时间上做好如何对付你的思想准备。

3. 掌握催收不良贷款流程的全面策划

依据不良贷款期限长短，金额大小及类型，客户的信誉度、为人情况、资金实力、离公司的远近等因素，制订一个能调动不良客户还款意愿的催收方案，用压力或用沟通去催收。前者如控制车辆、拉走存货、起诉，后者或以他最有痛点的方式去催收。用沟通去催收就是做工作，还可以帮助他催收欠他钱的人，或帮他找其他金融机构获得还款的资金来源。到底如何选择，应该由催收团队快速判断不良客户是否能与公司友好配合。对那些居心不良、成心赖账的不良客户不必客气。要形成这种策划能力，需要组织业务团队反复研究催收案例，必要时可以进行案例的沙盘推演，考察催收团队能否在压力下，快速做出合理决策。

4. 训练根据客户响应的积极性，做好排序和对策安排

催收团队需要学会运用催收系统抓重点。对于长期反复短暂逾期者，需要一催再催的客户，在约定的时间必须前去，且尽量将上门的时间提早，让客户养成按时还款的习惯。对于每次催收都较困难的客户，必须事前就去导候，或反复打电话让他准备还款。如果对方老说没钱，就要想方设法安插内线，在探知对方手头有现金时，或对方账户上刚好有进一笔款

项时，就即刻赶去逮个正着。

要训练给不良客户打催收欠款电话的技巧。在欠债人情绪最佳的时间打电话，他们更容易同你合作。例如，一般下午3：30时打电话最好，因客户上午一般忙着做生意，下午其点钞的时候一般心情较好，此时催欠容易被接受。要避免在人家进餐的时间打电话。此外，在客户有钱当天催还欠款的时机最佳，最后才是月底到来时。

5. 训练耐心，在催收现场穷追不舍，抓住机会

要坚持“定期收款”的原则，因为时间拖得越久，就越难收回。到客户处登门催收欠款时，不要看到客户那里有别的客人就走开，一定要说明来意，专门在旁边等候。因为客户不希望他的客人看到债主登门，这会让他感到难堪，在新来的朋友面前没有面子。倘若欠你的款不多，他多半会装出很痛快的样子还款。对欠账客户要穷追不舍，在办公室紧跟，在其吃饭、上厕所时紧跟，在其下班回家途中紧跟。滴水石穿，绳锯木断。

6. 训练工作弹性，适时放弃，必要时求助于法律

催收团队应掌握在现场收放自如的能力，不能一种方法用到底。总有一些骗子和不讲理的客户存心赖账不还，与他们讲理无异于“对牛弹琴”，这时采取正常的催收方法往往难以奏效，而一些很不正规、甚至别出心裁的催账方式却有奇效。因此，当收款难度较大时，可以请那些有特殊收款能力和丰富收款经验的“专业收账人员”出面去收账。如果此法仍不能奏效，可考虑直接诉诸法律。

第二节　分类、分级催收管理策略

建立催收团队后，确立公司的催收管理体制就是小额信贷最重要的基础工作。前面提到了不良贷款催收是“智慧型”“结构型”工作，强调按部就班。建立催收管理体制，需要明确什么情况下，催收团队应该做什

么、怎么做。按制度出牌，对成千上万的逾期客户按策略操作，不仅可以提高处理效率，而且也能有效防止短期逾期客户转变为长期不良客户。

催收管理体制的重点就是本节要提到的“催收策略”，它是建立在对逾期客户实施分类管理这一的理念基础之上。要尽量针对不同客户的特点，一户一策。“一户一策”的针对性，也是根据成千上万案例总结出来的带有共性的方法，并且将其上升为公司的制度。

规模小的小额贷款公司往往难以做到这一点，这主要是受制于管理成本和历史经验数据，另外则是信息和数据的归纳、整理跟不上管理需求。但有条件的小额贷款公司应坚持朝这一方向努力。

分类、分级的催收管理策略的实施内容包含以下几方面。

一、建设逾期催收管理系统

分级、分类催收管理需要催收管理系统的配合。该系统供催收管理部门、客户账户管理部门相关人员使用，所有催收过程应在该系统中序时记录，旨在形成数据大集中的局面，作为内部大数据的来源。

催收管理系统的功能不仅在于数据归集，更重要的是其运用，目的是协助催收。比如，需生成逾期账户清单以及时传送、提醒相关催收人员。而且，它还应具有过滤和分类功能，以便把不同逾期账户分配给不同组别进行催收。此外，该功能的实现应与评分卡挂钩，根据评分卡的自动计算功能，决定不同的分段归属、不同的催收小组或催收策略。

二、不同逾期分类处理，分设催收组别

催收组别是在分级、分类逾期催收管理策略下必须设置的基本管理单元。因为在系统的支持下，需要将逾期账户分拆成不同程度（由轻微至严重）的级别，并分配给不同的催收组别。不同催收组别功能不同，采取的催收策略不同。只有针对不同情况、不同程度的不良逾期债务人专门进行

协商或还款安排，才能体现出专注和专业对催收效率的提升，以及它所带来的催收成本的降低。

区分组别的标准可以根据账户逾期之时间长短来划分。例如表 8－1。

表 8－1 催收组别设计示例

组别	逾期账龄
第一组快速反应组	1—10 天
第二组常规信用修复组	11—30 天
第三组综合手段催收组	31 天或以上
账户委外催收组、硬催收组	61 天或以上

按逾期账龄催收的好处在于容易设定催收策略，账龄短的会从温馨提示做起，账龄长的催收力度自然要配合增强。

催收组别的编制也可以用信贷产品来识别，例如分别按抵押贷款、信用贷款设置催收组等，催收员按指定信贷产品来催收。根据信贷产品差异设置不同的催收策略，可以培育催收员对信贷产品的专业认识。

目前最新的发展前沿是，催收组别的编制按催收风险的评分卡来设置。因为按账龄或按产品分类，都不足以概括不同类别客户最合适的催收手段。采用评分卡之后，通过评分结果和逾期催收结果的统计分析，就能够看出什么催收策略最适合评分卡的什么分数范围。这样的催收分组可以建立在科学验证的基础上。催收评分卡的指标可能会包括逾期账龄、产品差异、客户的类型（如婚姻情况、居住情况、财产情况、联系人情况，还有征信查询结果、过度负债情况）、贷后管理中发现的客户风险演进标志（如工厂是否停业、人是否失联、银行卡交易情况、第三方催收情况等）。

三、不同催收组别分设催收策略，匹配专业工具

为了提高不同组别催收的专业化程度，在制度上应该明确将不同策略分配给特定组别进行迅速之催收，使不同组别对不同程度逾期账户采用适

当催收方式和频率。不同组别之间不能随意选择催收策略和工具，目的是统一标准，提高效率。需要强调的是，这样的分工是建立在对不同催收策略与对应组匹配度的统计分析或大数据的分析基础之上的。

这里根据小额贷款行业的经验，对不同组别匹配的催收策略示例见表8－2。

表8－2　不同催收组别对应的催收策略和工具

组别	催收方式	催收工具
第一组	以提醒客户之态度与客户商谈还款日期，通过短信或信函通知客户	短信
第二组	在了解客户实际情况的条件下，让其尽快还款，可针对适当施压点督促客户	电话、催收信函、上门
第三组	采取施压方式，并告知客户其欠款不还所导致之后果，以电话及外催等合规合法方式指导客户还款。	坐催、律师函、催收广告墙贴、自动电话短讯机
委外催收组 硬催收组	将严重逾期的账户转至催告服务公司（个别特殊案例需自行催收）	坐催、跟催、要求财产处置、强制执行、限高、限飞

表8－2所述的分工和对应关系，需要用催收制度来规范，并且要经过对催收团队的反复训练，使之熟练掌握。

四、不同的催收手段和专业工具

针对每种具体的催收策略，需要有不同的辅助工具。后者的使用需要留意的注意事项如下。

（一）催收短讯（短信、微信等）

应根据账户所属催收分组的不同，选择不同的催收短讯。催收短讯形式有四种，对应的施压程度不断加强。催收短讯的发送需要有固定的频率，如果有条件，应由催收系统自动生成。影响催收短讯有效性的因素主要包括发出时机和措辞严厉程度（参见表8－3）。

表8－3　催收短信频率和措辞

类型	逾期状况	措辞内容
温馨提示短信	到期还款日前7日	措辞柔软
第一条催收短信	逾期3个自然日—6个自然日内	措辞急促
第二条催收短信	逾期10个自然日—21个自然日内	措辞严厉
转交外包提示短信	逾期55个自然日	

（二）催收信函

应该根据账户所属催收分组的差别，选择不同之催收信函，并且留存信函的电子版本，记录效果。催收信函的功用除了通知客户还款外，就是为日后采取法律诉讼手段时，可以提供司法效力延续的佐证。催收信函发送需要有固定的频率，如果有条件，应由催收系统自动生成。影响催收信函有效性的因素主要包括发出时机和措辞严厉程度（参见表8－4）。

表8－4　催收信函频率和措辞

类型	逾期状况	措辞
第一封催收信	逾期15个自然日	措辞急促
第二封催收信	逾期25个自然日	措辞严厉

（三）拨打催收电话

催收员应该根据账户所属催收组别、逾期程度，不断加强催收电话拨打力度。电话催收的核心是验证客户提供的逾期还款理由，避免被无还款意愿的客户搪塞。电话催收过程中，客户的承诺需及时去督促兑现。客户违约初期，以短信催收和电话催收为主，经办人员对已经催收的欠款客户一般不再重复进行电话催收。经办人员因其他需要而致电客户时，应避免与电话催收工作重复，并合理安排电话联系频率、时间、语气和其他相关措施。

为提高催收电话的震撼效果，催收小组成员需要注意以下技巧：

（1）拨打电话时应保持良好的坐姿，准备好笔和一些纸，以方便做简单和有意义的笔录，避免忘记对方所说的话，这便于后续录入催收信息，用于分析客户情况和心理。

（2）禁止在通话过程中吃东西或做其他工作，专心聆听，将焦点集中在对方的思想及背后的动机上；

（3）顾及公司的形象，保持基本的礼貌以及专业的态度；

（4）避免做不必要的纠缠或者持续电话烦扰客户，以免债务人失去联络；

（四）上门催收（坐催、守催、跟催）

催收员应该根据账户所属催收组别、逾期程度，按制度要求严格、完整执行上门催收的任务。前面几种手段如果不能奏效，需要通过催收系统明确对哪些客户实行上门催收，直面客户施加压力。对于 15 天以上的逾期，上门催收是必须坚持的手段。而且随着逾期时间的延长，上门催收的频率也要不断增加。

上门催收时的注意事项包括：优先考虑个人安全；至少两位职员前往；务必携带录音笔、照相机；务必携带通讯仪器（如手机）；务必控制个人行为及态度，避免对抗；禁止从借贷人手中收取任何现金；合理安排上门催收行程，提高工作效率。

凡有上门催收、发送律师函催收及类似情况的，都应保留催收证据，并在催收系统中记录相关信息，以便以后分析不同催收方式的效果。必要时，可以留存催收电话录音、快递回执等，作为凭证。

第三节　多种催收手段的综合运用

上一节介绍了先根据不同的客户情况设立催收组别，每个催收组别对应特定的催收手段和专业工具。对于客户情况较为简单、数量不多的小额贷款公司来说，电话催收、短讯及信函催收、上门催收已经能解决大部分问题。而对于管理较多复杂客户的小额贷款公司来说，要想提高不同客户组别的催收管理效果，需要对上述4种主流的催收手段按照一定的标准和频率进行组合，以便产生1+1>2的效果。什么样的组合适合什么的逾期客户组别，需要结合公司的主要客户群体特征，在长期经验和数据统计分析之后才能评判。

这里根据一些小额贷款公司的经验，在按逾期账龄分组的条件下，针对经营类贷款，将催收手段组合利用的办法简述如下。

一、违约1至30天的催收组别

违约一旦发生，即集中通过手机短信善意提示客户还款；第6天仍拖欠未还款的，电话催收人员开始实施电话催收，即电话通知客户违约情况，了解借款人违约的原因，并善意提示借款人履约还款。

电话催收过程中未能联系上借款人的，要集中排查失联客户清单，安排经办业务人员联系了解客户的其他联系方式，并及时更新客户联络方式。客户联系电话出错、客户失去联络的，应予以适当标注。同时，在客户违约15天之前递送逾期通知信函——《第一次逾期通知书》，在客户违约30天之前递送逾期通知信函——《第二次逾期通知书》。

二、违约31至60天的催收组别

逾期第一个月电话催收无效、转入逾期第二个月的，应安排人员上门催收，实地走访借款人工作单位或家庭，当面发出催收通知书——《最终逾期通知书》并取得回执。上门催收无法取得催收回执的，可进行公告催收。

对保证担保、抵押人不同于借款人及存在其他债务主体的贷款，应同时对相关方进行催收、发出催收通知。对借款人和贷款关联方进行实地走访的，应了解借款人和关联方的收入、资产、负债状况，并深入了解借款人违约的原因，相应安排下一步催收措施。此阶段需定期开展电话催收，每周至少一次。

三、违约 61 至 90 天的催收组别

《最终逾期催收通知书》发出后，如果仍未获得借款人及贷款关联方承诺并实际安排还款，如为抵押类贷款，应内部评估抵押物变现价值和清偿足值程度，对抵押物评估不足值或存在不确定因素的抵押以及自然人保证和信用类贷款，开始核实、确认借款人和关联方财产，做好诉前保全、强制清收的准备；同时，与律师或专职法律人员协商寄送律师函、催收函，向逾期债务人通告我司将限期采取法律诉讼或强制执行手段。在发出律师函时，需同步进行电话催收，通知其我司将提起诉讼，所有的违约责任以及由此产生的一切费用将由客户承担。

四、违约达 90 天的催收组别

贷后管理人员应提起民事诉讼、公证执行，或按合同约定申请仲裁。当地司法机关实际受理日期晚于违约第 120 天的，应逐笔记录拖延原因和诉讼进度以备查。提起诉讼时，以自行采取诉讼方式为主，委托外部为辅。当然，为加快进入法律诉讼程序，或贷后催收人手紧缺并确有需要，可以委托律师事务所进行清收。

五、违约 91 天至 180 天的催收组别

以法律清收为主要手段积极实施催收，可以用客户变卖抵押物、债务重组、增加担保措施等方式安排庭外和解。

六、违约180天以上的催收组别

积极进行法律清收。涉及抵押物拍卖的，应防范抵押物处置环节评估价被高估的风险，力争公允估值甚至适当低估（考虑市场波动风险）。

司法诉讼可以根据实际情况适当提前（清收提前介入），涉及刑事的应及时报案。如遇特殊情况（包括不可抗力）必须推迟采取催收措施的，应逐级上报审批。

进入催收程序后，客户归还部分贷款本金的，按照拖欠本息中最早发生违约的一期计算违约天数。客户拖欠款项后，清收过程中对原贷款进行了重组（包括重新约定还款计划）的，按生效执行的新还款日期计算拖欠天数。

对因不可抗力或客观意外事故暂时丧失还款能力的客户，在客户确有还款诚意，其未来可支配现金收入仍可预期，重新安排还本付息期限确有助于降低、控制风险等前提下，在综合权衡利弊并合乎制度规定的基础上，可与客户协商展期或重组一次。

第四节　外包催收机构的利用

对于管理客户数量较多（比如500户以上）的小额贷款公司，完全靠自身人力实施电话催收、上门催收需要维持较多人力。如果靠业务团队，必然会挤压正常的业务营销。不同客户管理规模的小额贷款公司需要不同的催收流程配置。大部分小额贷款客户逾期管理流程是（参见表8－5）：逾期后1—30天由业务团队人工催收，31—90天由催收团队催收，逾期90天以上起诉。但这样的催收流程对于一些客户管理规模高达2 000甚至10 000户的机构来说，人工催收和起诉的成本显然难以承受，效率目标也难以实现。所以，对于上述第三阶段，需要用到专业化的人力、工具和手段。通常小额贷款公司并不具备这样的能力，也没有办法维持相关的人力资源。

对于客户管理规模巨大的小额贷款公司，需要积极借用外包催收机构解决一部分催收问题。

表 8－5　小额贷款机构催收流程配置

阶段	催收期间	催收方式
第一阶段	逾期之后 1—7 天	信息化智能电话、智能短信
第二阶段	逾期后 8—30 天	催收团队上门催收
第三阶段	逾期后 31—90 天	外包催收机构催收

一、如何选择外包催收机构

催收公司的采用需要通过严格的甄选。一般做法是遵循公平原则，以招标方式，由风险委员会分别会见有意向的各个催收公司，并进行评分，最后选定评分最高的催收公司。

一家小额贷款公司开业时，一般只需要一家外催公司。随着公司业务的发展，建议最好挑选几家催收公司，其好处有以下几点：

第一，可以通过交叉分配委外的个案，了解每家催收公司的优势和缺点以及综合能力。过往经验表明，每家催收公司的资源不同，能力有别，有些擅长外访，有些则能力表现在通过信息修复令客户无法逃避。有些催收公司甚至善于催收某一类客户，如公务员、企业单位违约者。真正了解了合作催收公司的能力及独特之处，便可以因应其能力委以合适的个案。

第二，如果只有一家合作催收公司，会出现风险过于集中问题。如合作方出现问题，便会影响我司业务及贷款回收效果。

第三，通过每年对各催收公司的考核，可以把能力较差的催收团队淘汰，引进更好的合作方，维持良好的贷款质量。

第四，由于在册的各合作方之间存在着竞争，它们也会尽心尽力工作，以求生存。

选择外包催收机构，必须符合以下条件：

（1）具有独立的法人资格或民事主体资格；

（2）经营范围包括代理催收等相关法律未禁止的服务内容；

（3）机构或其主要管理人员具有丰富的债务催收管理经验；

（4）具有一定规模，有固定办公场所；

（5）具有专业的催收录音设备和催收系统；

（6）管理规范，机构设置健全，拥有专门的外访、法律、IT 支持等部门，制定了完整的催收流程手册；

（7）内部设有稽查人员进行内部稽核，并有常年法律顾问；

（8）最好是具有法律事务从业资格的机构，比如律师事务所，且愿意承担非诉和诉讼催收，具有相关非诉办理经验的优先。

如果触及下列情形之一，不宜受托成为外包催收机构，包括：对委托公司发放的个人贷款承担担保责任，且所担保的贷款逾期；受托机构法定代表人、负责人或其他高级管理人员在委托公司有贷款且贷款逾期；在委托公司或其他金融机构有违约事项；因存在损害委托人合法权益或侵犯债务人合法权益等行为，由清退机构的法人或主要负责人新成立的催收机构；有其他不良记录的。

二、如何管理外包催收机构的风险

外包催收机构的使用是把双刃剑，需要综合考虑其风险、成本与效果。其中，风险是最先需要考虑的。由于在选择外包机构前未必能识别所有的风险，需要在选评流程中设定过滤条件，在合作过程中要设置风险终止条款。

（一）规范委外催收的管理流程

（1）调查。对有合作意向的外包催收机构，派专人上门调查。调查中，应就外包催收的具体内容，如合作期限、费用标准、限制性规定、保密义务、合作终止以及续期条件等问题，与外包催收机构进行洽谈。

（2）审批。选择外包催收机构，对外包催收机构的资质、合作期限、委托期限、外包费用进行审定。

（3）协议签订。

（4）监督管理。应定期对外包催收机构的催收工作进行监督管理，包括催收绩效考核和定期上门回访等。

（5）催收考核。每季应对外包催收机构的实际收回金额及相关催收业绩进行统计分析，分析内容包括逾期贷款回收情况、迁徙情况、客户投诉情况等。

（6）定期回访。每季应对外包催收机构进行上门核查，核查内容包括：外包催收机构的组织架构、办公环境、人员配置，案件处理流程，系统催收记录，电话催收录音，数据保密，教育培训，等等。根据核查结果提交报告。

（二）设置相应的终止或提前终止合作红线

以下是管理外包催收机构一定要设置的红线。一旦受托方触及红线，应立即止损：

（1）外包催收机构自身发生重大变动，严重影响正常催收工作的；

（2）在催收过程中弄虚作假，违规收受现金，超越代理权限催收，或发生其他损害我司利益行为的；

（3）违反保密义务，将我司客户资料、数据等贷款相关信息泄露给第三方的；

（4）怠于履行催收职责，多次导致我司错失最佳催收时机的；

（5）采取了极不恰当的催收行为，如恐吓、威胁、辱骂、骚扰等不正当方式进行催收，存在其他违反法律或违背社会公德的催收行为，或发生其他严重影响我司形象的恶性事件的。

附录8－1

催收沟通技巧及案例

尽管提倡小额贷款公司非诉催收机制化和流程化，但是与客户的沟通技巧和方式仍然是基本功，催收可以说是毅力和决心的磨炼。最基本的做法是，在与客户的博弈中评估欠债人心理状况，找到对方弱点切入。

（一）声誉损毁是最基本的催收方式

如怕欠债曝光丢脸，那么其家人、朋友、上司、同事便成我们谈判桌上的筹码。我们可以跟对方说，按贷款合约规定，拖欠债务事实清楚，可从法律途径诉讼，同时亦可委托外催公司协助，到时事情曝光，除令欠债人难受外，还会产生额外费用。要跟当事人说清楚，我们不是威胁，而是这些后果极有可能发生。要让当事人知道，我们不是针对他、为难他；要把对立的感觉消除，从而建立互信关系，令对方明白我们做的一切都是帮助他重整债务，解决问题。

以下是真实案例。元某为知名企业家，从事建筑、煤矿、红酒等生意，除国内有多元化业务外，国外亦有其品牌，曾有著名影星为其代理产品做代言人。但是由于经济景气下滑，其产业受到严重冲击，加上银行抽贷，企业面临崩溃。各银行、小额贷款公司正不断催收欠款。其中有一家小额贷款公司看到情况不对，果断行动，积极要求与欠债人会面，天天守候在公司，同时监控其财务情况。最初元某一直回避，只以短讯及电话方式沟通，没有配合催收工作。后来小额贷款公司领导加强了催收力度：一方面联系元某的配偶及其他联系人，另一方面对来访的客户也礼貌地要求他们提供元某信息。来访的客户看到情况后通知了元某。最后经过十多天守候，元某终于现身并且还款。而事过两个月，元某的公司亦倒闭。对于那一家小额贷款公司来说，他们成功追回欠款，避免了公司损失。试想一下，如果当初不当机立断，先发制人，抢在其他银行及小额贷款公司收贷之前催收，结果就是该小额贷款公司白白多了一笔坏账了。要知道当债务人同时受到各方催收压力时，谁能掌握欠债人的弱点，谁的催收到位，往往就是胜负的关键。

还有另一案例。客户徐某某在某公司有抵押贷款180万元。该客户以前为某区一事业单位局长，已退休近10年，妻子为某事业单位退休职工。案件分析：客户年龄过高，加上其退休前工作单位为事业单位且担任重要领导职务，故见多识广，社会阅历丰富。该客户经济基础较好，为什么会有高额贷款？肯定有其他的产业支出或者投资。所以，我方先行调查客户资产情况和目前综合情况，掌握客户大量信息：无其他房产和车辆，客户所投行业生意惨淡，客户配偶名下也无其他资产（之前有两套房已出售），夫妻双方另有其他民间借贷欠款。调查情况表明，客户只有通过处理房产才能处理欠款，且尚不能覆盖其他欠款。综上所述，果断实施催收方案，先行一步约客户面谈欠款解决方案，分析客户所说信息与我方掌握有无差别和虚假陈述。约谈客户，告知目前处理方案只有处理资产支付欠款。经多日反复沟通，借款人不同意处理资产；后经多次施压，同时利用不同关系网（包括法院和经济侦查）对借款人施压，借款人迫于压力，同意卖房偿还公司欠款，终于顺利还款、结清。

（二）提示减轻债务负担是次要方式

我们强调严禁用暴力，也不允许用威胁手段，而是用告知逾期不还的后果这种无形的压力，令欠债人尽快还款，其实这在客观上也是减轻其债务负担。

以下是真实案例。借款人徐某某，40多岁，申请贷款时提供了离异的证明资料，以自有房产为抵押，向小额贷款公司借款10万元。前三期正常还款，之后即开始逾期，且本人无法联系到。催收员随后上门拜访，在其登记的地址见到了其配偶、女儿和母亲，但未见到其本人。在与其家人的交谈中了解到的信息有：

（1）徐某某本人未离婚，其提供的离异证明为虚假资料；

（2）抵押房产为徐某某原单位分配，房产证上只有徐某某一人；

（3）徐某某家人对此笔贷款不知情；

（4）其家人也经常无法联系上徐某某；

（5）徐某某无工作，无收入；

（6）徐某某在申请贷款时授权王某某在借款合同和抵押合同上签字，王某某为其亲戚。

带回这些信息后，催收部将此案作为急案处理。综合分析所掌握的信息后，催收部认为，首要的任务仍然是找到徐某某本人，在王某某仍可联系到的前提下，可以以其为突破口。

在联系王某某的过程中，我方以其签字的贷款资料虚假，其有合作作假嫌疑为由，迫使其与我们合作。经过几轮通话后，在其安排下，催收员终于见到了徐某某本人。徐某某状貌很令人担忧。催收员期望在谈判中保持对其的心理优势，向其指明，如果不配合公司的安排，最终将失去该房产，而且过程和最后的售价都不由其控制。

催收员同时表示，考虑到其目前的情况，公司愿意给予其更多的选择：

（1）自己主动卖房；

（2）配合在别处贷款归还我司（市场上存在只看抵押物的贷款机构）。

徐某某最终选择了第二个方案。催收员利用自己掌握的信息帮其联系相应的机构。该机构完成了相关调查，要求其新贷款申请需要其配偶作为共同贷款人。这时其配偶表示了反对意见，对公司催收人员也表达了很大的不满，致使整个流程拖延了一周之久。

催收员只好回头做其配偶的工作。在其不停地抱怨中，催收员听出了其真实的担忧：失去了房产，而且自己又得不到任何款项。在随后的工作中，催收员做了几项安排：一是安排公司法律顾问致电其配偶，促使其充分认识目前的严峻事实和后果；二是在谈判过程中向其保证，新贷款发放时保障其部分利益（新贷款用于结清前笔贷后仍有余额）。几轮交锋后，其配偶终于同意配合。1 个月以后，新贷款顺利发放，该笔小额贷款顺利收回。

此催收案例，该笔不良贷款得以在较短时间里收回，而且避开了贷款手续有瑕疵的问题。对于客户的配偶而言，此次贷款置换后，其收入也可以负担每月的月供，从而暂时保住了住房。此次成功的催收，主要得益于催收员细致的信息收集工作以及对催收对象心理的有效把控，还有就是积极主动的说服、协调工作。

（三）提醒客户将造成后续经营的巨大不便

李某某逾期半个月后，对公司催收员称想重组贷款；后又说因人在外地、工作忙等，一直不来办理手续。催收员按流程告知其逾期会影响其征信。

此种状态持续了 3 个月。一日，李某某打来电话，问："你们怎么真的上征信了？我现在在银行的贷款下来不了。"经过沟通，公司同意为其出具非恶意拖欠证明。李某某完成重组手续，并保证未来不再逾期。后面几个月里，李某某对征信极为重视，有两次因为筹款原因晚了两天还款，都专门来电询问征信事宜。

又 4 个月后，李某某提前结清了在公司的所有贷款。

对于正持续经营，同时需要向金融机构贷款的客户，征信不良记录具有较强的影响力。

（四）提醒客户将造成后续生活的巨大不便

文某某逾期时间超过 15 个月。从 12 个月前开始，催收员就无法联系上她，其丈夫也无法联系到。她有一个担保人，催收员联系该担保人时，该担保人拒绝代偿，也不告知借款人的联系方式，只是让公司拍卖借款人的房产。公司随后走了司法程序。由于文某某处于失联状态，该程序较为漫长。

逾期 15 个月后，文某某的担保人突然致电公司，问为何其被列入司法黑名单，现在连机票都不能买。公司解释说，在强制执行文某某的房产时，担保人也是被执行人，也会被列入黑名单。担保人与文某某为朋友关系，在其催促下，文某某主动给公司来电话，商讨归还贷款的事宜。该笔贷款最终得以收回。

附录 8-2

特别提示：最高人民法院与多部门联合推出惩戒失信人措施，对不良催收具有实际效果

根据最高人民法院规定，被执行人未履行生效法律文书确定的义务，并具有下列情形之一的，人民法院应当将其纳入失信被执行人名单，依法对其进行信用惩戒：

（1）有履行能力而拒不履行生效法律文书确定义务的；

（2）以伪造证据、暴力、威胁等方法妨碍、抗拒执行的；

（3）以虚假诉讼、虚假仲裁或者以隐匿、转移财产等方法规避执行的；

（4）违反财产报告制度的；

（5）违反限制消费令的；

（6）无正当理由拒不履行执行和解协议的。

2016 年以后，最高人民法院先后与国家多个部门联合签署《关于对失信被执行人实施联合惩戒的合作备忘录》，明确失信被执行人所受到的限制包括：

（1）设立金融类机构的限制措施，例如限制设立证券、基金、期货、保险、融资性担保公司及设立商业银行等；

（2）从事民商事行为的限制措施，例如限制作为供应商参加政府采购活动，限制在银行间市场发行债券，限制收购商业银行，限制融资授信等；

（3）行业准入的限制措施，例如限制成为海关认证企业，限制从事药品、食品安全行业，限制从事矿山生产、安全评价行业，限制招录（聘）其为公务员或事业单位工作人员等；

（4）担任重要职务的限制措施，例如限制担任金融机构的董事、监事、高级管理人员，限制担任国有企业法定代表人、董事、监事，限制担任事业单位法定代表人，限制担任生产经营单位主要负责人及董事、监事、高级管理人员等；

（5）享受优惠政策或荣誉的限制措施，例如限制申请补贴性资金和社会保障资金支持，限制享受优惠性政策认定，限制参与国有产权交易，限制申报重点林业建设、重点草原保护建设项目，禁止参评文明单位、道德模范，限制参与律师或律师事务所的评先、评优等；

（6）高消费及其他消费行为的限制措施，例如限制支付高额保费购买保险产品，限制乘坐飞机、列车软卧、高铁，限制住宿较高星级宾馆，限制在夜总会、高尔夫球场消费，限制购买不动产，限制在一定范围的旅游、度假，限制子女就读高收费私立学校等；

（7）限制出境、定罪处罚的限制措施。

2016 年，最高人民法院联合水利部等 9 个部门印发了《关于在招标投标活动中对失信被执行人实施联合惩戒的通知》，限制失信被执行人的投标活动、招标代理活动、评标活动、招标从业活动。

2018 年，最高人民法院与国家发展改革委、国土资源部联合下发《关于对失信被执行人实施限制不动产交易惩戒措施的通知》，限制失信被执行人及失信被执行人的法定代表人、主要负责人、实际控制人、影响债务履行的直接责任人员参与房屋司法拍卖、取得政府供应土地。

2018 年，最高人民法院联合财政部、国家发改委等部门联合印发了《关于在一定期限内适当限制特定严重失信人乘坐火车，推动社会信用体系建设的意见》，限制特别严重的失信人乘坐火车高级别席位，包括列车软卧、G 字头动车组列车全部座位、其他动车组列车一等座以上座位。

本书作者简介

茆俊强，先后毕业于厦门大学和北京大学，获哲学、经济学双硕士学位。多年在银行从事金融工作，先后担任广东发展银行南京分行副行长、乐山商业银行行长，还担任过成都某大型国有投资公司总经理并兼任成都中小企业融资担保公司总经理。长期专注于小额信贷研究。

田琦，西南财经大学毕业，管理学硕士。现任成都产业集团下属兴成小额贷款有限公司总经理。先后在外资和国有金融机构负责小额信贷市场规划、团队训练、风险控制体制再造、智能流程系统设计，拥有丰富的小额信贷实践经验。

张禄堂，早年曾在我国香港地区大新银行及 AEON 信贷财务（亚洲）有限公司任信贷经理，之后在深圳捷信消费金融公司及深圳安信小额贷款公司工作，并曾赴捷克深造。其后任四川锦程消费金融公司信贷总监，成都市惠信小额贷款有限责任公司高管、董事，并曾在中共新疆维吾尔自治区委员会党校任教，教授“信贷风险”课程。